平和をつくる宗教

日蓮仏法と創価学会

松岡幹夫
Mikio Matsuoka

第三文明社

序文

「絶対平和主義」という言葉がある。一切の例外を認めず、すべての戦争や暴力に反対する。いついかなる場合も暴力を用いずに平和を追求する。条件付きの平和主義などではない。それが絶対平和主義の立場である。

仏教の創始者である釈尊（ブッダ）は、まさしくこの絶対平和主義を掲げた。自分の命は愛《いと》おしい、他の人も同じである、だから他人を慈《いつく》しみ、決して命を奪ってはならない。釈尊が説いた「慈悲」の教えは、要するに他人を自分自身と同じように扱えということである。こうした考え方に立つと、戦争や暴力は例外なく否定される。暴力に暴力で対抗するのも認められない。事実、釈尊は教団内に絶対平和の世界を築き、人々を導いていった。

だが、しかし、絶対平和主義は森の中だけでなく、社会の中でも実践されなければならない。つまり、道徳的な行為が政治的な実践につながらないと、真の絶対平和主義とは呼べない。M・ガンディーは、この点を深く自覚していた。釈尊が行った道徳的な非暴力を継承しながら政治的な非暴力運動を起こし、それを新たな「実験」と称したのがガンディーであった。仏教徒の間でも、ベトナム禅のティク・ナット・ハン氏が創唱した「エンゲージド・ブッディズム」（社会参加する仏教）が政治的な非暴力の実践に熱心である。

問題はここからである。ガンディーの運動がそうだったように、政治的な非暴力行動には多大な犠牲がともなう。悪貨が良貨を駆逐《くちく》する世の中で、非暴力の抵抗は暴力の大波に呑《の》み込まれる。政治的な非暴力主義者には、精神の勝利の代償に肉体を捨てることが強く要求されている。それゆえ、絶対平和主義は血の匂《にお》いを帯《お》び、いつも命の犠牲を覚悟した聖者や偉人のためのものであった。

ガンディー本人は一般大衆のための絶対平和主義が可能だと主張し、実行に移してもいる。彼の高潔な人格が実際に多くの民衆を感化し、命懸けの非暴力抵抗に立ち上がらせたのは一種の奇跡であり、瞠目《どうもく》に値しよう。しかしながら、民衆とは本来的に生活者である。生活者にとって大事なのは、魂《たましい》の安全よりもまず肉体の安全である。肉体的な自己保存は、生物の最も根本的な欲求となる。釈尊も、この欲求を尊重したからこそ一切の生物に対する慈悲を説いたのではなかったのか。そう考えていくと、やはり現実社会に広く絶対平和主義を根づかせるのは困難だと思わざるをえない。

ところが今日、民衆の生活に根ざした絶対平和主義を標榜《ひょうぼう》し、戦争なき世界の実現に向けて様々な行動を展開する、国際的な仏教団体が存在する。創価学会（国際団体の名称は「創価学会インタナショナル〔SGI〕」）である。

創価学会は、命を犠牲にする覚悟を民衆に求めようというのか。そうではない。創価学会の前身となる創価教育学会を創立した牧口常三郎《まきぐちつねさぶろう》は、昭和の戦時下で軍部政府のスローガン「滅私奉公《めっしほうこう》」を徹底的に批判した人物であった。牧口によれば、「自己を空《くう》にせよといふことは嘘《うそ》である。自分もみんなも共に幸福にならうといふのが本当である」（『牧口常三郎全集』第一〇巻、八頁）のだという。この軍部への道徳的反抗が後に創価教育学会の大弾圧につながり、一九四四年十一月、牧口は東京拘置所の病監《びょうかん》で獄死した。牧口の自他共栄の理想は戦後の創価学会に受け継がれ、現代の学会では「自他共の幸福」という実践的理念が掲げられている。

このように、創価学会は基本的に命の犠牲を認めない宗教である。ならば、どうして民衆の絶対平和主義が成り立つのだろうか。先に述べたように、絶対平和主義は、暴力に対して非暴力の抵抗しか許さない。だから、平和運動を行う民衆が暴力の犠牲になることが避けられない。民衆の命の犠牲を避けるには沈黙することだが、そうなると絶対平和主義の旗を降ろしたも同然である。結局、命の犠牲なき民衆の絶対平和主義などは夢物語と言うしかない。

しかし、である。創価学会はそれでも、現実社会の真っただ中で民衆の絶対平和主義を推進しようとする。いわば草の根の絶対平和を追求する。民衆生活を破壊するような過激な政治的反戦は好まない。兵役《へいえき》がある国の学会員に軍務の拒否を勧《すす》めるわけでもない。非暴力主義者に多いベジタリアン（菜食主義者）になれとも言わない。純粋な絶対平和主義者なら、こうした態度に違和感を持って当然かと思う。草の根の絶対平和主義は、確かに大きな矛盾を抱えている。創価学会が日本最大の宗教団体となり、世界的な影響力を持つこともあって、学会の絶対平和路線は自己矛盾しているのではないか、との社会的批判が事あるごとに繰り返されている。

本書は、そうした批判への一つの思想的応答である。本書のキーワードは「自在」「運命」「教育」「対話」等になるが、具体的な内容をここでは述べない。と言うより、本書を手に取る読者が各々の理解の中で受け止めていただきたいと思う。

そしてむろん、本書は筆者の個人的主張である。創価学会の公式見解ではないことを、ここで言明しておきたい。

本書の構成について述べておこう。はじめに総論として、創価学会の反戦思想史を略述した第一章がある。第二章から第五章までは各論にあたり、第二章で学会が信奉《しんぽう》する日蓮《にちれん》について、第三章以降で学会の初代から三代に至る歴代会長の反戦平和思想を考察する。いずれも、ここ十数年の間に私が発表した論稿を土台とし、本書収録にあたって少なからず加筆・修正をほどこした。

第六章は本書の結論となる。ここで「創価学会の平和主義とは何か」を明らかにする。各論部分は専門的な議論も多いので、本書の主張を手短に知りたい人は第一章のみ、あるいは第一章と第六章を読んでいただければ十分である。

次に、この書の凡例《はんれい》を示したい。文中では、存命中の人物に限って職名や敬称を付し、故人の敬称は省略した。年月日の表記については西暦を原則とし、必要と思われる箇所は括弧《かっこ》に日本の年号（元号）を付したが、日蓮の思想を扱った第二章は元号を先に表記した。

引用文は原則として出典元の表記に従ったが、読み易さを考慮し、編集の判断でふりがなや句読点等を加えた箇所もある。また、引用文中に編集部注を付ける際は＝の下に記した。

日蓮文書の引用に際しては、堀日亨《ほりにちこう》編『日蓮大聖人御書全集』（創価学会、一九五二年、二〇〇七年第二四九刷）と立正大学日蓮教学研究所編『昭和定本日蓮聖人遺文』（全四巻、身延山久遠寺《みのぶさんくおんじ》、一九五二〜一九五九年、二〇〇〇年改訂増補版）を用い、両方のページ数をそれぞれ「全」「定」の字とともに文中に付した。

また、牧口常三郎・戸田城聖《とだじょうせい》・池田大作《いけだだいさく》の各全集からの引用・参照箇所は、それぞれ牧口・戸田・池田と記し、その巻数とページ数を文中に付した。参照文献は『牧口常三郎全集』（全一〇巻、第三文明社、一九八一〜一九九六年）、『戸田城聖全集』（全九巻、聖教新聞社、一九八一〜一九九〇年）、

『池田大作全集』(聖教新聞社、一九八八年〜)である。
最後になるが、本書の刊行にかかわった、すべての方々の支援と協力に対し、著者として深く感謝申し上げる次第である。

二〇一四年一月二十六日

松岡　幹夫

平和をつくる宗教――日蓮仏法と創価学会【目次】

カバー装丁／平柳豊彦
本文レイアウト／安藤 聡

第一章

日蓮仏法は好戦的にあらず

——創価学会反戦思想史

一　平和主義者・日蓮

非暴力を貫いた日蓮

創価学会は、日蓮《にちれん》の教えを奉《ほう》ずる仏教教団である。だが、学会の平和運動を論じる際に、日蓮の思想にまでさかのぼる研究者はほとんどいない。日蓮は戦争や平和について、どう考えていたのか。

国粋《こくすい》主義者の田中智学《たなかちがく》、帝国陸軍の石原莞爾《いしわらかんじ》、革命的ナショナリストの北一輝《きたいっき》――こうした戦前の「日蓮主義者」のイメージが強いせいか、日蓮は、今でも好戦的な愛国者とみられることが多い。日本はもとより、ヨーロッパの仏教文献でも攻撃的で国粋主義的な日蓮像が描かれている。

しかし、実際の日蓮は、攻撃的でも国粋主義的でもなかった。彼は、確かに念仏や真言、禅などの教えを激しく批判した。しかし、それは当時の仏教理論に基づく不正義への弾劾《だんがい》であり、いわゆる「言葉の暴力」とは次元を異にする。『開目抄《かいもくしょう》』で「智者《ちしゃ》に我義《わがぎ》やぶられずば用《もち》いじとなり」（全二三二・定六〇一）と述べるなど、日蓮には公正な議論を尊重する姿勢があった。

次に、物理的暴力となると、日蓮は常に被害者側にいたことが知られる。北条幕府による苛酷《かこく》な宗教弾圧を受け、僻地《へきち》への流罪《るざい》が二度。鎌倉の由比ガ浜《ゆいがはま》に連れ出され、深夜、問答無用で斬首《ざんしゅ》されかけたこともあった。日蓮に批判され、激高《げっこう》した念仏者たちは、しばしば日蓮一行を武装襲撃した。日蓮自身の証言によると、不当な暴力によって殺害された彼の弟子等の数は、数百人に及んでいる。にもかかわらず、日蓮の教団は一度も武力的な反乱や報復行動に出なかった。

日蓮が信奉《しんぽう》した『法華経』の中に、不軽菩薩《ふきょうぼさつ》の話がある。この菩薩は、あらゆる人々を未来の仏と見て礼拝した。「バカにされた」と怒った人々から石を投げられ、杖《つえ》でたたかれても、不軽菩薩は反撃しない。巧《たく》みに攻撃をかわしながら、なお懲《こ》りずに「あなた方を未来の仏として拝みます」と民衆への礼拝を続けた。宮沢賢治《みやざわけんじ》作「雨ニモマケズ」の主人公「デクノボー」のモデルになったとも言われる非暴力の菩薩。日蓮は、この不軽菩薩の後継者を自任していた。[1] だから、いかなる暴力を受けても非暴力を貫き、敵対者の救済を心に期していたことが残した文書からうかがえる。

「国粋主義者・日蓮」という見方の誤りは、すでに戦後の歴史学者たちが様々な角度から論じている。鎌倉時代にあって、日蓮ほどダイレクトに天皇を断罪した宗教者はいない。何しろ、「壇《だん》ノ浦《のうら》の戦い」で入水《じゅすい》した安徳《あんとく》天皇や「承久《じょうきゅう》の乱」に失敗して配流《はいる》された後鳥羽《ごとば》上皇のことを〝仏罰を受けた〟と公言して憚《はばか》らなかった人物である。[2] 国粋主義者としての日蓮像は、幕末の尊皇《そんのう》攘夷《じょうい》論や「教育勅語《ちょくご》」発布《はっぷ》以降の徹底した国体教育の洗礼を受けて育った近代の日蓮主義者たちが、自らの尊王心を日蓮の思想に投影させてつくり上げた虚像に他ならない。[3]

では、日蓮は今日に言う平和主義者だったのか。私は「イエス」と答えたい。「汝《なんじ》、殺すなかれ」との誡《いまし》めは仏教にもある。「不殺生戒《ふせっしょうかい》」は、仏教の五戒の第一に挙げられる。日蓮も「上大聖より下蚊虻《しももんもう》に至るまで命《いのち》を財《たから》とせざるはなし、これを奪へば又第一の重罪なり、如来《にょらい》世に出で給いては生をあわれむを本《もと》とす、生をあわれむしるしには命を奪はず施食《せじき》を修するが第一の戒《かみ》にて候《そうろう》なり」（『妙密《みょうみつ》上人御消息』全一二三七・定一一六二）と信者に説き教えている。

運命を変える法

ただ、日蓮は戦乱の中で「武器を捨てよ」「殺し合いを止めよ」とは叫ばなかった。キリスト者の良心的兵役《へいえき》拒否（良心に基づいて国家の兵役義務を拒否すること）のような、政治的な反戦の意思を表明しなかった。俗世を嫌う仏教徒にありがちな政治意識の低さを、そこにみる人もいよう。けれども、かつて政治学者の丸山眞男《まるやままさお》が日蓮の性格を「向王法」と表現したように、日蓮は強い政治的志向を持つ、まことに稀有《けう》な仏教僧だった。日蓮の場合、仏教一般の脱俗志向とは別の理由から、故意に政治的な反戦行動に出なかったと考えられる。

思うに、日蓮は「政治的努力だけでは、決して暴力と戦争の現実はなくならない」という、一種の諦念《ていねん》にも似た信条を持っていたのではなかろうか。仏教は、インドの地でバラモン教の業《ごう》（カルマ）と輪廻《りんね》（サンサーラ）の思想を摂取《せっしゅ》した。土着の思想に影響されたというより、古代インドの聖者たちによる高度な宗教的直観の成果を肯定したとみるべきだろう。

それはともかく、仏教は業と輪廻の世界観に立つ。過去世・現在世にわたって戦争に遭《あ》うカルマを蓄積してきた人は、どうしても戦禍《せんか》に巻き込まれることが避けられない。平和を切望しつつも戦争を不断に繰り返してきた人類史は、このカルマのペシミズム（悲観主義）を実証するかのごとくである。

戦争の運命を凝視《ぎょうし》し内省するほどに、われわれは深い厭世感《えんせいかん》に襲われてしまう。日蓮とほぼ同時代に生きた、法然《ほうねん》や親鸞《しんらん》もそうであった。俗世の穢土《えど》を捨てよ、ひたすら弥陀《みだ》の救済を信じ、西方浄土《さいほうじょうど》への死後の往生《おうじょう》を願え――そう訴える彼らの念仏信仰は、度重《たびかさ》なる災害と戦争に疲弊《ひへい》し切った民衆の心を強く捉え、燎原《りょうげん》の火のごとく広がった。

ところが日蓮は、念仏者と同じ仏教的ペシミズムに根ざしながらも、それを現世において突き抜けようとした。彼はこう思い定めた。いかなる政治的努力をしようと、罪業《ざいごう》深き末世の人間は戦争する運命を免《まぬか》れない。しかし、ただ一つだけ、戦争の運命を変え、災難を払う方法がある。それは、戦争を引き起こす過去の諸々の原因をも変えていける宗教を世に弘めることだ。つまり、原因と結果の連鎖を超えた、根源的な「因果倶時《いんがぐじ》」（原因と結果とが一体に同時に具《そな》わっていること）の法に皆が帰依《きえ》することだ――。

かくて日蓮は、運命転換的な反戦に挑戦していった。

「殺すなかれ」と為政者に呼びかけて本当に平和な世が訪れるのなら、日蓮も迷わずそうしたに違いない。しかし、道徳的な説教で武士たちが刀剣を捨て、潔《いさぎよ》く廃業しただろうか。また、無抵抗主義を貫くことで侵略者の蒙古《もうこ》が友好的になり、日本の民衆への暴虐を控えただろうか。答えはむろん、否《いな》である。「今・ここ」にある暴力や戦争を終わらせるには、「殺すなかれ」の倫理は無力と言わざるをえない。

そう考えたとき、日蓮が「運命を変える法」の力を信じ、「今・ここ」にある平和な社会の確立を目指した点は、まことに特筆に値しよう。日蓮にとっては、不殺生戒の提唱よりも、『法華経』が示す超因果の法への信仰こそが、現実的で最良の反戦運動であった。因果倶時の妙法は、われわれの未来を変えるだけでなく、過去を変える。すると現在が変わり、運命的な戦争さえも解決できる。日蓮は、そう信じて疑わなかったのである。

二　牧口常三郎の反戦行動

宗教運動と反戦運動の一致

さて、日蓮が行った「運命を変える法」による反戦を、約七百年後の第二次世界大戦の渦中で敢然と実行し、時の軍部政府の迫害を受けて獄死した人物がいる。創価教育学会（後の創価学会）の初代会長、牧口常三郎《まきぐちつねさぶろう》がその人である。

戦時下の牧口の宗教運動については、伊勢神宮の神札（神宮大麻《たいま》）を拒否して軍部の思想弾圧と戦った殉教《じゅんきょう》者としての評価が定まっている。だが、彼が反戦運動家だったかどうか、という問題になると、意見は二つに分かれる。戦後の宗教学者の多くは、「創価教育学会は、国が『正法』（日蓮正宗）を信じなければ、この戦争に勝てないという立場から伊勢神宮の大麻を祭ることを拒否して、弾圧されたのであって、侵略戦争そのものに反対したわけではない[4]」といった見解をとる。つまり、政府の宗教政策に反対しただけで、反戦運動ではなかったというのだ。一方、創価学会の側では、逮捕後の牧口の訊問《じんもん》調書の中に「日支事変や大東亜戦争等にしても其《そ》の原因は矢張《やは》り謗法国《ほうぼうこく》である処《ところ》から起きて居ると思ひます」（牧口一〇：二〇一）とある点などから〝牧口は、太平洋戦争が仏法に背《そむ》いた（謗法）国の災難であると断言し、明確に戦争を否定していた〟と主張する。

それぞれが資料的根拠に基づく論であり、当時の牧口の言動の一面を捉えていよう。戦勝願望と戦争法罰説は相反する考え方のようにみえるが、牧口が法罰による災難を脱却する意味で戦勝＝戦争終結を願っていたとすれば、両者は矛盾なく結びつく。結局、真意は牧口本人しか語りえないだろう。歴史研究にはそういうところがある。

私見を述べれば、単に資料の字面《じづら》を追うだけの従来の牧口論には疑問が残る。牧口が信奉した日蓮仏法の思想に立ち返って問題を捉え直す作業が、そこには欠けているからだ。日蓮は「運命を変える法」を掲げ、災害と戦乱の絶えない末世に永遠の平和をもたらそうとした。戦時下における牧口の「国家諫暁《かんぎょう》」の行動は、まさに、この日蓮的な反戦の実践に他ならなかったと言える。

獄中で思想検事から訊問を受けた際、牧口は『法華経』を「天地間の森羅万象を包摂《ほうせつ》する処の宇宙の真理」（牧口一〇：一九五）と表現している。また、『立正安国論《りっしょうあんこくろん》』を引いて「此の法が国内から滅亡するのを見捨て置いたならば、軈《やが》て国には内乱・革命・饑饉《ききん》・疫病《えきびょう》等の災禍《さいか》が起きて滅亡するに至るであらう」との日蓮の教えを紹介した後、仏法流布による戦争や災害の根絶が自分の「究極の希望」であると語っている（牧口一〇：二〇一～二〇二）。真理に背く者は運命がさらに暗転し、真理に立つ者は運命を自在に好転させる。心からそう信じる牧口なればこそ、日蓮がそうしたように、『法華経』の真理を立てて太平洋戦争という運命的な「災禍」をも能動的に転換しようとしたのである。

牧口は、教育の目的を愛国心でなく児童の幸福に置くという、戦前では異色の小学校長だった。日蓮仏法に帰依してからは、人間の生存権を絶対視し、生命が「無上宝珠《むじょうほうじゅ》」であるとの認識にも達している。戦時下の牧口は、紛《まぎ》れもなく生命を尊重する仏教徒になっていた。そのうえでなお、生命尊重の提唱にも増して「運命を変える法」による反戦を選択したと考えられる。それは取りも直さず、日蓮の「立正安国」の精神でもあった。

立正（真理の確立）がすなわち安国（平和の実現）というのが日蓮の思考である。宗教運動と反戦運動は、本質的に一致すると考える。だが、常識的には両者は区別されるだろう。ここに、〝創価教育学会は宗教的な運動のみで反戦運動は行っていない〟とする誤解が生じたとは言えまいか。しかし、牧口が宗教的信念を貫いたのは、どこまでも平和を実現するためであり、戦争を現実に終結させるための、彼なりの積極的な平和行動であった。一般的に理解しづらいだろうが、牧口が人知《じんち》を超えた真理の力を信じて国難である戦争の終結を目指したのは事実である。

仏法による「国体」の相対化

昭和期の日中戦争と太平洋戦争は、軍部政府が、未曾有《みぞう》の国難脱却をスローガンに全国民を動員した侵略戦争であった。当時の日本国民に、自分たちが侵略戦争に加担したという意識は乏《とぼ》しかったろう。しかしながら、いわゆる聖戦論を鼓吹《こすい》した人々に関しては、日本の侵略戦争に思想的に加担した責任を問われても仕方がない。と言うのも、「日本は世界の盟主《めいしゅ》である」という狂熱的な聖戦論こそが、日本の戦時イデオロギーの核を形成していたからである。

近代日本の聖戦論は「国体《こくたい》」観念から生まれた。国体とは国の根本を意味する言葉である。一説によると、近代天皇制の国体論は、十八世紀末から幕末に至る内憂外患《ないゆうがいかん》の時期に現れた水戸学が、キリスト教に対抗してつくり上げたイデオロギーだという。そのためか、国体論は日本の宗教思想には珍しい一神教的な排他性を有していた。しかも、いわゆる昭和ファシズムの時期になると、国体論が完全に国家権力の支柱となる。仏教界も、絶大な国体イデオロギーの前には膝を屈するしかなかった。日蓮教団も例外ではなく、国体論に基づく聖戦を鼓吹して時勢に迎合したことが知られる。ところが、中には国体論に捨て身で抗議した日蓮信者も、ごく少数ながらいた。その代表者が牧口である。

ただし、牧口の抗議は、単純に正邪の白黒をつけるような仕方でもなかった。牧口の反戦行動が一般にわかりにくい、もう一つの理由がここにある。牧口は、国体論の共生道徳的な一面は評価し、その神話的な側面は否定する、という両様の態度をとった。共生道徳としてみた国体論は、自他共栄の生活を説く日蓮仏法を部分的に反映したもの(垂迹《すいじゃく》)として肯定された。

このあたりが、二分法の思考で白黒をつけたがる研究者にスッキリしない印象を与えるのだろう。牧口を結果的には国体論の肯定論者だとしたり、逆に国体肯定的な牧口の発言は本音にあらざる「方便」だとしたり、といった評価が今日なされている。いずれも誤りである。彼らは、近代的思考で牧口の大乗仏教的な「本地垂迹《ほんち》」思考を推《お》し量《はか》る過ちを犯している。

大乗仏教の世界観は、一元論でもなければ多元論でもない。「一」なる絶対の真理が「多」なる相対の世界に浸透しているとみる。「一即多」の世界観である。よって、日本の神々や天皇なども、仏法の真理の顕現《けんげん》（垂迹）として積極的に肯定される。と言っても、「一」の仏法あってこそ「一即多」の妙が成り立つわけだから、仏法の道理に背く「多」の性質は否定される。つまり、大乗仏教には日本の神々を肯定する面と否定する面とがある。日蓮の神祇観《じんぎ》がまさにそうであり、例えば『月水御書《がっすい》』では〝日本は神国であり、仏・菩薩の垂迹としての神は不思議なものであるが、仏教の経論に合致しないことも多々ある〟（趣意、全一二〇二・定二九二）と述べられている。具体的に考えると、『古事記』『日本書紀』が記す「国生み」神話などは、明らかに仏教の縁起観《えんぎ》や因果論に合致しない。牧口の膝下《しっか》にいた戦前の戸田城外《とだじょうがい》（後の城聖《じょうせい》）が、「神道《しんとう》の如《ごと》きは典型的迷信[5]」と厳しく批判した意もここにあったろう。

しかるに、である。現今の創価学会研究者たちは、右のごとき仏教の神祇観を踏まえて牧口を論評していない。島田裕巳《しまだひろみ》氏は、牧口が天皇を「現人神《あらひとがみ》」と呼んだことなどを理由に「牧口は、当時の天皇に対する信仰を否定していなかった。天皇を現人神として認め、神聖にして犯すべからざる最上のものととらえていた[6]」と主張する。こうした牧口評は、本地垂迹説に対する己《おのれ》の無知を表白したにも等しい。

牧口の天皇観は、大乗的な本地垂迹説と近代的な法治主義の融合から成り立つ。牧口は帝国憲法を「大法の垂迹」（牧口一〇：二〇四）と考えていた。仏法が宇宙の根本法、国家の憲法は仏法の顕現（垂迹）、天皇は憲法を体現した国家機関の中心者、という見方である。彼にとって、天皇は宇宙の根本法（仏法）の垂迹（憲法）のさらに垂迹とされ、二重に相対化された価値しか持たなかった。

実際、牧口は「十善の徳をお積み遊ばされて、天皇の御位におつき遊《あそば》されると、陛下《へいか》も憲法に従い遊ばす」から「人法一致によって現人神とならせられる」（牧口一〇：三六三）と述べており[7]、あくまで仏法中心、憲法中心の見解から天皇現人神説を解釈している。だから、仏法を護らず憲法に従わなければ、天皇も誤りを犯すという論理になる。「天皇陛下も凡夫《ぼんぷ》」「天皇陛下も間違ひも無いではない」（牧口一〇：二〇三）という獄中での牧口の発言は、少しも怪しむに足りない。牧口が「純粋な天皇信仰を強調」したとする島田氏の説は[8]、この牧口の獄中発言だけをとっても、いかに見当はずれかがわかる。

以上を踏まえ、戦時下の牧口の真意を今一度、推考したい。ひとえにそれは、人々に降りかかった未曾有の大戦争の災難を一刻も早く終結させたい、との切迫した心情に尽きる。止むにやまれぬ思いに突き動かされ、牧口は日蓮が教えた「運命を変える法」による平和の実現に向け、決然と宗教行動を起こしたのであった。

先に述べたように、仏教には政治的平和に対するニヒリズムがある。政治的努力をいかに積み重ね、平和の諸制度を盤石に確立しても、無限の過去世に起因する人間・自然・国土のカルマまで変えることはできない。「戦争カルマ」を有する限り、われわれは、何らかの外縁《がいえん》に触発されて不可抗力的に戦争に巻き込まれる運命にある。それを思えば、仏教者は政治的な反戦以上に、仏法による運命転換的な反戦に取り組むべきだろう。昨今、政治的反戦に熱心な仏教徒が高く評価される傾向にあるが、仏教における反戦の本義は、むしろ牧口がとったような運命転換的反戦にあると言っても過言ではない。

教育的反戦のアプローチ

ところで、ここに一人の潔癖《けっぺき》な反戦論者がいるとしよう。この人は宗教に関心がなく、「運命を変える法」に懸《か》けた牧口の宗教的な反戦行動について語る術《すべ》を持たない。しかしながら、潔癖な反戦のあり方にはこだわるため、「言論の自由が多少は残されていた戦争の準備段階で、なぜ牧口は政治的な反戦の主張をしなかったのか」と問うであろう。ある意味で、もっともな意見である。

実は牧口の場合、仏法による運命転換的反戦を行うにあたり、その宗教性を表に出さず、むしろ生活法を教えることに力を注いでいる。私はこれを「教育的反戦」と呼んでいる。牧口は、政治的反戦でなく教育的な反戦に望みを懸けていた。元々教育者である。抵抗よりも説得が社会を根本から変える力になるとする、教育的な社会改良主義が、一九〇三（明治三十六）年に『人生地理学』を著して以来、牧口の一貫した信念だった。反戦平和を教育的に行う努力は、日蓮仏法に帰依する何十年も前からみられる。最初の『人生地理学』の中で、国家間の生存競争が「軍事的競争」から「人道的競争」へと段階的に進化すべきことを唱え、その後、一時は共鳴した「破壊的」な社会主義から離れて「建設的穏健手段」による教育的な社会改革の道を選択している（牧口六：二三二）。

そして、昭和初期に日蓮信仰に入り、創価教育学会を結成するのだが、太平洋戦争の前あたりになると、牧口は学会の機関紙『価値創造』や会合の中で、「大善生活」の必要性を強く訴えるようになった。彼の説明によると、大善生活とは「自他共に共栄することによつて初めて、完全円満なる幸福に達し得る真実なる全体主義の生活」（牧口一〇：一四）を意味し、日蓮仏法の信仰によって誰にでも実現できるのだという。

「全体主義」と言うと戦時中の「滅私奉公《めっしほうこう》」を翼賛《よくさん》する思想に聞こえるが、牧口の力点は「自他共栄」のほうにあった。そもそも、当時の牧口は「滅私奉公」批判の急先鋒であり、政党関係者が集まる席で「道理に合わない滅私奉公はできないし、またすべきではない。自己を空《くう》にせよというのはウソである。両方とも栄えなければいけない[9]」と主張し、激しい罵声《ばせい》を浴びるほどだった。

滅私奉公を批判し、自他共栄を掲げる牧口の大善生活論は、自己犠牲をともなう戦争を本質的に否定する思想と言える。現在、公共哲学者の山脇直司《やまわきなおし》氏らが「活私開公《かっしかいこう》」（私を活かして公に開く）という新理念を唱えているが、牧口の大善生活論は、まさにそうした考え方の先駆をなしていた。

牧口らは、自他共栄の大善生活という理念を、創価教育学会の会合のみならず、有力な政治家や軍人たちの間でも説き回っている。この行動は、滅私奉公の道徳への明らかな反対表明であり、倫理教育的な次元からの反戦運動だったとみてよい。牧口は検挙拘束される日まで、戦争のために人命を犠牲にすべし、という滅私奉公の道徳的誤りを説き続けた。いかなる戦争も、個人の生命が国家のために犠牲になる、という滅私奉公を国民に承認させなくては継続できない。牧口の滅私奉公批判は、戦争遂行に不可欠な道徳観を教育的に転覆させるものであり、一種の教育的な反戦平和運動であった。

戦時下の牧口の言動には、いわば「国家の教師」たる自覚が随所に溢れている。「我々は国家を大善に導かねばならない」（牧口一〇：一四七）、「一個人から見れば、災難でありますが、国家から見れば、必ず『毒薬変じて薬となる』といふ経文通りと信じて、信仰一心にして居ます」（牧口一〇：二七六）等々、牧口は国家と教育的な対決を続け、ついには投獄されて獄死に至るのである。ちなみに、国家の権力者に対し、仏法よりも道理のうえから戦争の非を教え諭《さと》すことは、釈尊（ブッダ）や中国の僧・道安《どうあん》なども行ったとされる（詳しくは第六章を参照）。牧口がとった教育的反戦のアプローチは、仏教者の伝統的な反戦のあり方でもあった。

以上の見地から、言論の自由が残されていた時期にも牧口が政治的反戦の行動を起こさなかった理由は、教育的・宗教的な反戦を重視したからだろう、と私は推察する。政治的反戦によって、戦争の根本原因である人の心を変えるのは難しい。人の心に平和を築くには教育しかない。より根本的には、宗教による心の浄化が必要だ。ましてや日蓮仏法の信仰なら、戦争の運命さえ変えられる。牧口は、こう考えていたと思う。

牧口が行った教育的・宗教的な反戦を、「しょせんは政治的反戦からの逃避ではないか」と非難するのは簡単である。けれども、説得による教育的反戦や日蓮仏法による運命転換的反戦が、政治的プロテストの反戦に比べて意義が低いと、誰が断言できようか。

二十世紀の前半は、グローバリゼーションの急速な進展を経験した西洋列強が、自己防衛の危機感と帝国主義的な野望をごちゃまぜにしながら二度の世界大戦へと突き進んだ時代であった。歴史を検証すると、日本の戦争回避の可能性を見出すこともできるが、それ以上に戦争が不可避な情勢を認識させられる場面が多い。

牧口はまさにそうした時代を生き、人為《じんい》を超えた、いわば歴史哲学的な「戦争の運命」というものを肌身で感じとったのではなかろうか。そうした苦悩を実存的に理解して言うなら、彼が戦争の運命を変える唯一の術として日蓮仏法を選択したのは、決して宗教への逃避などではなかった。

人間の善性と世界の神秘について、われわれが少しでも謙虚でありたいのなら、教育者・宗教者の信念に根ざした牧口の反戦行動も、一つの見識と評価してしかるべきだろう。

三 「魔」を断じた戸田城聖

仏教的な「裁き」の思想――原水爆禁止宣言

次に、戦後、牧口の後を継いで創価学会を再建し、今日の礎《いしずえ》を築いた第二代会長・戸田城聖の平和主義を考えてみたい。

戸田は、師と仰ぐ牧口の下、教育的反戦・運命転換的反戦の実践に忠実に取り組んだ。また戦後に出された諸資料から推考すると、戦時下の戸田は仏教の因果応報観や中国人に対する同胞意識、国際情勢への合理主義的見識に基づく反戦感情を心中に秘めていたとみられる。そして、当時の戸田には児童雑誌の発行者という横顔もあった。軍国主義教育の最中にあっても、戸田が国際的で普遍的な視座を子供たちに提供しようと努力したことが、現在では確認されている（以上の詳細については第四章を参照）。

戦前の戸田に関しては、反戦平和の主体的自覚者というよりも、第一の弟子として牧口の平和運動を支え推進した人物とみるべきだろう。戸田が自らの平和主義を形成するのは、牧口とともに迫害を受け、死と隣り合わせの獄中で読経唱題を重ね、宗教的思索に沈潜《ちんせん》し、『法華経』の悟《さと》りを得てからのことである。

敗戦直前に出獄し、やがて創価学会を再建した戸田は、牧口の遺志を継いで日蓮的な反戦の主体者となった。戸田の確信では「暴力や戦争を否定して、真に文化的な平和な楽園を建設するための根本的思想、哲学を持つ宗教」（戸田一：二二）が日蓮の仏法だった。彼は激烈な布教活動を展開する一方、会員たちに「大乗仏教を立てるのです。戦争なんか絶対にしません」（戸田七：六六一）等と語り、学会の宗教活動は真の反戦平和に直結するとの考え方を示していった。

仏法を壊《やぶ》る者は「いやおうなしに戦争に巻き込まれ」（戸田五：二一〇）る——日蓮の教えに従って、そう洞察《どうさつ》した戦後の戸田は、米ソ冷戦の時代に突入した世界を覆《おお》う原水爆の問題に直面しても、日本の、そして世界の「核戦争の運命」を仏法によって転換すべきことを第一に訴えた。創価学会の急激な布教活動の裏には、日本を「けっして原子爆弾を落とされない国」（戸田六：六四三）にしなければならない、という戸田の運命転換的反戦の意思が隠されていた。

こうした戦後の戸田の平和主義には、牧口と異なる点がある。一つは、大善生活論に基づく教育的反戦を強調しなかった点である。宗教運動の中には教育的反戦の意義も含まれる、というのが戸田の考えだった。彼はこう述べている。「全人類を仏の境涯《きょうがい》、すなわち、最高の人格価値の顕現においたなら、世界に戦争もなければ飢餓《きが》もありませぬ」「全人類を仏にする、全人類の人格を最高価値のものとする。これが『如来の事』を行ずることであります」（戸田一：三〇六）。

二つには、反戦抵抗の思想を明らかにした点が挙げられる。その要因として指摘したいのは、牧口と戸田の信仰者としての姿勢の違いである。生活法則の追究を生涯の課題とした牧口は、日蓮の仏法が永遠かつ宇宙大の根源的法則であることを強調した。牧口の日蓮信仰は法則信仰の色合いが濃い。これに対し、獄中での宗教体験を経た戸田は、救済者への信仰を熱心に説いた。戸田によれば「われわれは命令を受けて生まれてきた」（戸田六：五二七）のであり、創価学会員は「仏の使い」「大聖人の使い」とされる。戸田が帰依した富士大石寺の門流では、日蓮を『法華経』の真理と一体化した「本仏」と仰ぐ。戸田は戦時下の獄中で、本仏・日蓮の使いである自分を見出した。かくして戦後の創価学会は、宗教的な使命感を前面に押し出すようになる。「仏の使い」としての戸田の使命感が強く現れたのが、一九五七年に、五万人の青年部員の前で発表された「原水爆禁止宣言」だ。これは原水爆の戦争使用の禁止を訴える内容だったが、注目すべきは、そこで宗教的な断罪が宣言されたことである。

われわれ世界の民衆は、生存の権利をもっております。その権利をおびやかすものは、これ魔ものであり、サタンであり、怪物であります。それを、この人間社会、たとえ一国が原子爆弾を使って勝ったとしても、勝者でも、それを使用したものは、ことごとく死刑にされねばならんということを、私は主張するものであります（戸田四：五六五）。

仏教には「裁《さば》き」の思想がない、とよく言われる。一神教には「神」という絶対の他者がいて人間の善悪を裁く。だが汎神教《はんしんきょう》的な仏教には、およそ裁きの他者がいない。「浄土真宗は一神教的だ」と言う人もいるが、真宗の阿弥陀《あみだ》如来は決して人を裁かない。悪人をも絶対の慈悲で包み、すべてを弥陀の光明のうちに同一化してしまう。かかる弥陀は、究極的に他者たりえない。

日本の仏教史において、絶対の他者への信仰は日蓮に始まると言ってもよい。日蓮にとって絶対他者とは『法華経』であった。彼は、自らを娑婆《しゃば》世界に遣《つか》わされた「法華経の使《つかい》」と称した。キリスト者の内村鑑三《うちむらかんぞう》は、これに共鳴したのだろう。日蓮を論ずる中で「正法にそむけば、その国に七難起こる」との裁きの信仰を紹介し、「これイザヤもエレミヤもルターもカントもソクラテスも承認するところ」と記している[10]。

西洋の正義論は、「神が人間を裁く」というキリスト教の倫理思想の世俗化とも考えられる。アジア諸国で社会正義の思想がさほど発達しなかったのは、一神教的な裁きの思想の不在と全く無関係ではない。その中で戸田は、日蓮仏法に基づき、社会正義のうえから原水爆の戦争使用を断罪した。仏教的な裁きの思想として、戸田の宣言は特筆すべき意義をはらんでいるように思う。

「死刑」の対象は権力者の魔性

とはいえ、「原水爆を戦争で使用した指導者をことごとく死刑にせよ」という戸田の主張が、原理主義的なファナティシズム（狂信）に聞こえる人もいるだろう。戸田の宣言は、いわゆる大乗仏教の「一殺多生《いっさつたしょう》」的な思考と捉えられなくもない。一殺多生とは、一を殺して多を生かすことを言う。多数の命を守るためにやむなく元凶《げんきょう》の一人を誅《ちゅう》す、という発想である。極限の必要悪としての一殺であり、仏教者が非暴力を貫くうえでの例外的なケースと考えられる。

ところが、これを暴力革命も辞さぬテロリストたちが利用したという歴史があった。戦前の「血盟団事件《けつめいだん》」の首謀者《しゅぼうしゃ》・井上日召《いのうえにっしょう》が唱えた「一人一殺主義」などがそうである。彼らは、人命よりも革命の理念を重くみて殺人を正当化した。「人間のための理念」から「理念のための人間」への本末転倒《ほんまつてんとう》が、そこにはあった。

対するに、人類全体の命を守るために原水爆を兵器として使用した一人を死刑にすべきと主張した戸田には、人間の生命に根本的な価値を置く仏教の正統的な思想がみてとれる。元来、一殺多生的な思考は、多くの人命が危機にさらされた場合の、ぎりぎりの決断でなければならない。仏典に、五百人の乗った船の中で四百九十九人を殺して財産を奪おうと企《たくら》む一人を船長が殺したという説話がある。チベット仏教のダライ・ラマ十四世は、この説話にみられる船長の行動を

「適切な行為」だと評している。

しかしながら他方で、人命救済としての一殺多生には「一殺」の行為自体を否定する含みがあってよい。戸田自身、実際は純然たる非暴力主義者だった。戦乱の時代に生きた日蓮は仏法守護のための武装を認めたが、戸田はこれに関して「何も戦争をしろという意味ではない……むしろ邪義・邪説を責めようという意味が十分に含まれている」と解釈した（戸田五：一七二〜一七三）。また日蓮の謗法斬罪論についても、「実際に、そうしろというのではなく、邪宗があるゆえに日本の国は災難が起こるのだから、彼らを追い払ってしまえというのです」と説明している（戸田七：五四四）。

日蓮の文書にあたかも一殺多生的にみえる表現があっても、すべてを非暴力的に捉えたのが戸田であった。それを思えば、彼の「原水爆禁止宣言」も、真実には「一殺」ならざる極悪断罪の思想だったと理解できよう。戸田は核兵器の使用者を「サタン」と呼んだ。サタンは聖書の言葉で、「悪魔」「魔王」などと訳される。それは「外なる悪魔」を意味するが、仏教の「魔」は人間の内面の働き（煩悩《ぼんのう》）を指す。仏教者の戸田が「サタンを死刑にせよ」と訴えたのは、核保有国の政治指導者の心に宿る核兵器使用への全能感を恐るべき魔性《ましょう》とみなし、それを打破せんとする宣言だったと解してよい。戸田の真意は、「一殺」よりも「魔殺《まさつ》」にあったのである。

なお、最終兵器としての原水爆の使用は地上のすべてを無にする。もはや人殺しの域を超え、世界の存続を不可能にする。そのときには、娑婆世界の一切衆生を救済するという仏の誓願も虚《こ》妄《もう》に終わる。原水爆兵器の使用は道徳上の極悪行為にとどまらず、仏教上の大逆（大謗法）にもあたる。それゆえ、日蓮が謗法僧の追放を叫んだように、戸田は原水爆使用者への厳罰を唱えたとも考えうるであろう。

いずれにしろ、戸田の原水爆禁止宣言には日蓮の謗法禁断の主張に似た、峻烈《しゅんれつ》な裁きの響きがある。

四　池田大作の平和主義

生命それ自体を目的とせよ

さて、創価学会の平和主義は、戸田の後を継いだ池田大作・第三代会長によって、さらなる進展をみせる。一九二八年生まれの池田会長は、少年時代に第二次世界大戦の惨禍《さんか》を体験し、尊敬する実兄を失った。その強烈な原体験の上に戸田の思想的影響が加わり、池田会長の平和主義が形作られたと考えられる。

その基盤となっているのは「生命の尊厳」観である。創価学会の仏教哲学では、宇宙自体が大生命体であると説く。この考え方は、戸田が戦時下の獄中で、仏教的な否定の論理を突き詰めた末に到達したものだった。つまり、大乗仏教に言う絶対的な否定の真理＝「空《くう》」の実在面を、創価思想では「生命」と称する。創価学会の生命論は、近代日本で流行した「生命主義」の思潮に棹差《さおさ》すとも言われるが、本質的には仏教の真理の近代的な再解釈だったことに注意しなければならない。

そもそも、仏教の真理を「生命」とみるのは、生の尊重を「理法」と呼んだ釈尊の考え方に似ている。釈尊は、誰もが実感できる生命の大切さを根拠に倫理を説いた。釈尊の肉声を記録したとされる原始仏典の『ダンマパダ』にこうある。「すべての（生きもの）にとって生命は愛《いと》しい。己が身にひきくらべて、殺してはならぬ」[11]。池田会長が生きる実感に即して「人間生命は、他にかけがえがないという意味において、それ自体、尊厳です」（池田三：六四七）などと語るのも、仏教的な生命の尊厳観であると言ってよい。

生命それ自体を目的とする、こうした仏教の倫理から言えば、国家による人間生命の手段化は、あらゆる面で否定されよう。戦争行為はもちろん、死刑制度や徴兵《ちょうへい》制度も本質的には廃止すべきとなる。一九七〇年代前半に行われた、イギリスの歴史家A・トインビーとの対談の中で、池田会長は自らの平和主義の信念を披瀝《ひれき》した。具体的には、核兵器の全面廃棄、すべての国家による交戦権の放棄、徴兵制度の廃止、極度に規制された世界警察軍の必要性、などである。

そして、右のような提案を単なる夢想《むそう》に終わらせないため、池田会長は人間生命の抜本的変革の必要性を力説する。――戦争は人の心から起きる。ゆえに戦争を引き起こす利己心をコントロールできる主体性の確立が、根源的な平和への道となる。近代の理性的主体は、本能的な欲望に根ざした利己心をコントロールできず、結果的に戦争を根絶できなかった。利己心を完全に統《とう》御《ぎょ》するには、人間のカルマをも支配する主体性が求められる。そのような主体性は、もはや人間生命の根源に広がる宇宙の大生命にしかない。宇宙としての自己、すなわち「大我《たいが》」に目覚めること、それが戦争根絶への唯一の道である。真の仏教は、誰もが宇宙的な自己を開発できる方法を示し、調和と共生の倫理観を社会に浸透させ、漸進的《ぜんしん》にではあるが、恒久《こうきゅう》平和の実現を可能にするはずだ――。

「自己こそ自分の主である」(12)という釈尊の自立の教えを、宇宙論的に展開したような思想とも言えよう。ともかく、池田会長は、宇宙的自己による現実的自己のコントロールを唱えるに至った。その平和主義は「宇宙的自己からの平和」を掲げる。人類が宇宙的自己に目覚めれば、必ず戦争を根絶できると訴えるのである。

しかしながら、人類が宇宙的自己を得る、とはどういう意味なのか。これはある面で、人間が神《ゴッド》になると言うに等しいのではないか。答えはしかりである。池田会長が唱える「仏法の人間主義」「宇宙的ヒューマニズム」は、あらゆる人間に神《ゴッド》のごとき尊厳性を認める思想と考えて差し支えないように思う。

近世に江戸幕府を開いた徳川家康は、死後に「東照大権現《とうしょうだいごんげん》」の神名を贈られた。東照大権現は、本地を薬師《やくし》如来とする垂迹神である。そのように、歴史的な人物が様々な「神様」になると言うのなら、池田会長の人間主義は日本的な神仏習合《しんぶつしゅうごう》の土壌から生まれた発想として片づけられる。ところが、池田会長が力説する宇宙大の主体性は、明らかに垂迹神のそれではない。究極の本地を指すものであり、むしろ西洋一神教の究極的な一者に対応すべき観念となる。つまり、「人が究極者になる」ことを真正面から説くのである。世界にほとんど類をみない宗教思想と言ってもよい。池田会長の先師にあたる牧口や戸田も、この点はさほど強調しなかった。

ならば、これは池田会長の独創《どくそう》かと言えば、決してそうではない。普通の人間（凡夫）としての日蓮を宇宙根源の仏（久遠元初《くおんがんじょ》の本仏）とみる「日蓮本仏論」が、創価学会の日蓮教学にはある。例えば、大石寺二十六世の日寛《にちかん》は〝永遠の宇宙の本仏の再誕であり、末法の救世主であり、菩薩としての仏であり、大慈悲を有する日蓮大聖人〟と説く[13]。偉大なる人間の日蓮こそ宇宙大の仏なり、との思想である。

また、日寛は〝われわれが本尊を信じ、南無妙法蓮華経と唱えるならば、自分自身が本尊となり、日蓮大聖人となる[14]〟とも述べる。日蓮だけでなく、曼荼羅《まんだら》の御本尊を信じて唱題する人も本尊＝日蓮になれるのだという。そうすると、創価学会では、御本尊への唱題という「すべての人が究極者となる」ための実践を大衆レベルで日々行っていることになろう。日蓮の教義には、まことに革命的な宗教性が内包《ないほう》されている。これを平和主義の核心に置いたのが、池田会長なのである。

池田会長は、「すべての人が究極者となる」という信念に基づいて宇宙論的な人間主義を掲げ、人類の内的な目覚めを通じた恒久平和の実現に向けて行動を続けている。宇宙的自己への目覚め、などと聞くと、現代思想に通じた人は「よくある自己放棄や自己超越(トランス・パーソナル)の思想と同じではないか」と考えがちであろう。しかし、池田会長の思想に自己放棄や自己超越の傾向はみられない。仏教究極の真理「空」の実像をひとたび「生命」と把握すれば、生命活動を営む日常の自己を離れて宇宙的自己があるわけでもない。むしろ日常の自己を光り輝かせることが宇宙的自己の顕現と考えられている。

したがって、池田会長の宇宙的自己論には、いわゆるニューエイジ的な、仙人のごとき脱俗性がない。貪欲な現実の自己を嫌わず、捨てず、それを共生の方向へリードしていこう、と池田会長は呼びかける。欲望をそのまま悟りに転ずるという、大乗仏教の欲望論(煩悩即菩提《ぼんのうそくぼだい》)に忠実な思想である。こうして、宇宙的自己とは共生的な欲望に生きる健全な生活者を指すことがわかってくる。

牧口・戸田の平和主義を継承

池田会長の描く平和のヴィジョンは、「生命の内なる宇宙に目覚め、怒りや欲望を万物共生へと方向づける人々が増えていけば、漸進的であっても恒久平和を実現できる」というものである。では、このヴィジョンに従い、人は何を実践すればよいのか。それを次に考えたい。

「宇宙的自己（大我）への目覚め」は、基本的に創価学会の御本尊信仰を通じて可能になるとされる。その意味では、池田会長も牧口や戸田と同じく、宗教的な反戦家と言ってよかろう。

池田会長はトインビーとの対談集において、「社会のカルマ」を認める立場をとった。近代の社会有機体説や社会システム論的な見方を踏まえ、仏教者の視点から社会カルマの存在に言及している。

かりに、ある社会が戦争のカルマを抱えているとしたら、単に一個人の戦争カルマを克服するだけでは平和は訪れない、という理屈になる。日蓮が国家規模の法華経信仰による「立正安国」を訴えて為政者を諫暁したのも、そうした考えの表れとみられる。

だが、それでも世界を変えゆく根本の主体は一人の人間以外にない。池田会長はそう確信する。したがって、会長が提唱する大我の主体性とは、個人のカルマのみならず、社会のカルマや国家のカルマも転換しゆく「人間の本源的主体性」を意味している。

仏法が教え、また実現しようとしている究極の理想は、人間の本源的主体性を確立することです。それは、各人の宿業《しゅくごう》に対する主体性であり、社会的・自然的環境に対する主体性でもあります（池田三：六三二）。

一人の人間における偉大《いだい》な人間革命《かくめい》は、やがて一国の宿命の転換《てんかん》をも成《な》し遂《と》げ、さらに全人《ぜんじん》類《るい》の宿命の転換《てんかん》をも可能《かのう》にする（池田一四四：一七〜一八）。

戦争をやって、誰が喜《よろこ》ぶか！　平和と幸福への願《ねが》いは、人々の共通《きょうつう》の念願《ねんがん》であるはずだ。ところが、近代日本の歴史《れきし》は、十年に一度といってよいほど、国運を賭《と》しての戦火に突入《とつにゅう》し、そのたびに多大な犠牲《ぎせい》を払《はら》って、甚大《じんだい》な不幸《ふこう》に見舞《みま》われてきた。この日本の運命を、なんとか転換《てんかん》できないものか（池田一四四：二四）。

池田会長は「宿業」「宿命」「運命」といった言葉で国家や人類のカルマの問題を俎上《そじょう》に載せ、創価学会の反戦史を貫く運命転換的反戦の原理を現代的に説明している。社会的な次元を重視しながら、全体論的な見方には陥《おちい》らない。どこまでも一人の人間に本源的主体性を認め、そこから国家社会、自然環境、全人類が有する運命的な不幸を打破しようとする。種々の共同体の戦争カルマを転換するための運命転換的反戦が、池田会長においても平和行動の基調をなしている。

また池田会長は、戸田の弟子として反戦抵抗の思想を継承している。原水爆を戦争に使用した者は皆死刑にせよ、という戸田の宣言を、その真意を汲《く》み取って非暴力主義的に理解するのが池田会長である。「死刑に値するような核兵器使用者を絶対に出さない」との固い決意に立ち、精神の力で戦争の運命と対決するところに池田会長の平和主義のスタイルがある（一九七五年、創価学会は一千万人の核廃絶を訴える署名を国連に提出した。一九八二年からは、国連と協力して世界各国で大規模な反核展を開催している）。

「人間主義」による対話的反戦

以上に述べたような池田会長の平和主義及び平和行動の軌跡は、彼が牧口・戸田の平和主義の忠実な後継者であることを物語っていよう。ただ、池田会長の時代になってから本格的に展開されるようになった、新たな平和行動がみられなくはない。世界中の指導者たちとの平和に向けた対話の積み重ねがそれである。この「対話的反戦」は、釈尊をはじめ平和を願う仏教者たちが連綿と続けてきた教育的反戦の現代的な展開であると言ってもよかろう。

池田会長が行う対話は、相手の意見を批判する「討論」でもなければ、権威にへつらう「追《つい》従《しょう》」でもない。それは共感を重視する教育的な営みであり、リベラルで双方向的な対話の形をとることで、教育者にありがちな押しつけがましさを免れている。池田会長は、どんな人にも仏の働きをみる『法華経』の哲学を体して相手を心から尊敬し、共々に人間の尊厳を讃える方向に対話を誘導していく。「すべては人間生命のために」という「人間主義」が、宗教やイデオロギーの違いを超えて世界を結びつけ、平和の精神を強化することを、池田会長は幾多《いくた》の対話を通じて証明してみせた。

加えて、池田会長には相手の専門性に学ぼうとの姿勢も強くみられる。単なる知識の吸収ではない。日蓮は「一切の法」がすなわち「仏法」であると教えた。人類に貢献する人は「仏の使」であり、その人の智慧は『法華経』の現代的もしくは異文化的な展開と言える。ゆえに池田会長の側も、世界の識者との対話を通じ、常に『法華経』の新たな意義を学ぼうとする。そのようにして、会長の対話は相互に学び合う場となるのが常である。

「対立なくして発展なし」と信じる、いわゆる弁証法《べんしょうほう》的な討議を重んずる人には、池田会長が行ってきた共感的で相互教育的な対話のあり方が進歩的でないように映るかもしれない。だが、宗教者が自己の信念を捨てず、しかもその信念を前提とせず、理性的な議論をしようとすれば、自《おの》ずと学び合いの場になるのではないか。池田会長の場合、広く人間の善《よ》き振る舞いを仏の働きと捉えるから、宗派的な優越感を振りかざすところもない。信仰者の良心が、変な不純物をともなわず、ストレートに相手を尊重する対話となっている。

だからであろう。対話者の多くは、池田会長の言動のうちに宗教を超えた、人間としての誠意を感じてやまない。イスラム教徒の平和学者M・テヘラニアン氏も、その一人である。同氏は宗教的信念を異《こと》にする池田会長の中に「対話の芸術を大切にするもう一人のソクラテスを見いだした」とし、会長との対話の感想を次のように記している。

私は、世界中にはさまざまな異《こと》なる経験や考えがあっても、良き志《こころざし》をもつ二人の人間が出会い、それぞれの信じる真実について誠実《せいじつ》に語りあうとき、より普遍的《ふへんてき》な真実が出現するということを学ぶことができた。(15)

創価学会と聞くと、かつての激しい「折伏《しゃくぶく》」のイメージを思い起こす人々がいる。池田会長の友好的な対話をみて、「あれは内心の排他主義を隠した偽善ではないか」などといぶかる声もある。創価学会の急成長期に、様々なトラブルが起きたことは事実だろう。そのことを経験的に知らない世代に属する私は、あえてコメントを差し控えるが、仏教思想の研究に携《たずさ》わる立場から、日蓮の「折伏」に対する誤解だけは解いておきたい。日蓮仏法は、あらゆる思想や宗教が『法華経』の真理の表現であると考える。そして、「宗教を超えた宗教」たらんと志向する。一つの宗教でありながら、宗教の立場も超えて一切を我が立場とするのである。他の思想・宗教に対する本質的な差別は、これによって完全に排除される。

ただし、実際の日蓮は、念仏宗や禅宗の誤りを厳しく指弾《しだん》した。そのゆえんは当時、念仏や禅の側が徹底して『法華経』を否定したからである。日蓮にとって、『法華経』とは全人類を仏にする絶対的な寛容の教えであった。彼はあくなき寛容の精神ゆえに、絶対的寛容の『法華経』を「不成仏」と批判する念仏等の教えに激しく反発したのである。傍《はた》から見れば独善的であろうと、日蓮自身の思考は「寛容を守るための折伏」であった。その証拠に、『法華経』を否定しない者には友好的な態度（摂受《しょうじゅ》）で仏法を語るべきだとも説いている。仏教に縁の薄い国の宗教者に対し、池田会長が肯定的な対話を心がけるのも、日蓮仏法のそうした寛容性に基づいている。

池田会長が推進する対話的反戦の成果については、まだ真の評価が定まる時期ではないと考える。しかし、宗教とイデオロギーを超えた「人間主義」の対話外交が、二十世紀後半から今日に至る国際政治の世界に新鮮な衝撃を与えたことは確かだろう。米中ソが対立する冷戦下に三カ国の指導者と友好を結ぶ、あるいは、アメリカから経済制裁を受けている最中のキューバにH・キッシンジャー氏（元アメリカ国務長官）の要請を受けて訪問し、カストロ議長と対話をする――こういった行動は、宗教者であるなしを問わず、簡単にできることではない。千六百回を優に超えると言われる、池田会長が行った世界の要人との対話は、その行動原理となった「人間主義」の人類史的意義が明らかになって初めて、正当な評価を受けるであろう。

五　創価学会の運命転換的反戦

存在としての反戦

そろそろ全体のまとめに入りたい。創価学会の歴史にみられる反戦のあり方は、実に多様である。仏法を通じて個人や社会の戦争カルマを転換しようとする運命転換的反戦がその基軸となるが、滅私奉公の戦時道徳を批判したような教育的反戦や、核兵器廃絶を目指す反戦抵抗の運動、「人間主義」に立脚した脱イデオロギー的な対話的反戦なども重要な要素を占めている。

核兵器廃絶の運動を除けば、運命転換的反戦や教育的反戦、対話的反戦は、直接に政治的反戦とは結びつかない。学会の反戦運動は「見えない」(invisible) ところに最大の特徴があり、また根本的な課題もあるように思われる。

宗教・教育・対話による反戦平和の活動は、漸進主義的な平和へのアプローチである。目に見えなくとも、本当に人々の心に変化を与えるのならば、恒久平和への確実な力となろう。だが、実際に多くの人命が失われる戦争状態を目にしたとき、われわれは果たして漸進的な反戦平和の努力だけでよいのか。緊急時には、やはり政治的反戦にも打って出るべきでないか。そのような疑問が、当然のごとく沸き起こってくる。

外面的な印象や感情論の類《たぐい》ではなく、結果責任という観点から、この問題を捉え直してみたい。政治学者の丸山眞男は、戦前のファシズム政権に対する「最も能動的な政治的敵手」だった日本共産党が、有効な反ファシズム闘争を組織できなかった点を注視し、同党の結果責任を厳しく問うた。私も、政治的責任は結果責任たるべきだと思う。

では、創価教育学会はどうだったのか。太平洋戦争中、牧口は運命転換的・教育的な反戦運動に全力を挙げた。一方で、軍部政府に即時停戦を求めるような政治的反戦は行わなかった。その点を捉え、戦後になって、創価教育学会には「政治的反戦がなかった」などと追及する意見がある。だがそれらは、当時の状況を考慮しない暴論にすぎないのではなかろうか。大政翼賛会《たいせいよくさんかい》が発足した頃にやっと組織体制を整えたばかりの創価教育学会は、軍部政府の政治的敵手たりえなかった。開戦前ならともかく、対米戦争の最中に、わずか数千人規模の一宗教団体が政治的反戦に立ち上がっても、戦争終結につながる現実的可能性はゼロに等しい。

いったい創価学会からみて、最も有効な反戦の戦術とは何なのか。それは運命転換的反戦である。運命転換的反戦は、漸進主義的な反戦平和のアプローチにとどまらず、現実の戦争を即時に平和化する秘術と考えられている。牧口が命を懸けて軍部政府を折伏したのは、それが太平洋戦争を終結させる最高かつ唯一の戦術である、と深く信じたからに他ならない。

理屈はこうである。一人の創価学会員が戦争カルマの運命を転換すれば、その人が所属する共同体の戦争カルマも軽減される。学会員の一兵士が戦闘に巻き込まれないならば、学会員の属する軍隊も戦禍を免れるかもしれない。それは敵軍が戦争行為を仕掛けないことを意味する。こうして一人の運命の転換をきっかけに戦場も、自国も、敵国も、最終的には人類全体が、戦争から解放される方向に進み出すわけである。

要するに、創価学会は「戦争カルマを転換した人間の存在が環境世界に平和をもたらす」という意味での反戦平和運動を宗教的に行っている。言うなれば「存在としての反戦」である。因果倶時の妙法への真剣な祈りは、我が身を瞬時に仏となし、戦争に遭うカルマから解放してくれる。それがまた自分と運命を共にする人々を救い、目の前に平和をもたらす。たとえ兵士の身になろうとも、〝南無妙法蓮華経を唱える人の居る場所は常に仏の寂光土《じゃっこうど》である〟(16)との日蓮の教えのままに、戦場という悲惨な「環境」を浄土に変えうる「存在」となるのである。

実例を一つ挙げたい。後に創価学会の理事長を務めた和泉覚《いずみさとる》は、第二次大戦中、職業軍人としてニューギニアに行くことになった。入信間もない和泉には確たる反戦の信念もなかったが、職業軍人となった「業」の実感はあった。彼は出征《しゅっせい》中、日蓮仏法の御本尊にひたすら「平穏無事」を祈ったという。

南太平洋は日米両軍の激戦地であり、敗退に敗退を重ねた日本軍の地獄絵図は、帰還兵の証言等を通じて今もわれわれを震撼《しんかん》させる。そんな戦地で、和泉は危険地への転勤命令を受けるなど、まさに危機一髪の日々を過ごした。だが不思議なことに、彼は戦死者一人、戦傷者一人見ることなく、自ら弾丸一発も撃つことがなかった。そして敗戦の後、現インドネシアのアンボン島で連合軍に降伏し、捕虜なのに良い待遇を受け、無事に和歌山の田辺港に帰還したというのである。

これと同じような事例は、池田会長の著書『新・人間革命』の中にも描かれている。一九六六年、池田会長は青年部総会でベトナム戦争の即時停戦を提言した。この提言は、ベトナムの創価学会員を勇気づけたが、アメリカの学会員にも大きな影響を与えた。アメリカ創価学会では、仏教の平和主義を理由に良心的兵役拒否を試みる青年が出る一方で、どうしてもベトナムに行かねばならない学会員もいた。

ハワイ在住の、ある海軍の軍人は、ベトナムに向かう駆逐艦《くちくかん》が日本に寄港した際に池田会長に面会を求め、「人を殺《ころ》すかもしれませんし、自分《じぶん》が殺されるかもしれません」と悲痛な声で訴えた。池田会長はこう答えたという。「御本尊はすべての願《ねが》いを叶《かな》えてくれます。だから、どんな状況《じょうきょう》でも、題目《だいもく》だけは忘《わす》れてはいけない。私も、あなたが無事《ぶじ》にハワイに帰《かえ》るまで、お題目を送《おく》り続《つづ》けます」

青年軍人は、池田会長の指導を胸に「必《かなら》ず生きて帰れますように。また、どうか、一人《ひとり》の敵《てき》も殺さないですみますように」と懸命に戦地で祈った。そして戦闘の時が来た。青年は駆逐艦の砲手となり、上官の「撃《う》て」という指示に従い、やむなく発射スイッチを押した。ところが大砲は故障していた。青年は修理を命じられ、日々を送るうちに一度も砲弾を撃つことなく帰国できた――。[17]

池田会長によると、こうしたアメリカ人会員の体験は枚挙《まいきょ》に暇《いとま》がないという。もちろん、戦地から無事に帰還した学会員の個人的体験が数多くあるからといって、それを普遍的な法則のようにみなすのは短絡の誹《そし》りを免れないだろう。現代人からみて合理的な根拠のない話であり、利己主義的にも映る。だが、仏教的にはそうではない。創価学会が行ってきた運命転換的反戦すなわち「存在としての反戦」は、仏教の縁起論や中道《ちゅうどう》思想から発展した「事《じ》の一念三千」説に基づく。「事の一念三千」とは、人間の微小な心（一念）に宇宙全体（三千）がある、とする一念三千の真理が、事実のうえで体験される様《さま》をいう。この「我即宇宙」の教えが真実だとすれば、一人の運命の平和化は集団や環境の運命の平和化にも連動し、目の前の暴力を解決する不可思議な力となって現れることになる。つまり、「存在としての反戦」は正体不明な魔術ではなく、人類の精神的遺産たる仏教哲学（縁起・中道・一念三千）を理論的な基盤とする。個人の救済がそのまま他者・社会・環境の救済につながると説く点で、単なる利己主義に陥ってもいない。インドの釈尊や龍樹《りゅうじゅ》、中国の天台《てんだい》、日本の最澄《さいちょう》や日蓮、そうした傑出した仏教思想家たちの思索の結晶が、運命転換的反戦という思想を支えている。

けだし、これまでには、信仰を貫きつつ戦死した学会員もいたと思われる。戦闘に参加して罪悪感を抱いている学会員もいるかもしれない。そうした人々や遺族等には、個別の事情にも配慮した丁寧《ていねい》な説明が求められよう。例えば、「殺の心」なき加害行為は事故のようなものと捉えられるし、戦闘を本業とする武士たちに罪業を背負っての成仏を約束した日蓮の教えもある。本章の主題から外れるため詳述は避けるが、仏教には明確に悪の救済の思想がある。

それらを踏まえたうえで私は、信仰者が主体的に実践するための論理として運命転換的反戦が唱えられると言いたいのである。

戦場の非暴力主義

では、こうした運命転換的反戦には、いかなる今日的意義が認められるだろうか。この点を考えるには、近現代の戦争行為の実態を知る必要がある。アメリカの陸軍中佐を務めた歴史学者・心理学者D・グロスマン氏の著書（邦題『戦争における「人殺し」の心理学』安原和見訳、ちくま学芸文庫、二〇〇四年）は、多くの有益な知見をわれわれに提供してくれる。

ほとんどの人間には同類を殺すことへの生物学的な抵抗感がある、とグロスマン氏は最初に主張する。その強烈な抵抗感を取り除き、憎《にく》くもない人間を殺せるように、軍隊は兵士に敵兵との「距離」を与えていく。まず物理的な距離である。素手よりも刀剣、刀剣よりもライフル、ライフルよりも砲撃、砲撃よりも空爆と、相手の生々《なまなま》しい人間性から遠ざかるほど殺人への本能的な抵抗感は少なくなる。精神的な距離も大事である。人種的・文化的な差別意識、敵を犯罪者扱いにする倫理的正義の意識などは、兵士に敵との精神的な「距離」を感じさせ、殺人を合理化し、その罪悪感を低下させる。

最前線の兵士には、「責任の分散」「集団免責《めんせき》」という逃げ道も用意されている。兵士は上官の命令によってのみ発砲する。現場の殺人の責任は、上官へ、司令部へ、軍へ、国へ、と分散され、兵士は深刻な自責の念から逃れられる。また戦場では、運命共同体である兵士同士のきずなが非常に強い。戦場の兵士が殺し合いに参加する第一の動機は、自己保存の本能ではなく、仲間に対する責任感なのだとグロスマン氏は言う。これが集団免責である。

ところが、そうした諸々の技術やシステムを用いても、殺人行為に対する人間の本能的抵抗感はなかなか拭《ぬぐ》い去《さ》れない。ある調査は、第二次大戦中、大多数の米兵が銃撃戦において的外《まとはず》しの威嚇《いかく》を行うか、もしくは発射すらしていなかった、と報告している。大概の人間は、いざ生きた敵に向かうと瞬間的な非暴力主義者になる。ましてや創価学会員のごとく、国家よりも人間に第一の価値を置く者は、かなりの確率で戦場の非暴力主義者になることが予測される。

良心的兵役拒否は戦場にもある。そう思えば、戦闘回避を必死で祈りつつ行動する学会員兵士の精一杯の「反戦抵抗」を、中途半端な反戦行動などと第三者が非難するのはいかがなものかという気がする。国家を超越した人間愛に生きる宗教者の出征は――国家内の道徳に従う一般人が軍に「調教」されやすいことを考えれば――少なからず「戦場の平和」に貢献するだろう。

倫理道徳から宗教へ

けれども問題は、戦場の非暴力主義が困難な状況への対応である。グロスマン氏は、心理学に基づく新しい訓練法が米軍兵士の殺傷率を驚くほど上昇させた点を指摘している。その訓練法とは、殺人の抵抗感を脱感作《だつかんさ》する一種の条件づけ学習によって、敵が出現すれば反射的に正確に撃つ能力を養う、といったものである。人間の良心が及ばない無意識の領域に目をつけ、条件反射的に敵兵を射殺できるようにする訓練である。倫理道徳に根ざした戦場の非暴力主義が、ここでは無力化されてしまう。

加えて現代の殺傷兵器は、殺す相手の顔を完全に見えなくしている。先の駆逐艦の砲手の例もそうだが、上官の命令で発射スイッチを押すだけの行為にリアルな殺人の実感はない。倫理道徳はここでも無力化される。殺害現場から遠く離れていることや無味乾燥な機械操作が、倫理道徳の持つ人間臭さと折り合わないのである。

広島への原爆投下に使われたB‐29爆撃機「エノラ・ゲイ」のパイロットたちに、今もって罪悪感が希薄なのも、実感に乏しい大量殺人だったことが影響している。現代の戦争は、同種殺害を忌避《きひ》する人間の本能を巧みに封じ込める。人類破滅の危機に対する極限の戦慄《せんりつ》感もなく、ボタン一つで核兵器を使用する者の心理は、まさに戸田が見抜いた「魔」の働きと言うしかない。

戦争は、もはや対人的な倫理や道徳を超えた世界の出来事となった。われわれは、道徳的信念以外の反戦抵抗の方法も模索しなければならない。「生の人間を殺す」という現実を隠蔽《いんぺい》する、様々な「距離」の壁を取り払う力を、現代は切実に求めている。

人種的・文化的な距離感による殺人の合理化、近代兵器や心理学的訓練による殺人の非現実化、これらに対抗するうえでは、例えば反戦反核の展示活動などが注目されよう。生々しい戦争被害の写真や証言等に直《じか》に接したとき、人々は「戦争とは人間同士が殺し合うことなのだ」という事実に改めて気づく。創価学会では「核兵器——現代世界の脅威《きょうい》展」「戦争と平和展」「『沖縄戦の絵』展」「勇気の証言——アンネ・フランクとホロコースト展」等を世界各国で開催し、反戦のための出版や講演会も活発に行っている。こうした点は、もっと率直に評価されてよいだろう。

ならば、創価学会が最も重視する運命転換的反戦についてはどうか。創価学会は、倫理道徳の面でも熱心に反戦平和を説いてきた。だが、その基調は「倫理道徳から宗教へ」である。「道徳上の教訓で、人間革命をすることは不可能である」「われわれの修行は、受持の一語につきるのであり、今さら倫理道徳を云々《うんぬん》するときには、すでに、その人は大聖人の門下ではないのである」(戸田一：一〇～一一)と、第二代会長の戸田は強調した。日蓮仏法には従来の倫理道徳にない絶大な人間変革の力があるとされる。

一人の兵士の悪《あ》しき運命が転換されれば、どのように訓練づけられても、その兵士は戦争の残虐行為にかかわることがない。前述のように、非暴力の祈りを続ける中、上官の命令で大砲のスイッチを押しても故障で不発に終わった学会員のアメリカ兵が、現にいたという。創価学会員としては、科学が倫理を無力化する現代こそ日蓮仏法の運命転換的反戦が重要になる、と言いたいところであろう。

このような創価学会の平和主義を、一般社会はどう受け止めるだろうか。ガチガチの合理主義者は、前近代の呪術《じゅじゅつ》的反戦論とみなして相手にしないだろう。他方で、近代文明に懐疑《かいぎ》的な知識人からは、肯定的な関心を持たれる可能性がある。池田会長と対談したトインビーや平和学者のJ・ガルトゥング氏は、「業」＝カルマの理論を検証できない仮説としながらも、ある種の合理性をそこに認め、共感の意を示している。縁起論や一念三千説が示唆《しさ》する人間と環境の不可分性も、ポスト・モダンの思想に通底する面が認められよう。

「見えない反戦」

ただ、日蓮仏法の信仰が業の因果を断ち切るだけの本源的主体性を人間に与える、という主張になると、もはや部外者には判断の材料がない。日蓮仏法の現代的意義を、牧口は「超宗教」、戸田は「超道徳」、池田会長は「超合理」「包合理」などと表現した。日蓮仏法は、どのように一般の宗教観を超え、倫理道徳を超え、合理主義を超えているというのか。この問いに答えることが、今後、創価学会の反戦平和を対外的に示すうえで重要となるように思われる。

それはまた、創価学会の平和主義の柔軟性に対する社会の疑念を晴らすことにもつながるだろう。日蓮仏法は「今・ここ」での成仏を保証する。原則的に、その人の置かれた立場や境遇を否定しない。悪人は悪人のままでも成仏できると説く。倫理道徳を超えた宗教の力を信じるのである。兵士は兵士のままで仏になって平和に貢献できる。平和を願う兵士が増えれば増えるほど、軍隊が内部から平和化される。そうした考えの下に、学会の平和主義は成り立っている。

したがって、創価学会の総体としても、時々に置かれた状況の中で平和主義を貫こうとする姿勢が強い。池田会長はベトナム戦争のときに即時停戦を提言し、当時のニクソン大統領に停戦を求める書簡を送った。湾岸戦争の際にも、世界の識者とともに「戦争回避のための『緊急アピール』」をフセイン大統領宛てに行っている。創価学会がすべての戦争に反対の立場なのは、こうした池田会長の過去の言動をみれば明らかである。一方で、創価学会を支持母体とする公明党は状況に応じて柔軟な対応をとってきた。ほとんどの公明党議員は創価学会員であり、仏教的な非暴力主義者が多い。ゆえに野党時代は比較的自由に戦争反対を表明してきた。しかし、連立政権の一角を占めて以降は、与党議員として政権運営を担う責任が増した。それゆえ、政権内の多数派の意見を無視せず、国際社会を動かす複雑な権力のネットワークの一端に身を置きながら、現実的責任を担って世界平和への道を探ろうとしている。ちょうど学会員の兵士が、戦場に赴《おもむ》いてもなお非暴力を実践しようとしたように、である。

一般的に、立場にとらわれて自分の信念を表に出さないのは卑怯《ひきょう》であり、妥協であり、変節とされる。だが、公明党を評する場合には注意が必要である。創価学会員は、日蓮仏法の「存在としての反戦」に生き、いかなる立場でも平和に貢献できると考えている。米軍将校であれ、自衛隊員であれ、警察官であれ、「存在」を通じた反戦なら皆ができる。この原理からは、日蓮仏法を持った議員が政権の一翼を担うこと自体、日本と世界の恒久平和に結びつくという発想も生まれてくる。

平和主義を考えるとき、反戦の言論や政治的な運動の他に、一人の人間の存在が平和に重要な貢献ができることを、もっと知るべきではないか。身近な人物による感化の力は想像以上に大きい。「存在としての反戦」は、平和の心が争いの心を感化する過程でもある。思えば、教育的反戦も、身近な平和主義者の「存在」が戦争肯定派に歯止めの効果を与えることである。「存在としての反戦」の意義が一般的に認められるようになれば、創価学会の「見えない反戦」も少しは見えてくるはずであろう。

第二章

日蓮にみる反戦平和の思想と実践

通常、人間が何としても避けたいのは「死」である。ところが人の死ほど、世の中で、ありふれた出来事もない。テレビのスイッチをつけると、必ずどこかで誰かが死んだというニュースが流れる。年配になれば、毎年のように自分の近しい人の死にも直面する。忌《い》むべき「死」に取り囲まれているのに、われわれは精神の平静を保って日々を生きている。「自分の死」を恐れるのと同じように「他人の死」を恐れていては、とても生きていけない。それが現実の人生なのだろう。

とはいえ、せめて「他人の死」に痛みを感じる人が増えていけば、殺人や戦争も今よりは少なくなるのではないか。仏教者の反戦平和は、実はここから始まる。他者があって自分がある——この縁起《えんぎ》の真理を直観した仏教者は、他者の側に自分を置き、他者を死に至らしめぬように行動する。釈尊（ブッダ）は「『かれらもわたくしと同様であり、わたくしもかれらと同様である』と思って、わが身に引きくらべて、（生きものを）殺してはならぬ。また他人をして殺させてはならぬ[1]」と述べている。自分と他人を区別しない「自他不二《ふに》」の共感こそが、仏教者の平和運動の精神的基盤である。

ならば、現実社会の中で、仏教者はどのように反戦平和を考え、実践すればよいのか。本章では、日本の鎌倉仏教の祖師の一人である日蓮《にちれん》の思想と実践に光を当てながら、この問題を考察してみたいと思う。日蓮は、頻発《ひんぱつ》する災害に苦しみ喘《あえ》ぐ民衆の安穏を願い、変革の行動を起こした。

それは政治家への宗教的諫言《かんげん》（立正安国《りっしょうあんこく》）という形をとり、打ち続く自然災害を止めるとともに、将来起こるであろう戦争を未然に防ぐために行われた。反戦平和という面から考えると、日蓮は信仰の力によって戦争という大量殺人行為に反対したと言いうる。

日蓮といえば、攻撃的で排他的な言動が知られ、他宗の僧らの斬罪《ざんざい》を唱えるなど、好戦的、武断的なイメージも一般的には根強い。にもかかわらず、私は日蓮が正真正銘の反戦平和主義者だったと認識している。そして、彼の平和思想は注目すべき現代的意義を有するとも考えている。ここでは及ばずながら、そのゆえんを述べていきたい。

戦争防止論者としての日蓮

筆者が日蓮を反戦平和主義者と呼ぶゆえんは、第一に、彼が戦争防止論者であり、また戦争の平和的解決論者だったからである。文応元（一二六〇）年に日蓮が上奏《じょうそう》した『立正安国論』は、戦争問題に絞っていえば、「自界叛逆《じかいほんぎゃく》」「他国侵逼《たこくしんぴつ》」という内乱と対外戦争の勃発《ぼっぱつ》を未然に防ぐ方法を仏教的道理に基づき為政者の北条時頼《ほうじょうときより》に説き示す、という目的を持っていた。日蓮は、戦争そのものを起こさぬ方途を仏教的に考え、それを時の政治家たちに教えようと行動を起こした。いわば宗教的な戦争防止論者だったのである。そして蒙古《もうこ》の侵略が現実化したとき、日蓮は西国の防衛強化に必死な幕府の動向を横目にみながら、やはり仏教的道理をもって救国の道を権力者たちに示し続けた。つまり、武力的解決よりも仏教的道理による解決を熱心に説いた。日蓮の奉《ほう》ずる仏教的道理は、前述のごとく戦争防止のための道理であり、換言すると平和実現の道理に他ならない。日蓮は仏教的道理を知る者として、すでに起きている蒙古との対外戦争の平和的解決を願ったと言えるのである。

日蓮はまた、現代的批判にも十分堪《た》えうる平和主義者であった。彼が目指した「立正安国」は、「戦争が存在しない」という消極的平和の状態にとどまらず、万人が幸福な生活を享受《きょうじゅ》できる安穏な社会を意味していた。日蓮は『法華初心成仏抄《ほっけしょしんじょうぶつしょう》』の中で「法華経を以《もっ》て国土を祈らば上《かみ》一人より下《しも》万民に至るまで悉《ことごと》く悦《よろこ》び栄へ給うべき鎮護国家《ちんごこっか》の大白法《だいびゃくほう》なり」（全五五〇・定一四二二）と述べている。現代の平和学では、戦争のような「直接的暴力」だけでなく、社会制度等がもたらす、人を苦しめ病気や死に追い込む「構造的暴力」（structural violence）も問題化されている。飢餓《きが》、貧困、社会的差別、環境破壊、教育や医療政策の遅れなどは、人間が潜在能力を開花し自己実現することを妨《さまた》げる要因となっており、行為者が不在の、社会構造に組み込まれた「構造的暴力」であると見なされている。単純に論ずることはできないが、万人の安穏を願う日蓮の「立正安国」は、現代の「構造的暴力」のような考え方を排斥《はいせき》せず、積極的な平和主義に立つように思われる。

さらにまた、日蓮は行動する平和主義者だった。仏教者はともすれば、戦争など政治的意味合いの強い問題に立ち入ることを避け、個人の「心の平和」を追い求めがちである。しかしそれでは、真に慈悲や縁起の教えを実践しているとは言い難い。原始仏典の『スッタニパータ』には、「生きものを（みずから）殺してはならぬ。また（他人をして）殺さしめてはならぬ。また他の人々が殺害するのを容認してはならぬ。世の中の強剛な者どもでも、また怯《おび》えている者どもでも、すべての生きものに対する暴力を抑えて――」と説かれる。(2)「心の平和」を他者や環境へと広げていくことは、縁起の実践の必然であろう。「立正安国」の実現を目的とする、日蓮の国主諫暁《かんぎょう》も、まさしくこれに他ならなかった。

しかも彼は、南都六宗や天台《てんだい》宗、真言宗など旧仏教が志向した支配体制のための「護国」ではなく、支配体制をはるかに超越した仏法普遍主義の地平から民衆の幸福のための「安国」を説いてやまなかった。日蓮の安国論が国家超越的な普遍主義に立つのは、同論の中で「主人」が「王臣《おうしん》は不覚にして邪正《じゃしょう》を弁《べん》ずること無し」（全二一・定二一三）と述べるなど、経典の真理によって為政者のあり方を批判するところに明らかである。

また佐渡期以降の日蓮文書を読むと、当時の全世界を意味する「一閻浮提《いちえんぶだい》」という語がしばしば出てくる。仏法普遍主義者の日蓮は、終局的には「一閻浮提の一切衆生《いっさいしゅじょう》」すなわち全人類の救済を目指していた。こうした点からみて、日蓮仏教はいわゆる「一国平和主義」とは無縁である。

為政者に戦争防止の方途を教えるために危険を承知で行動を起こし、人類救済という普遍的立場から民衆の安穏を願った仏教者——それが日蓮だったのである。

日蓮の平和思想

さて次に、日蓮の仏教的な平和思想に眼を転じてみよう。日蓮の反戦平和的な言説を整理していくと、生命尊重の思想、万物調和の法《ダルマ》への信仰、仏教的コスモポリタニズム、という三つの観点が浮かび上がってくる。

①生命尊重の思想

第一の生命尊重の思想は、言うまでもなく仏教の「不殺生戒《ふせっしょうかい》」に立脚している。不殺生戒は「五戒」「八斎戒《はっさいかい》」「十重禁戒」「十善戒」といった仏教の基本的戒律《かいりつ》の第一に挙げられる、生きものを殺すなかれ、との誡《いまし》めである。経典によると、不殺生戒をはじめとする十善戒を守る者は、天上では梵天王《ぼんてんのう》、世間では転輪聖王《てんりんじょうおう》の果報《かほう》を受けるが、不殺生戒を破る者は人間として生まれても短命、多病の果報を得るとされる。

殺生が地獄の因となる、と説く仏教の教えは中世社会に広く浸透していた。鎌倉幕府は「殺生禁断令」を発し、殺生の罪障《ざいしょう》消滅を願う「放生会《ほうじょうえ》」を毎年修《しゅう》している。また滅罪を願う武士たちが、晩年に入道《にゅうどう》することも珍しくなかった。

そうした殺生の罪悪視は、当然、仏教僧である日蓮にも強くあった。日蓮は、あらゆる生物にとって自己の生命こそが全世界における「第一の宝」「一身第一の珍宝《ちんぽう》」であるとし、「一日の命は三千界の財《たから》にもすぎて候《そうろう》なり」（『可延定業書《かえんじょうごうしょ》』全九八六・定八六三）「有情《うじょう》の第一の財《たから》は命にすぎず此《こ》れを奪う者は必ず三途《さんず》に堕《お》つ」（『主君耳入此法門免与同罪事《しゅくんににゅうしほうもんめんよどうざいじ》』全一一三二・定八三三）と説示《せつじ》している。

ただ、日蓮の生命尊重思想は、不殺生戒やそれに基づく当時の殺生禁忌《きんき》の風潮を背景とすることはもちろんだが、他者の悲しみや苦しみに対する日蓮自身の鋭敏な感受性によっても高められていたように思われる。日蓮の書簡には、至るところに「涙」「感涙」「なみだ」「なんだ」などの言葉がちりばめられている。日蓮は、信仰の法悦《ほうえつ》に涙するのみならず、時には亡き壮年信徒（南条兵衛七郎《なんじょうひょうえしちろう》）のことを思いやって「なんだ」を流し、あるいは上野殿母尼の健気《けなげ》な供養の志《こころざし》に目を潤《うる》ませ、また蒙古襲来により亡国の民《たみ》となるであろう日本国の万人に同情して「なみだ」にくれるような人物であった。彼の涙は、人間らしい情感の表れであるとともに菩薩《ぼさつ》の精神の発露《はつろ》でもあったに違いない。万感込めて命の無上の尊さを教えようとする日蓮の語り口からは、単なる戒律や道徳の説明の域を超えた、生きる者への深い次元での共感が読みとれる。

かつて日蓮研究者の戸頃重基《ところしげもと》は「武士を教団のおもな担い手とし、彼らと日常深く交わりながら相互に影響し合う仏教が、不殺生戒に関して、寛容になるというよりも、むしろルーズになるのは避けられない」と述べ、その意味から武家信徒を多く抱えた日蓮も、それほど殺生を罪悪視していなかった、と主張した。(3) だが、前述のように、殺生禁忌の仏教倫理に基づく生命尊重の思想は、鎌倉時代の精神世界を読み解く一つの鍵となる。鎌倉武士は殺生をむしろ武門の誉《ほま》れとした、という戸頃の見方は一面的であると考えざるをえない。

少なくとも日蓮に帰依《きえ》した武士たちは、殺生の罪悪感を強く持っていたと推察される。ある武家の婦人は、人を殺して死んでいった息子の後生《ごしょう》を気に病み、日蓮に手紙を書き送っている。日蓮はこの婦人の苦悩を真正面から受け止め、殺生の罪深さを説き示す一方で、『法華経』による救済を約束した（『光日房御書《こうにちぼうごしょ》』全九三〇〜九三一・定一一五八〜一一六一）。

時代思潮でもあった仏教的な生命尊重の規範を徹底して重んじながら、さらに法華経信仰による滅罪を力説した仏教者が日蓮だったのである。

②万物調和の法《ダルマ》への信仰

第二に、万物調和の法《ダルマ》への信仰であるが、これは日蓮仏教の社会思想的性格を決定づけるものといってよい。日蓮は、宗教的正義と社会的正義とを連続的に捉え、そこから平和への行動を起こしていった。正しき仏法への信仰は必ず万物を調和せしめ、地上に共生的平和の実現をもたらす。それが日蓮の「立正安国」の信念であり、思想史的には古代以来の日本人の災害観、教義的には縁起思想の発展と言うべき天台教学の「一念三千」や「依《え》正《しょう》不二」の法門からの影響が指摘されている。

『立正安国論』の結論は、「汝《なんじ》早く信仰の寸心《すんしん》を改めて速《すみやか》に実乗《じつじょう》の一善《いちぜん》に帰《き》せよ、然《しか》れば則《すなわ》ち三界は皆仏国なり仏国其《そ》れ衰《おとろ》えんや十方は悉《ことごと》く宝土なり宝土何ぞ壊れんや、国に衰微《すいび》無く土に破壊《はえ》無《なく》んば身は是《こ》れ安全・心は是れ禅定《ぜんじょう》ならん」（全三二・定二二六）である。日蓮は万物調和の法《ダルマ》を説き弘め、それによって自然と社会の恒久《こうきゅう》的平和を実現しようと考えた。そして現実に、国主諫暁という行動に出た。

「日蓮は狂信的であって反平和的だ」とか「日蓮は排他的だから反共生的である」といった意見をよく聞くが、真実の日蓮は、平和と安穏を約束する法《ダルマ》を闘争的に主張した。[4] 万物調和の法《ダルマ》を掲げて政治に立ち向かい、世に平和をもたらそうとしたという意味では、宗教的ながら「戦う平和主義者」だったように思われるのである。

③仏教的コスモポリタニズム

仏教的コスモポリタニズムは、後半期の日蓮に顕著となる思想傾向である。国主諫暁を通じて政治権力者を正そうとした日蓮は、国家を超越した宗教的世界観を確立していた。彼が注目した『法華経』の経文は、譬喩品《ひゆほん》の「今、此の三界は、皆、これ、わが有なり　その中の衆生は、悉くこれ吾《わ》が子なり」(5)や如来寿量品《にょらいじゅりょうほん》の「われは常にこの娑婆《しゃば》世界に在《あ》りて、法を説きて教化《きょうけ》し」(6)などである。文永初期に書かれたと推定される日蓮の真蹟断簡《しんせきだんかん》では、こうした『法華経』の文を根拠に「この三界は皆釈迦如来の御所領なり」「過去五百塵点劫《じんてんごう》よりこのかた此の娑婆世界は釈迦菩薩の御進退の国土なり」(『釈迦御所領御書』全一二九七・定二五二八)と主張された。また文永六(一二六九)年の『法門申《ほうもんもう》さるべき様《よう》の事《こと》』でも「親父・釈迦如来の御所領」としての世界観が示され、「日本秋津嶋《あきつしま》」は「但《ただ》嶋の長《おさ》」が統治する辺土《へんど》の一小国に過ぎないと卑小視《ひしょうし》された(全一二六八・定四四八)。

それとともに日蓮の中には、一切衆生は本来釈尊の子である、との思いも高まっていく。文永元(一二六四)年あるいは文永六年の作ともされる『六郎恒長《ろくろうつねなが》御消息』では「日本国の四十九億九万四千八百二十八人の男女各父母有りといへども其の詮を尋ぬれば教主釈尊の御子《みこ》なり」(全一三六九・定四四二)と宣せられた。この日蓮の信念は最後まで変わらず、晩年の身延《みのぶ》在住期にも「一切衆生は釈尊の御子《みこ》なり」(『一谷《いちのさわ》入道御書』全一三二七・定九九二)「今日本の国王より民までも教主釈尊の御子なり」(『本尊問答抄』全三六七・定一五七六)といった記述を残している。

天皇も、幕府権力者も、無辜《むこ》の民も、あらゆる人々が等しく「釈尊の御子」である、とする日蓮の言説は、彼が一国家を超えた仏教的コスモポリタニズムを有していたことをうかがわせる。

「文永の役《えき》」の翌年、日蓮は『撰時抄《せんじしょう》』の中で、侵略者であるはずの蒙古国を謗法治罰《ほうぼうちばつ》の「隣国《りんごく》の聖人」であると記した（全二八三・定一〇四七）。「釈尊の子」という視点から全世界の民衆に対して同胞意識を持つ日蓮なればこそ、かかる表現も出てきたのだろう。

近代の日蓮主義者で、後に仏教的社会主義者となった妹尾義郎《せのおぎろう》は一時期、釈尊を中心とした「宇宙的家族主義」を唱え、国際協調の必要性を力説した。(7) 日蓮が『法華経』の教説中に見出した四海同胞の仏子観は、国家を超えた仏教的コスモポリタニズムを生み出す。その好例が、妹尾の「宇宙的家族主義」である。

また日蓮にあっては、この四海同胞の仏子観が「地涌《じゆ》の菩薩」の思想とも重なり合う。「地涌の菩薩」とは『法華経』の従地涌出品《じゅうちゆじゅっぽん》に説かれ、釈尊の呼びかけに応じて大地の底から登場し、末法の法華経弘通を釈尊から託される大菩薩の群衆のことである。その数は、インドのガンジス河の無量の砂粒の六万倍（六万恒河沙《ごうがしゃ》）にあたるとされる。全世界の領主たる釈尊から末法の後継の任を託された無数の大菩薩が地涌の菩薩なのであり、その空前絶後のスケールは到底日本一国におさまるものではない。

日蓮は、この地涌の大菩薩群が必ず末法今時に出現すると信じ、その先駆けが自分たちであると門下たちに教えた。地涌の菩薩の自覚を深めた日蓮は、もはや釈尊に愛護される仏子という受動的立場ではなく、釈尊の正統な後継者として全人類の救済に責任を持つ立場に立った。それは、地涌の菩薩の先覚者が全世界に眠る無数の同胞＝潜在的な地涌の菩薩群を目覚めさせてゆくことを意味した。極めて主体的な仏教的コスモポリタニズムが、ここに見出される。

かくして、中世の日本に生きた日蓮は、全世界的な視座で主体的に物事を考え、行動を続けた。日蓮の文書に、当時の全世界を意味した「一閻浮提」の語が頻出《ひんしゅつ》するのはそのためであろう。「地涌千界《せんがい》出現して濁悪末代《じょくあくまつだい》の当世に別付属の妙法蓮華経を一閻浮提《いちえんぶだい》の一切衆生に取り次ぎ給うべき仏の勅使《ちょくし》なれば」(『教行証御書《きょうぎょうしょうごしょ》』全一二八一・定一四八六)と日蓮が言うとき、そこには主体的な仏教的コスモポリタニズムの精神が横溢《おういつ》していたのである。

仏教的コスモポリタニズムは同時代の親鸞《しんらん》にもみられるが、どちらかといえばスタティック(静的)な印象が否めない。親鸞の絶対他力信仰は、個の実践的主体性を嫌うため、たとえ仏教的コスモポリタニズムがあっても、戦争反対の行動を起こす思想的原動力にはなりにくいと考えられる。近代日本の思想界に現れた清沢満之《きよざわまんし》の「精神主義」は、自己を捨て、妻子を捨て、国家さえ捨てた、阿弥陀《あみだ》如来への超然たる信仰を強調した。だが、その信仰は、地上の善悪の分別をも超越した境地を目指すがゆえに、結果として日本の帝国主義戦争を無批判に肯定したと言える。(8)

個の実践的主体性を排除するような仏教的コスモポリタニズムは、平和主義の思想基盤としては弱いと考えざるをえない。それに対し、地涌の菩薩としての実践的主体性に貫かれた日蓮の仏教的コスモポリタニズムは、すぐれて反戦平和の倫理としての実効性を持つように思われる。

戦争に対する否定的見解

以上のように、日蓮仏教はいくつかの面で反戦平和を志向する思想であることがわかる。事実、日蓮は戦争に対して、常に消極的で否定的な見解しか示していない。

『立正安国論』において、戦争という現象は極めてネガティヴに理解されている。同論は『薬師《やくし》経』『仁王《にんのう》経』『大集経』から種々の経文を引用するが、その中に戦争を意味する「他国侵逼難」「自界叛逆難」「刀兵劫《とうひょうこう》」「兵革《ひょうかく》」などの語が散見される。これらはいずれも、正しい仏法を謗《ぼう》じ、失うことによって起こる「災難」の一種として挙げられている。安国論提出の後に起きた蒙古襲来や二月騒動は、まさしく『薬師経』の「他国侵逼難」「自界叛逆難」にあたるとされた。

日蓮にとって戦争とは、正しい法を謗《そし》った悪の報《むく》い＝災難であり、つまりは「法罰《ほうばち》」であった。安国論では「人仏教を壊《やぶ》らば復た孝子無く六親不和《ろくしんふわ》にして天竜も祐《たす》けず疾疫悪鬼《しつえきあっき》日に来《きた》つて侵《しん》害《がい》し災怪首尾《さいげしゅび》し連禍縦横《れんかじゅうおう》し死して地獄《じごく》・餓鬼《がき》・畜生《ちくしょう》に入らん、若《も》し出て人と為らば兵奴《ひょうぬ》の果報ならん」という『仁王経』の文が引かれている(9)（全三二・定二二五〜二二六）。ここに、人間に生まれて「兵奴の果報」を受けるのは仏教破壊の罪業《ざいごう》による、とある。「兵奴の果報」とは、兵士となって戦場で奴隷《どれい》のごとく使われる境遇を指すのだろう。日蓮仏法は悪業の因果の連鎖のうちに戦争を理解すると言ってよく、いかなる意味でも戦争を聖化することはない。

周知のごとく、日蓮には武家の門人が多数いた。しかし彼は、元来が戦闘を生業《なりわい》にする武士という職業を罪悪視していた。例えば、甲斐国《かいのくに》波木井《はきい》郷の地頭《じとう》・南部六郎実長《なんぶろくろうさねなが》に対し、日蓮は「貴辺は武士の家の仁《ひと》昼夜殺生《せっしょう》の悪人なり、家を捨てずして此所に至つて何なる術《すべ》を以てか三悪道を脱《まぬが》る可きか、能《よ》く能く思案有る可きか」（『波木井三郎殿御返事』・全一三七三・定七四九）と述べた後、『法華経』による罪業の転換を説いている。また日蓮の直弟・日興《にっこう》の写本が存する晩年の『曾谷二郎《そやじろう》入道殿御返事』では、治承《じしょう》・寿永《じゅえい》の乱や承久《じょうきゅう》の乱等の「天子と民との合戦」、あるいは蒙古襲来の件を挙げながら、そうした合戦は現世の「修羅道《しゅらどう》」に他ならないと述べている（全一〇六九・定一八七五〜一八七六）。同書を送られた曾谷氏は幕府の御家人《ごけにん》だったと推察されるが、蒙古襲来の緊迫感ただよう中で、日蓮は武家信徒の曾谷氏の戦意を逆に喪失させるような指導を行ったわけである。日蓮からみた戦争は、国家間戦争にせよ、内乱にせよ、皆法罰にして修羅道とも言うべき悪現象であった。

　そのうえ日蓮には、邪法で祈った側は必ず戦争に敗れる、との宗教的信念もあった。日蓮は建治元（一二七五）年の『撰時抄』の中で承久の乱に言及し、そこで真言師に調伏《ちょうぶく》の祈禱《きとう》を行わせた後鳥羽《ごとば》上皇の側がかえって敗れ、隠岐《おき》に流されたことを、『法華経』の「還著於本人《げんちゃくおほんにん》」の経文に符合《ふごう》する現証として紹介している（全二八三・定一〇四五〜一〇四六）。また『法門申さるべき様の事』に「震旦《しんたん》・高麗《こうらい》等は天竺《てんじく》につい《次》では仏国なるべし、彼の国国・禅宗・念仏宗になりて蒙古にほろぼされぬ、日本国は彼の二国の弟子なり二国のほろぼされんにあに此の国安穏なるべしや、国をたすけ家ををも《思》はん人人はいそぎ禅・念がともがら《輩》を経文のごとくいましめ《禁》らるべきか」（全一二七二・定四五五）との記述もある。ここでは、禅宗・念仏宗が流布したゆえに震旦（中国）や高麗（朝鮮半島の統一王朝）が蒙古国に滅ぼされた、との認識を示しながら、日本国もこれらの邪法を誡めない限り安穏ではない、と警鐘《けいしょう》を鳴らしている。さらに弘安元（一二七八）年の『本尊問答抄』では、真言宗を厳しく批判した後、もし幕府が真言をもって蒙古を調伏するならば、承久の乱などのときと同じく「還著於本人」の原理で日本国は逆に蒙古に調伏されるだろう、と警告している（全三七三・定一五八五）。

宗教の正邪が戦争の勝敗を決する――この日蓮の主張は、現代人の合理的思考に照らして、およそ理解し難いところだろう。しかしわれわれはここで、日蓮にとって戦争は「法罰」「災難」であった、という大前提に立ち返らねばならない。日蓮は、何も「正しい宗教を信じて戦争に勝て」と積極的に唱えたわけではない。

日蓮は「いくさ」について、勝者よりも敗者をことのほか問題にした。あの膨大《ぼうだい》な日蓮文書のどこを探しても、戦争の勝者への礼賛の言葉はみられない。彼はもっぱら戦争の敗者の悲惨さを語り、それを通じて「正しい宗教を信じて戦争の災難を免《まぬか》れよ」と教えたのである。日蓮の中では、戦勝する側も戦敗する側も、ともに「法罰」の働きであった。戦勝国は「法罰を下す」働き、戦敗国は「法罰を受ける」働きである。日蓮は、謗法の日本を罰するという意味合いにおいて、蒙古を「大蒙古国」「隣国の聖人」「天の御使」などと表現した。一見、蒙古の侵略を肯定するかのごとき、こうした記述も、実は悪因悪果の報いという宗教的文脈の中で、蒙古を懲罰者《ちょうばつしゃ》的に語ったものにすぎないと言えよう。日蓮が戦争それ自体を否定的にみる以上、本質論的にはそう解釈するしかない。

もとより日蓮に、蒙古が法華経有縁《うえん》の国であるといった認識はなかった。後述するが、弘安二（一二七九）年の『滝泉寺申状《りゅうせんじもうしじょう》』では蒙古国の存在が否定的に語られている。また真蹟がなく、偽書《ぎしょ》の疑いがあるものの、蒙古を「小《しょう》蒙古」と称した、最晩年の日蓮文書（『小蒙古御書』）も今に伝わる。

いずれにせよ、日蓮において戦争の勝利が肯定的に語られるのは、法罰の働きとしてのみであった。日蓮は、蒙古の侵略を受けた壱岐《いき》・対馬《つしま》の島民の悲惨な状況がやがて日本全体に及ぶことを案じながら「なみだ《涙》もとまらず」（『上野殿御返事』全一五〇九・定八三六）と記す一方で、「科《とが》なき蒙古の使の頸《くび》を刎《はね》られ候ける事こそ不便《ふびん》に候へ」（『蒙古使御書』全一四七二・定一一一二）とも述べるなど、日本・蒙古双方の戦争犠牲者に深く同情している。

戦争とは、あらゆる人にとって最第一の宝である命を無理やりに奪いとる、恐るべき災難である。両国の人民に安穏なる平和をもたらすために、正法を立てて戦争という大なる災難を払え――。恐らくこれが、当時の日蓮の真意だったのではなかろうか。日蓮の戦争観の基調は、やはり戦争否定にあったと考えざるをえない。

法《ダルマ》による反戦

右の考察から、日蓮は仏教の正法による戦争の災難からの脱却、いわば「法《ダルマ》による反戦」に挑戦し、命懸けで行動したことがわかる。もちろん、これは今日的な反戦運動ではない。すると「平和」はともかく、日蓮に「反戦」の冠《かんむり》をかぶせてよいのか、という思いも出てくる。この点を少々論じてみよう。

イエス・キリストは非暴力の教えを弘めたが、仏教にも「汝、殺すなかれ」の誡めはある。仏教の五戒の第一は「不殺生戒」である。すでに述べたように、日蓮も生命尊重の思想を有し、「上《かみ》大聖より下蚊虻《しももんもう》に至るまで命《いのち》を財《たから》とせざるはなし、これを奪へば又第一の重罪なり、如来世に出で給いては生をあわれむを本《もと》とす」(『妙密《みょうみつ》上人御消息』全一二三七・定一一六二)などと、常に周囲に説き教えていたとみられる。

ただ、彼は戦乱の中で「武器を捨てよ」「殺し合いを止めよ」とは叫ばなかった。キリスト教徒の良心的兵役《へいえき》拒否のような、政治的な反戦の意思を表明しなかった。中世仏教の世界において、護国の観念は一々の不殺生に先立つものと言えた。各地で殺生禁断を説いて回った真言律僧の叡尊《えいそん》ですら、敵国調伏を引き受けながら殺生の回避を祈るという、消極的な非戦の祈りにとどまった。日蓮も、決して時代の外にいて行動したわけではない。

しかしながら、思想の力に敬意を払う者は、歴史の埃《ほこり》を被《かぶ》った人物の言動のうちに、時として普遍的な何かが光を放っていることに気づき、それを探し当てようとする。われわれもまた、時代を超えて語りかけてくる日蓮のメッセージに耳を傾けてみたい。

中世の仏教者たちは、政治的な戦争回避の努力に対し、懐疑的な心情を抱く面があったと思われる。仏教は「業《ごう》」と「輪廻《りんね》」の運命論を有する。それに基づくならば、過去世に悪業を積んだ人は、どうしても現在世に戦禍《せんか》に巻き込まれてしまう。人為的な努力で戦争を避けようとするのは、むしろ業・輪廻の仏説に無知な愚行《ぐこう》にすら映る。こうして、仏教徒は深い厭世感《えんせいかん》に襲われていく。

ところが、日蓮に限っては業と輪廻の呪縛《じゅばく》を主体的に断ち切る信仰を提唱した。仏教的な常識を超えた運命論に立ち、新たに「法《ダルマ》による反戦」を唱えたのである。

仏教の運命論は自己責任の原則に立つ。「この世で貧乏なのは、過去世に盗みを働いた報いだ」「この世で早死にするのは、過去世に殺生を好んだからだ」といった具合に、自業自得を説いてやまない。ただ、この運命論に希望がないわけではない。この世で善行《ぜんこう》を続けていけば、その善き業《よ》によって未来世には幸せが訪れる、とも言えるからである。

しかし「未来の運命を変える」という仏教の運命論は、「運命は変えられない」とするキリスト教徒一般の立場より主体的であるとはいえ、結局は人の生き方を消極的にする嫌いがある。われわれの日常は、およそ悪《あ》しき行為によって構成されている。それらを極力避け、「質素に生きろ」「金儲けに走るな」「肉食を避けよ」「性欲を断て」「悪につながる一切の職業に就くな」といった教えに従うならば、消極的で厭世的な生活にならざるをえない。苦であり無常である人生を切り開き、人生を楽しもうとする気持ちが、一向にわいてこないのである。それなら、富も栄誉も神の定めと信ずる近代のキリスト教徒のほうが、かえって自己責任論者の仏教徒よりも積極的に生き、人生をそれなりに楽しめるだろう。

真の意味で積極的に社会にかかわる仏教は、今ここに襲い来る運命に挑戦し、それ自体を善き方向へ変えゆくものでなければならない。そんな仏教があるのだろうか。釈尊も、龍樹《りゅうじゅ》も、中国の天台智顗《ちぎ》も、市井《しせい》の民が現世の運命を変える方法については何も教示していない。日本仏教の最澄《さいちょう》、空海《くうかい》、法然《ほうねん》、親鸞、道元《どうげん》といった諸宗の元祖も同様である。ところが一人、日蓮だけは在家の男女に向かって「現世の運命を変える」ことを主張し、その仏教上の理論と実践法を説き残しているのである。日蓮の主著『観心本尊抄《かんじんのほんぞんしょう》』に、次のような一節がある。

釈尊の因行果徳の二法は妙法蓮華経の五字に具足す我等此の五字を受持すれば自然に彼の因果の功徳を譲り与え給う（全二四六・定七一一）

釈尊が仏になる前に行った、万にも及ぶ六波羅密《ろくはらみつ》の修行（因行）、そして修行の達成によって得た成仏の大果報の功徳（果徳）、これらは、もとより法華経の真理たる「妙法蓮華経の五字」に具《そな》わっている。したがって、われわれの修行としては、ただ妙法の五字を受持すればよい。法華経を持《たも》つだけで、われわれは自然に釈尊と同じ修行をし、同じ成仏の功徳を受けられる。これが、日蓮の主張であった。

日蓮は、途方もない労力を要する仏教の修行を、極限まで簡略化している。そこでは、法のために自分の命を捨てることも、幾度となく生まれ変わって厳しい修行を続ける必要もない。妙法蓮華経の五字を信じて持つ、それさえすれば、誰でも一生のうちに仏になれると説いたのである。妙法の力で現世の運命を変えられるなら、戦争も、病気も、自然災害も、あらゆる事象が仏教者の挑戦の対象となろう。日蓮の「立正安国」は、実にこの考え方に基づく。『立正安国論』の結論部分で、日蓮は〝悪法を退治せよ、さもなくば内乱が起き、他国の侵略を受け、国が滅ぶであろう……真実の一善の法に帰依せよ、そうすれば世界は平和な仏国土になるだろう（趣意）〟と訴えている。(10)「法《ダルマ》による反戦」への道を、時の為政者に強く勧《すす》めた箇所である。

先述のように、日蓮は「武器を捨てよ」「殺し合いを止めよ」とは叫ばなかった。それは、日蓮が非暴力の戒律にさほどこだわっていなかったような印象を与える。だが、日蓮の真意は非暴力の放棄どころか貫徹にあった。業・輪廻の運命論に従う以上、不殺生の教えは、「今・ここ」にある殺戮《さつりく》を止めるための根本的な処方箋《しょほうせん》にはならない。いかに人々が不殺生戒を守っても来世の生における平和が保証されるにすぎないからだ。過去世の業に起因する現在の「殺」を本当に根絶するには、不殺生戒の力でなく、現世の運命の転換をもたらす「法《ダルマ》」の力によるしかなくなる。

不殺生の戒律よりも仏法の力用《りきゆう》を強調する日蓮の「法《ダルマ》による反戦」は、こうした考え方に基づく。非合理的な主張と一蹴《いっしゅう》するのは簡単だが、日蓮の教説は超理性的な仏教哲学に立脚している。よって、これを単純に切り捨てるのは、いささか近代人の傲慢《ごうまん》に思える。

日蓮は非暴力的な反戦とは違った、運命の次元からの反戦を模索したと言ってよかろう。戦争の宿命的な面に光を当てることは、時代・社会を超えて人類共通の課題と考えねばならない。日蓮は仏教者として、この課題に真正面から取り組んだわけである。ちなみに、日蓮の「法《ダルマ》による反戦」が、政治的あるいは社会的な反戦運動を否定するようにも思えない。戦争の運命を変えるというのは、実際的には戦争終結や戦争防止へ向けた様々な人為的努力が実を結ぶことを意味する。法《ダルマ》はただ、そうした努力が報われるように働く。「法《ダルマ》による反戦」は、政治的、社会的な反戦運動を宗教的に後押しするものとみて差し支えない。

非暴力の精神闘争

また指摘したいのは、「法《ダルマ》による反戦」の推進にあたって日蓮が非暴力の精神を堅持した、という点である。

「日蓮は過去の不軽《ふきょう》の如《ごと》く」（『佐渡御書』全九六〇・定六一七）「日蓮は是れ法華経の行者なり不軽《ふきょう》の跡《あと》を紹継《しょうけい》するの故《ゆえ》に」（『聖人知三世事《しょうにんちさんぜじ》』全九七四・定八四三）などと、日蓮は〝自分の折伏行《しゃくぶくぎょう》こそ万人の仏性《ぶっしょう》を尊敬礼拝した不軽菩薩の行為の継承である〟と強く自負していた。不軽菩薩の説話は『法華経』の中にみられる。この菩薩は釈尊の過去世の修行の姿とされ、僧俗・貴賤《きせん》・男女を問わず、すべての人を未来の仏として深く敬《うやま》い、礼拝した。[11] 日蓮において、折伏は闘争的ながらも、不軽菩薩が行った人間尊敬の礼拝行と同じ実践であった。

別言すれば、日蓮は人間の尊厳性について闘争的だったのである。ゆえに、たとえ自分の敵対者であっても、その中に尊極の「仏性」（仏の性質）を認める立場をとった。「信ぜん人は仏になるべし謗ぜん者は毒鼓《どっく》の縁となつて仏になるべきなり」（『法華初心成仏抄』全五五二・定一四二六）というのが、日蓮の宗教的信念だった。

そもそも日本天台の思想的影響を受けた日蓮は、「善悪不二・邪正一如《にょ》」（『一念三千法門』全四一六・定二〇四〇）という考え方を持っていた。一念三千を構成する「十界互具《ごぐ》」（地獄から仏までの十種の生命のそれぞれがまた十の生命を具えていること）の法門からみて、善と悪、正と邪は不即不《ふそくふ》離《り》の関係にあり、いずれも独立して存在できない。日蓮の言説には「善と悪とは無始《むし》よりの左右の法なり」（『治病大小権実違目《ちびょうだいしょうごんじついもく》』全九九七・定一五二〇）「仏と提婆《だいば》とは身と影とのごとし生生にははなれず」（『開目抄《かいもくしょう》』全二三〇・定五九九）「大悪をこ《起》れば大善きたる」（『大悪大善《だいあくだいぜん》御書』全一三〇〇・定八七七）といった善悪、邪正の相即《そうそく》観がみてとれる。

こうした善悪不二観は、ともすれば道徳的退廃を招く。本覚《ほんがく》思想的な悪の直接肯定が、いい例だろう。日本天台の本覚思想は、生滅変化する現実世界をそのまま本来的な悟《さと》りの世界とする思想である。そこでは、戦争も飢饉《ききん》も仏の世界になってしまう。

悟りの真理が無執着の境地でしか捉えられないのは、それが絶対的な次元で動いてやまないからと考えられる。悟りの真理は、ある面で永遠の動きである。だから、戦争即悟りといっても、必ず戦争から平和に向かう真理の動きでなくてはならない。ところが、天台本覚思想では動きの真理を静止的に誤解し、この世の悲惨をそのまま肯定する。仏教本来の無執着の精神を忘れたところに、本覚思想的な堕落の要因があったように思う。

この点、日蓮は違っていた。無執着の仏教的精神に立ち、善悪不二の法華経哲学を、どこまでも変化の中で実践しようとした。末法濁世《じょくせ》の諦観《ていかん》に終わらず、その楽土化を願って行動を止めなかったのである。そこからは、邪悪と戦いつつも、その本質的な存在意義を認めて救済するという、日蓮独特の倫理思想が生じている。「日蓮仏果をえ《得》むに争《いかで》かせうばう《少輔房》（＝「せうばう」とは日蓮の顔を法華経の巻物で打った「少輔房」を指す）が恩をすつべきや」（『上野殿御返事』全一五五七・定一六三六）「願くは我を損《そん》ずる国主等をば最初に之《これ》を導かん」（『顕仏未来記《けんぶつみらいき》』全五〇九・定七四二）と日蓮は記した。邪悪なる敵対者といえども、実は正義の顕揚《けんよう》、自己の善性の薫発《くんぱつ》に不可欠な存在である。されば邪悪を徹して責め、治罰する折伏こそ、善悪不二・邪正一如という妙法の世界を現出せしめる道であり、そこに初めて度《ど》し難《がた》き邪悪の輩《やから》の救済も可能となる。これが、日蓮の法華経的倫理観であったと考えられよう。

以上をまとめると、日蓮の折伏は万人の仏性を尊敬礼拝する絶対包容の立場を闘争的に擁護する実践であり、現代的に言えば、非暴力の精神闘争であったとみなしうる。われわれは、日蓮その人が徹底的に諸宗の謗法を指弾《しだん》した反面、最後まで暴力的抵抗をなさずに「竜《たつ》の口《くち》」の処刑の場に臨んだ、という事実を軽視してはならない。「王地に生れたれば身をば随えられたてまつるやうなりとも心をば随えられたてまつるべからず」（『撰時抄』全二八七・定一〇五三）との信念で、まさに非暴力の精神闘争に生きんとしたのが日蓮であった。

いわゆる「熱原《あつはら》法難」も、非暴力の精神闘争という日蓮教団の態度を鮮明にした事件だったと言えよう。弘安の頃、日蓮教団への改宗者が相次いだ滝泉寺では、院主代《いんしゅだい》の行智《ぎょうち》が武士を味方につけ、武力弾圧を行うようになった。そしてついに弘安二（一二七九）年九月二十一日、武装した一団が非武装の農民信徒たちを襲撃し、暴行を加えたうえ信徒二十人を下方政所《しもかたまんどころ》に引き立てた。

行智の側は日蓮門下に滝泉寺の田の稲を奪い取ったという罪をきせ、鎌倉幕府に訴えた。取り調べにあたった平頼綱《たいらのよりつな》は日蓮教団の弾圧に動き、結果的には三人の信徒を斬首《ざんしゅ》、残りの十七人を従犯者《じゅうはんしゃ》として追放の刑に処したという。

この一連の流れの中で、日蓮教団の僧俗が全く武力を行使しなかったことは注目に値する。法難の前から断続的に続いていた行智らの武装襲撃に対し、日蓮教団の側から何らかの武力的な報復がなされてもおかしくなかった。『滝泉寺申状』によると、行智らは訴状の中で法華宗徒の行状《ぎょうじょう》に関して「数多《あまた》の人勢を催《もよお》し弓箭《きゅうせん》を帯《たい》し院主分の御坊内に打ち入り下野坊《しもつけぼう》は乗馬相具《じょうめあいぐ》し」云々と訴えている（全八五二・定一六八〇）。つまり、法華信徒が武器を持って大勢で押しかけたと非難している。こうした訴えからは、当地の日蓮門下が武力で報復を行うことも全く不可能ではなかったという状況がうかがえよう。だが、少なくとも日蓮や当地信徒の指導に当たった日興は、味方に犠牲者が出ても、武力的な抵抗や報復を一切指示していない。日蓮は、ここでも非暴力の精神闘争を貫いたのである。

教団防衛のための武装

だが、その一方で、仏法を護るために教団は武器を保持すべし、と日蓮が公然と唱えたこともよく知られている。文永八（一二七一）年、浄土宗の僧・行敏《ぎょうびん》は、諸大乗経を誹謗《ひぼう》するとして、日蓮を幕府に告訴した。その中で、日蓮教団が弓箭《きゅうせん》・兵杖《ひょうじょう》を蓄えて凶徒《きょうと》を部屋の中に集めている、との告発もなされた。これに対し、日蓮は「涅槃《ねはん》経に云く・天台云く・章安《しょうあん》云く・妙楽《みょうらく》云く法華経守護の為の弓箭兵杖《きゅうせんひょうじょう》は仏法の定れる法なり例せば国王守護の為に刀杖《とうじょう》を集むるが如し」（『行敏訴状御会通《ごえつう》』全一八二・定四九九〜五〇〇）と答えたようであり、護法《ごほう》のための教団の武器保持を、経釈《きょうしゃく》が定める持戒《じかい》のあり方として正当化している。

その背景には、日蓮一門の差し迫った状況があった。日蓮の記述によると、良観房忍性《りょうかんぼうにんしょう》や念阿《ねんあ》、道阿《どうあ》といった反日蓮の高僧らの策謀《さくぼう》により、「頸《くび》を切れ所領を追い出せ等と勧進《かんじん》するが故に日蓮の身に疵《きず》を被り弟子等を殺害に及ぶこと数百人なり」（同前）と述べられるような事態が起きていた。文永八（一二七一）年までの間に、日蓮教団の側では、すでに数百人にのぼる弟子等が不当な暴力によって殺害されたというのである。

僧徒による暴力といえば、いわゆる「僧兵」の存在が想起される。僧兵の台頭に関しては、日本天台宗の慈覚《じかく》の系統を汲《く》む「山門派」の良源《りょうげん》が比叡山《ひえいざん》で僧兵を誕生させたとの説や、奈良時代に多くの奴婢《ぬひ》を抱えるようになった東大寺、法隆寺、薬師寺等の大寺院が僧兵と呼びうるものを有していたとの説がある。[12] 寺院が僧兵を動かして立ち向かう相手は敵対寺院である場合も多く、比叡山と興福《こうふく》寺、比叡山と三井寺《みいでら》、東大寺と興福寺との間では、しばしば激しい抗争が繰り返された。そこでは、焼討ち、略奪、放火、殺傷などが行われたという。日蓮が活躍した時代にも、比叡山の延暦《えんりゃく》寺僧徒が園城《おんじょう》寺等に乱暴狼藉《ろうぜき》を働く事件が相次ぎ、朝廷は文永二（一二六五）年に延暦寺僧徒の武装を禁止したが効果はなかったようである。(13)

　これら南都《なんと》北嶺《ほくれい》の僧徒に比べると、鎌倉仏教の各宗派の門人は、さほど武力行使に積極的ではなかったようにみえる。法然などは、むしろ南北僧徒の愁訴《しゅうそ》によって苛酷《かこく》な暴力的迫害を受けた側に属する。しかし、だからといって、日蓮在世の頃の法然念仏の徒輩《とはい》が宗敵に対し、暴力的攻撃を行わなかったわけではない。現に日蓮は、自分が念仏者たちから暴力的襲撃を受けた、ということを証言している。

　例えば、文応元（一二六四）年十一月に起きた「小松原《こまつばら》法難」の模様について、日蓮は『南条兵衛七郎殿御書』で「安房《あわ》の国・東条の松原と申す大路《おおじ》にして、申酉《さるとり》の時・数百人の念仏等にま《待》ちかけられて候いて、日蓮は唯一人・十人ばかり・も《物》のの要にあ《合》ふものは・わづ《僅》かに三四人なり、い《射》るや《矢》はふ《降》るあめ《雨》のご《如》とし・う《討》つたち《太刀》はいなづま《雷》のごとし、弟子一人は当座にうちとられ・二人は大事のて《手》にて候、自身もき《斬》られ打たれ結句にて候いし程に、いかが候いけん・う《打》ちもらされて・いま《今》までいき《生》てはべり」（全一四九八・定三二六〜三二七）等々と書き記している。これによれば、数百人の念仏者等が十人ばかりの日蓮一行を武力襲撃し、弟子の一人は即死、二人は重傷、日蓮自身も斬《き》られ、打ちのめされている。このときの念仏者たちの中に僧侶の身分がいたかどうかは不明だが、日蓮に敵対する念仏僧らがこうした殺傷行為を黙認《もくにん》していたことは想像に難くない。念仏者たちの乱暴狼藉は、中世仏教の僧兵の伝統に立ってのことであろうか。

ともかく、当時の鎌倉仏教界の風雲児とも言えた日蓮は、敵対勢力の不法な暴力にさらされ続けた。何百人もの門下を殺され、日蓮自らも負傷し、彼の教団は力ずくで社会から抹殺《まっさつ》されかけていた。一種の限界状況の中で、日蓮は、仏法守護のための武力行使を認めた『涅槃経』等の文を根拠としつつ、末法闘諍《とうじょう》の悪世に応じた現実主義的な選択として、ある程度の武装を行う道を選択したのだろう。

ただ、それでも日蓮教団の側から敵対勢力に武力攻撃を仕掛けた形跡はみられない。不軽菩薩の後継者を自任した日蓮は、可能な限り、非暴力的手段で敵対者に立ち向かおうとした。何よりも言論戦を重んじ、公場対決による勝敗の決着を強く願って行動を重ねたのが日蓮であった。そのうえで、突然に敵から命を狙われる場合などを想定して個人的護身用に最小限の武器を備え、時にはそれを正当防衛上の必要性から使用したのであろう。実例としては、念仏者たちの不法な武力襲撃を受けた日蓮一門が、やむなく武器を執《と》って防戦に努めた、先述の「小松原法難」が挙げられる。同様に、念仏者たちが日蓮の草庵《そうあん》を深夜に急襲した「松葉ケ谷《まつばがやつ》の法難」においても、危機脱出のために護身の武器を用いたのかもしれない。

それらはいずれも、不意の暴力に対処するための例外的な武器使用とみなすべきである。しかも、それとて個人的護身の範囲にとどまり、教団として大規模な武力的応戦がなされたようにはみえない。また日蓮や門弟たちは、法難の嵐の中で生命の危険を巧《たく》みにかわしながら、武力攻撃に遭《あ》わないように思慮深く行動している。武器による防衛よりも、戦闘の回避に心を砕いていたわけである。日蓮は、防衛のために教団全体を武装化する意図など持っておらず、実際にそのような行動をとることもなかったのである。

非暴力的な経済制裁を主張

その代わり、日蓮は公的かつ非暴力的に敵対者に対処すべく、鎌倉幕府に働きかけている。

文応元（一二六〇）年の七月、日蓮は『立正安国論』を幕府の前執権《しっけん》で時の最高権力者だった北条時頼に提出した。国主に仏法の根本道理を示す同書は、その後、日蓮によって何度も書かれたというが、今日では、文永六（一二六九）年の書写本（中山法華経寺蔵）と、建治と弘安の交《こう》に書されたと推定される増補版の広本（京都本圀寺《ほんこくじ》蔵）の二種が現存している。その内容を比較すると、仏法を破壊する者への対処法について、日蓮の主張が変化しているのに気づかされる。

文永六年書写の『立正安国論』をみると、日蓮が政治的で非暴力的な問題解決の方法を模索した様子がよくうかがえる。安国論の第七問答において、日蓮は、『涅槃経』の金剛身品《こんごうしんほん》に説かれた本生譚《ほんしょうたん》の一つである有徳王《うとくおう》と覚徳比丘《かくとくびく》の物語を引いている。――過去の世に、持戒の僧である覚徳比丘がいて、正法を護持し弘法に努めた。だが、かえって悪心を生じた破戒の悪比丘たちは刀杖をもって覚徳を襲い、まさに正法が滅尽《めつじん》しようとした。そのとき、在家の有徳王は護法のために武器を執って悪比丘たちと戦い、覚徳を守ったが満身創痍《まんしんそうい》となった。覚徳は王の正法護持の戦いを大いに褒《ほ》めたたえ、王は歓喜して命終《みょうじゅう》した。後に、この有徳王は、護法の功徳から阿閦《あしゅく》仏《ぶつ》の国に生じて仏の第一の弟子となり、覚徳比丘は第二の弟子になったという。かかる物語を説き終わった釈尊は、有徳王とは今の我が身であり、覚徳比丘は迦葉仏《かしょうぶつ》である、と明かす。そして迦葉仏に対し「是の故に法を護らん優婆塞《うばそく》等は応《まさ》に刀杖《とうじょう》を執持《しゅうじ》して擁護《おうご》すること是くの如くなるべし」「刀杖《とうじょう》を持《じ》すと雖《いえど》も我是等を説いて名けて持戒《じかい》と曰《い》わん、刀杖《とうじょう》を持すと雖《いえど》も命を断《だん》ずべからず」などと述べ、仏滅後の濁悪の世においては護法のために武装すべきことを説く――。

安国論の中の「主人」は、以上の『涅槃経』金剛身品の説を紹介した後、「須《すべから》く国中の謗法《ほうぼう》を断《た》つべし」（全三〇・定二二三）と訴える。だが、それを受けた「客」が、「では、この『涅槃経』の経文に従って謗法の僧を斬首刑にすべきなのか。そうなると、仏子たる僧侶を殺害するという罪業を犯すのではないか」と疑問を投げかけると、「主人」は「仏子を禁ずるのではなく、謗法の悪を責めるのだ。ただし過去世は罪人を斬ったが、釈尊としての教説は、悪僧への布施《ふせ》（供養）を止めよ、である。すなわち一切の人が悪僧に供養せず、正法に帰依すれば、いかなる災難も起こらないのである」（趣意）と答えている。日蓮は、先の『涅槃経』の中で釈尊が「刀杖を持すと雖も命を断ずべからず」と述べた箇所も安国論に引用し、現実の謗法禁断については斬首刑でなく供養禁止という方法をとるべきだと主張したのである。この論述からは、不殺生戒を奉ずる仏教僧として何とか非暴力的に謗法者に対処したい、との日蓮の真摯《しんし》な思いが汲みとれる。

日蓮は、いわば経済制裁に非暴力的な謗法退治の活路を求め、念仏僧への供養を禁止すべきことを為政者に訴えたのである。日蓮としても、最初から政治権力者に訴えて目的を遂げようと考えたわけではない。それ以前に、幕府上層部の意向を受けて彼の元を訪れた念仏者と法論するなど[14]、日蓮は念仏者との直接的な言論対決を行ったとみられる。つまり、自ら敵対者と直接的な対話を行ったうえで、公的裁定を求めて安国論を提出し、為政者に直言したことになる。日蓮が宗教的正邪の公的な裁定を求めたことについては、当時の王法が仏法を意のままにできた、という事情を考慮すべきであろう。

結果的に、宿屋《やどや》禅門《ぜんもん》の取次ぎによって北条時頼に提出された日蓮の安国論は、幕府から黙殺された。のみならず、日蓮は武装した念仏者の襲撃を受け、伊豆に流罪《るざい》され、「竜の口」で処刑寸前になり、あげく流刑《るけい》として最も重い遠流《おんる》の地・佐渡島に流される、といった徹底的迫害を受けることになる。日蓮だけでなく、数百人にのぼる彼の愛すべき弟子たちも殺害されたという。事態はむしろ、日蓮教団の政治的弾圧という方向へと進んだ。そして日蓮からみれば、この正法滅亡をはかる動きの果報が「他国侵逼難」、すなわち蒙古の襲来となって現れたのである。

安国論広本の「重科」論

ここに至って日蓮は、「立正安国」を実現するための別の方法も検討するようになる。『立正安国論』の広本をみてみよう。謗法を退治するために「其の施《せ》を止む」という従来の主張が踏襲《とうしゅう》されているが、さらなる選択肢として為政者が謗法僧に「重科《じゅうか》」を課すべきだとの提案もなされている（全なし・定一四七四）。「重科」とは、止施《しせ》から流罪、死罪にまで及ぶ、様々な形の重刑という意味にとれる。日蓮は他の文書で「遠流の重科」（全一〇一・定四〇）「没収《ぼっしゅう》の重科」（全なし・定二四八七）とも記すから、安国論広本の「重科」も斬刑《ざんけい》以外の遠流等に主意があるのではないかと思う。ともかく、苛酷な法難を経た後の日蓮は、非暴力的な経済制裁（止施）を第一義的としながらも、場合によっては為政者が亡国の邪僧を重刑に処す必要もあると考えるようになっていた。

「竜の口法難」以降の日蓮が、公権力による謗法僧への非暴力的制裁を望みつつ、新たに身体的刑罰の可能性も視野に入れ始めたのは、一体なぜだったのだろうか。根本的な理由としては、「文永の役」の勃発や蒙古の使者の斬首などを知った日蓮が、亡国・亡民の危機感を募らせたことが挙げられよう。建治元（一二七五）年の『蒙古使御書《つかい》』には「一切の大事の中に国の亡びるが第一の大事にて候なり」（全一四七二・定一一一二）との日蓮の思いが述べられている。身延期の日蓮は、亡国＝亡民の危機を救うために、非常時の手段として国家による謗法僧の厳刑を唱えたと考えられる。

けれども、ここでまた一つの疑問が生ずる。「他国侵逼難」を逃れ亡国の危機を回避するためなら、安国論の文永六年書写本で主張されたように、供養停止（止施）の処置を唱えればよい。蒙古襲来の危機下で、事は急を要するといっても、幕府権力が強圧的に諸宗への供養禁止を徹底すればすむ話であろう。「非常時だから」というのは、供養停止の他に流罪等の身体的刑罰を選択肢に加える本質的な理由とはならない。にもかかわらず、なぜ身延期の日蓮は安国論広本において、供養停止という自らが設定した原則以外に強硬手段をも構えるに至ったのだろうか。それは、自身が受けた法難と他国の侵略を関連づける発想が日蓮の中にあり、法難をなくすには時に強硬手段が必要である、と認識したからではないかと思う。

このことをうかがわせる日蓮の文書は多々ある。建治元（一二七五）年の『瑞相《ずいそう》御書』では、『守護国界《こっかい》経』の説として「彼の悪僧等・正法の人を流罪・死罪に行いて王の后《きさき》・乃至万民の女を犯して謗法《ほうぼう》者の種子の国に充満せば国中に種種の大難をこり後には他国にせめらるべしと・とかれて候、今の世の念仏者かくのごとく候上・真言師等が大慢・提婆達多《だいばだった》に百千万億倍すぎて候」（全一一四二・定八七六）などと述べられている。同じく建治元年の『高橋入道殿御返事』にも「他国侵逼難と申して鄰国より・せめられて或はいけどりとなり或は自殺をし国中の上下・万民・皆大苦に値うべし、此れひとへに上行菩薩のかび《加被》をかを《蒙》ほりて法華経の題目をひろ《弘》むる者を・或はのり《詈》或はうちはり《打》或は流罪し或は命《いのち》をたち《断》なんどするゆへに」（全一四五九・定一〇八六）云々とある。また弘安元（一二七八）年の『妙法比丘尼御返事』には「念仏者・禅宗・律僧・真言師等定めて忿《いか》りをなして・あだを存じ王臣等に讒奏《ざんそう》して我が身に大難おこりて、弟子乃至檀那《だんな》までも少しも日蓮に心よせなる人あらば科《とが》になし、我が身もあやうく《危》命にも及ばんずらん」（全一四二二・定一五六〇）とあり、そのしばらく後に「大族王《だいぞくおう》・優陀延《うだえん》王・武宗《ぶそう》・欽宗《きんそう》・欽明《きんめい》・用明《ようめい》或は鬼神《きじん》・外道を崇重し或は道士を帰依し或は神を崇《あが》めし故に、釈迦仏の大怨敵《おんてき》となりて身を亡ぼし世も安穏ならず、其の時は聖人たりし僧侶大難にあへり、今日本国すでに大謗法の国となりて他国にやぶらるべしと見えたり」（全一四二二・定一五六一）と記されている。こうした身延期の日蓮文書からは、「正法の人」である日蓮を「念仏者・禅宗・律僧・真言師等」が「讒奏」して大法難を起こしたからこそ他国の侵略を受けるのだ、という主張がはっきり読みとれる。

そのように、身延期の日蓮に「日蓮教団への迫害→他国侵逼難」という思考が定着していたことに意をとどめるならば、蒙古襲来の危機を乗り切るうえで謗法僧への身体的処罰もやむなし、と考え方を改めた理由もわかる気がする。謗法の寺院に対する供養を停止しても、日蓮を執拗《しつよう》に妬《ねた》む僧らが存在する限り、彼らは巧妙に政治権力者にとり入り、その庇護《ひご》の下で公的もしくは私的な武力を行使して日蓮教団を迫害するだろう。日蓮は法難体験を通じて、そのことを痛感していたに違いない。

過激な斬罪論の真意

安国論広本で「重科」論を出すにあたり、日蓮が取り上げたのは宣宗《せんそう》皇帝の故事であった（全なし・定一四七四）。中国唐代《とうだい》の武宗は道教を厚遇し、激烈な「会昌の廃仏《はいぶつ》」を行った。この廃仏では、四千六百余の仏寺が壊され、二十六万五百人もの僧尼が還俗《げんぞく》させられたという。しかるに武宗の死後に即位した宣宗皇帝は、人民の信望厚く、よく仏教を保護して武宗の下で増長《ぞうちょう》した道士を誅《ちゅう》し、多くの仏寺を復興させた。恐らく日蓮は、空前の仏法破壊と戦い外道の仏敵を誅した宣宗の故事を引くことで、日本の国主に対し、〝賢王たらんと欲するならば、正法正義《しょうぼうしょうぎ》を立てる日蓮の命を狙い、その弟子を数百人も殺害した謗法の僧らを早く重刑に処せ〟と訴えたかったのであろう。安国論広本の「重科」論は、日蓮一門を陰に陽に攻撃してくる諸僧らに対し、正法護持のために国家による厳重な法的処罰を求める、という意図から示されたとみてよい。

当時の法制に照らしても、度重《たびかさ》なる不法な殺人行為は明らかに「重科」に値する。日蓮が謗法退治の一方法に国家による身体的処罰の案を加えたのは、正法護持のための実力行使を迫《せま》られ、しかもそれを国法に則《のっと》って行おうと考えたからである。文応元（一二六〇）年に初めて安国論を提出した頃と違い、厳しい法難を経験した日蓮は、公的な力の制裁によって正法を護るべきだとも思い始めたのだろう。

しかし日蓮は、それでも可能な限り、非暴力の原則を守ろうとしている。死者まで出た「小松原法難」や伊豆への流罪を経た後、文永六年書写の安国論においても「刀杖を持すと雖も命を断ずべからず」との信念は曲げられていない。ちなみに、『撰時抄』には「竜の口の法難」前に「寺を焼け」「頸を斬れ」等の発言がなされたと記されているが、これらは公場での法論対決に持ち込むための挑発的言辞だった可能性が高い。

日蓮の過激な斬罪論の背後には、実は謗法者を救済する意思が潜《ひそ》んでいた。建治元（一二七五）年の『高橋入道殿御返事』の中で、日蓮はかつて自分が平頼綱に「念仏者と禅と律僧等が頸を切つてゆいのはま《由比浜》にかくべし」（全一四六一・定一〇八八）と訴えたことを回想しているが、この回想に先だって「あだをなす念仏者・禅宗・真言師等をも並びに国主等をもたすけんがためにこそ申せ、かれ等のあだをなすは・いよいよ不便《ふびん》にこそ候へ」（全一四六〇・定一〇八七）と述べ、謗法者の救済を願う自分の心情を吐露《とろ》している。

この一点をみても、日蓮が本気で謗法僧の斬首を国家に要求したようには思えないのである。日蓮は、佐渡流罪の後、身延山に入ってからも謗法者の斬罪に触れることがあった。しかし、これとて主に門下宛ての手紙に記される内向きの言説であったにすぎない。

また、この時期における謗法斬罪への言及には、権力者の見当違いを正す意図も多分に感じられる。「日本国の敵にて候念仏真言禅律等の法師は切られずして科《とが》なき蒙古の使《つかい》の頸を刎《はね》られ候ける事こそ不便《ふびん》に候へ」（『蒙古使御書』全一四七二・定一一一一）「八宗の智人とをもうものを・或はせめ或はながし或はせ《施》をとどめ或は頭をはねてこそ代はすこし・をさまるべきにて候へ」（『滅劫《げんこう》御書』全一四六六・定一一三〇）。これらの記述からは、〝真に斬首されるべきは蒙古の使でも日蓮でもなく、正法を滅ぼさんとする諸宗の僧らではないか〟との義憤《ぎふん》の念が読みとれる。真剣に謗法僧の処刑を主張したというより、筋違いの弾圧を繰り返す権力者に皮肉めいた批判を行ったわけである。

ついでに述べておくと、日蓮の滅後、門弟たちも権力者への諫暁を行った。その際、彼らは謗法僧への「重科」を記した増補版の安国論広本でなく、謗法への供養停止を求めた当初（文応元年）の安国論を提出している。われわれは、ますます安国論広本を日蓮の公式主張と断定するわけにはいかない。

人権軽視、政教未分化の社会体制

非暴力へのこだわり、悪人包容的な心情、身延期の謗法斬罪論が本気で公的に主張されたものではなかったこと等々を踏まえ、日蓮の「重科」論や謗法斬罪論を再考したとき、私は率直な問いを立てざるをえなかった。「日蓮が現代の民主主義社会に生きていたならば、果たして謗法者を極刑《きょっけい》にせよと叫んだであろうか」という問いである。日蓮の主張によれば、謗法者の斬罪は釈尊の過去世や仏教史上で幾度も行われ、そうして仏法を護った王こそが護法者として賞賛されてきたのだという。敢然と謗法者を誅した有徳王、仙予《せんよ》国王、宣宗皇帝らを、日蓮は賢王として高く評価している。けれどもそこには、われわれの生きる世界とは大きく異なる社会体制があったことを決して忘れてはならない。

端的に言うと、謗法者の斬罪とは、人権などまるで保障されておらず、しかも政治と宗教が未分化な社会体制において、まさに賛嘆されるべき行為なのである。そのような社会では、政治権力者と宗教者が癒着《ゆちゃく》して敵対する宗教を暴力的に弾圧する、といった事態が容易に起こりうる。だからこそ、国王が正法を護る、という守護付嘱《ふぞく》がことのほか重視されたのだろう。有徳王が戦ったのは、先に相手のバラモンが武器をもって攻撃してきたからである。宣宗皇帝が道士を誅したのも、道士の側が武宗と癒着して仏教を空前の規模で大弾圧したからだ。同じように、日蓮が為政者に邪僧の厳刑を強く要求したのは、人権軽視、政教未分化の社会体制下で、忍性良観らの讒言《ざんげん》を容《い》れた幕府が日蓮を竜の口で闇《やみ》に葬《ほうむ》り去ろうとするような正法滅尽の危機が、常に現前していたからに他ならない。そこにおいて正法を盤石に護持し安国を実現するには、政治権力と結託して暴力的攻撃を仕掛けてくる敵対者を、逆に政治権力によって拘束し追放する以外にない、という場合も出てくる。それが、『涅槃経』等の経文に説かれた、あるいは日蓮が生きた、国と時代の偽《いつわ》らざる現実であった。護法のために仏敵を斬る行為が、不殺生戒を犯すにもかかわらず例外的に善行とみなされたのは、まさにこのゆえであった。日蓮の謗法斬罪論は、あくまで前近代的な社会体制を前提とした話なのである。

翻《ひるがえ》って、今日の民主主義国家のごとく、基本的人権、信教の自由、政教分離が確立された社会体制の下で、日蓮仏法者が正法護持の目的から謗法者の公的追放、ましてや斬罪にこだわるべき理由があろうか。答えは、もちろん否《いな》である。そんなことを要求するのは、護法どころか法を下げる愚行であり、不必要な殺生を望むことに他ならない。そして何よりも、人権なき政教未分化の鎌倉社会においてすら非暴力と対話を重んじ、敵対者の救済を内心で願った日蓮の意に背《そむ》くことになろう。

以上の考察のとおり、日蓮の謗法退治論は公的な非暴力的制裁（供養停止の政策）を基本とする。日蓮は、為政者が謗法の僧を重刑に処すべしとの考えも表明しているが、それは暴力的な社会で正法を護り、安国を実現するための最後の選択肢だったとみてよい。

体制内改革の政治的志向

ところで、日蓮はなぜ、国家による謗法僧の処罰を声高《こわだか》に訴えたのだろうか。様々な理由が考えられるが、政治思想的な観点から言うと、日蓮に体制内改革の政治的志向があったからではないかと思う。つまり、日蓮の目的は政治権力者に仏法の正邪を教え、支配体制の内側から善政による平和国家への改革を目指すことにあったとみられるのである。

日蓮は『法華経』の「諸法実相《しょほうじっそう》」観に基づき、「智者とは世間の法より外に仏法を行《おこなわ》ず」（『滅劫御書』全一四六六・定一一三〇）「まことの・みち《道》は世間の事法にて候」「世間の法が仏法の全体」（『白米一俵《はくまいいっぴょう》御書』全一五九七・定一二六三）という見方をとった。この「世法即仏法」の立場は、二つの政治的志向を生ずる契機となりうる。一つは政治体制を無批判に肯定する権力迎合の志向、もう一つは政治体制を仏法の理想に近づけようとする改革主義的志向である。日蓮は、後者の改革主義的志向を持っていたと言える。なぜならば、「仏法は体のごとし世間はかげのごとし」（『諸経と法華経と難易《なんい》の事《こと》』全九九二・定一七五二）と述べるように、日蓮における「世法即仏法」は、どこまでも仏法を主体とするからである。世俗は仏法の影であるから、仏法を正しく立てて世を治めねばならない――これが日蓮の考え方であり、必然的に体制内変革の政治的志向が導かれる。

日蓮において、政治的な体制そのものは諸悪の根源ではなく、むしろ宗教の次元こそが問題視された。ゆえに体制内で正法を流布し、国家や社会を改革しようとしたのである。「国主諫暁」という日蓮の基本的な政治関与のあり方は、こうした体制内変革の思想の産物であろう。断っておくが、「体制内改革」とは支配体制を政治的に支持するという意味ではない。日蓮の政治的志向を体制内改革と呼ぶのは、彼が支配体制の正否にはこだわらず、ただ為政者を仏教的理想、すなわち慈悲の社会の実現に向けさせようとしたからである。

そして体制内変革の政治的志向を日蓮が持つ限り、謗法僧の治罰も、国家のルールに従って公的に行われる必要があったと考えられよう。何ら政治権力の後ろ盾《だて》を持たない日蓮が、彼を襲った念仏者のごとく非合法的な武力行使に及べば、必ず大問題となって厳重な法的処罰を受けたはずである。そうなれば当然、国家や社会をそのままの姿で妙法化＝慈悲化する、という「世法即仏法」への道は断たれてしまう。体制内改革という日蓮の行動基準に照らせば、現代の宗教テロのごとき非合法的な暴力行使は到底容認できないところである。

昭和の初期、日蓮主義者から社会主義者に転身した先述の妹尾義郎は、「涅槃経の疏《しょ》」が「場合によっては力による解決をやれ、と教えている」と述べたうえで、「『一を殺して万を生かすべし』ともあるから、非合法が必ずしも罪悪ではなく、その根本態度と、場合とを省察《しょうさつ》することによって肯定されるべき」[15]だと主張した。妹尾は、自らが始めた仏教的無産運動を原則的に合法的なものとしたが、一方では無産社会実現のための非合法的な武力行使の可能性も否定しなかった。このような、体制転覆を目的とする非合法的な武力行使の容認は、日蓮のとった体制内改革主義に反する見解である。妹尾にみられる武断的な体制打倒への言及は、明らかに当時の彼が傾倒したマルクス主義的な革命思想からきていると思われる。

日蓮仏法は、どこまでも仏法の社会的宣揚《せんよう》を目指す。極めて多くの人命にかかわるような余程の事情でもないかぎり、非合法的な武力行使は一切認めていないと言っても過言ではなかろう。

国家の自衛戦争にも否定的

なお、国家が武力を行使することについて、日蓮仏法者はどのように考えるべきなのだろうか。この問題は、日蓮の反戦平和思想を現代的に考察するうえで極めて重要である。結論から言うと、日蓮仏法の立場はどこまでも国家間の戦争回避を第一義におくが、いわゆる無抵抗主義をとるとは考えにくい。

日蓮が蒙古との戦争回避を第一に考えていたことは、すでに述べたとおりである。日蓮は、蒙古の侵略が法華経誹謗の日本国に対する宗教的懲罰であると主張し、蒙古を「隣国の聖人」と肯定的に表現することすらあった。簡単に言えば、悪いのは敵国ではなく日本のほうである、という宗教上の論理である。この論理から、憎《にく》むべき敵国・蒙古といった認識が出てくるはずもなく、日蓮の考えは戦争回避の平和路線だったとみてよい。

そもそも日蓮の否定的戦争観に基づけば、いかなる戦争も「謗法」や「三毒強盛《さんどくごうじょう》」によって引き起こされる悪事である。ゆえに戦争回避こそが、仏教的な正義であり善とされる。心情面から言っても、民衆が塗炭《とたん》の苦しみに喘《あえ》ぐ戦争の悲惨さは、日蓮にとって耐え難いことであった。日蓮は「文永の役」で地獄と化した壱岐・対馬の様子を我がことのように書き記し、筑紫《ちくし》へと防衛に向かう際の夫婦の辛い別れを同情的に描写している。民衆の安穏な生活を破壊する戦争ほど、日蓮の身を苛《さいな》むものはなかった。教義面からも心情面からも、日蓮は国家間の戦争の回避を祈り願った宗教者だったと言いうる。

しかしながら蒙古の侵略に際し、日蓮が日本国に武力放棄の無抵抗主義を呼びかけた形跡は見当たらない。この点、われわれは、事実として日蓮が無抵抗主義者ではなかったことを認めるしかない。蒙古の襲来は、少なくとも当時の日本側からみれば、紛《まぎ》れもなき侵略行為であった。幕府は蒙古国からの親書を侵略の前触れとみて返書を出さず、有力寺社に敵国調伏の祈禱を命ずるとともに西日本の防衛態勢を整えていった。日蓮も、蒙古の国書を日本侵略の明確な意思表示とみていた。文永六（一二六九）年の日蓮の『立正安国論奥書』には「西方大蒙古《もうこ》国自《よ》り我が朝を襲《おそ》う可《べ》きの由牒状《よしちょうじょう》之を渡す」（全三三・定四四三）と記されている。そして日蓮は、蒙古の侵略に対し、日本国が武力的に応戦することに異議を唱えなかった。

武力的応戦は殺人行為をともなう。けれどもそれが、必ずしも仏教の生命尊重思想に反するとは言い切れない。大乗仏教では、すべての人間が仏性を有し平等に尊厳であると説く。われわれは、侵略者の生命も、侵略される側の民衆の生命も、平等に尊重しなければならない。もし侵略者の殺害行為に対して無抵抗の犠牲を仏教で義務づけるとしたら、侵略者のほうが犠牲者よりも高い生命価値を持つという、おかしな理屈になる。むろん、日蓮にみられる殉教《じゅんきょう》の信念から、国家としての非暴力主義の実践を導き出すこともできよう。だがそれは、心情的な選択の問題である。普遍的な原理としての無抵抗主義となると、不殺生や慈悲を説く仏教思想においても理論的正当化は難しいように思われる。

では、日蓮は自衛戦争の積極的な肯定論者だったのか。そうとも言えない。日蓮は「文永の役」が起きた後でさえ、厭戦《えんせん》的な言葉を頻繁《ひんぱん》に残している。少しく列挙してみよう。「あはれ平の左衛門殿さがみ《相模》殿の日蓮をだに用いられて候いしかば、すぎにし蒙古国の朝使《つかい》のくびは・よも切《きら》せまいらせ候はじ、くやしくおはすらなん」（『兵衛志殿御書《ひょうえのさかんどのごしょ》』全一〇九五・定一三八八）「闘諍《とうじょう》堅固《けんご》の時に当つて此の国修羅道《しゅらどう》となるべし」（『神国王《しんこくおう》御書』全一五二五・定八九二）「日蓮が勘文粗《かんもんほぼ》仏意《ぶっち》に叶《かな》うかの故に此の合戦既《すで》に興盛なり、此の国の人人・今生には一同に修羅道《しゅらどう》に堕《だ》し後生《ごしょう》には皆阿鼻大城《あびだいじょう》に入らん事疑い無き者なり」（『曾谷二郎入道殿御返事』全一〇六九・定一八七六）「自界叛逆して盗賊国に充満し他界きそいて合戦に心をつひやす、民の心不孝にして父母を見る事他人のごとく・僧尼は邪見にして狗犬《くけん》と猨猴《えんこう》とのあへ《会》るがごとし、慈悲なければ天も此の国をまほらず・邪見なれば三宝にも・すてられたり」（『上野殿御返事』全一五五二・定一五九六）「闘諍堅固《とうじょうけんご》・白法隠没《びゃくほうおんもつ》と云つて人の心たけく腹あしく貪欲・瞋恚《しんに》・強盛《ごうじょう》なれば軍《いくさ》・合戦のみ盛《さかん》にして」（『法華初心成仏抄』全五四八・定一四一九）――。これらの言々句々をみれば、日蓮が日本の自衛戦争にあたって戦意を高揚しようとしなかったことは明らかであろう。むしろ、自衛戦争も本質的に否定していたと考えざるをえない。

教化上の方便

ただし、こう推断《すいだん》するには、さらにいくつかの日蓮文書を議論の俎上《そじょう》に載せる必要がある。まず、前述の『滝泉寺申状』の中に「聖人・国に在るは日本国の大喜にして蒙古《もうこ》国の大憂《だいゆう》なり諸竜を駆《か》り催《もよお》して敵舟を海に沈め梵釈《ぼんしゃく》に仰せ付けて蒙王を召し取るべし、君既《すで》に賢人に在《まし》まさば豈《あに》聖人を用いずして徒《いたずら》に他国の逼《せめ》を憂《うれ》えん」（全八五〇・定一六七八）という箇所がある。「諸竜を駆り催して敵舟を海に沈め」た事件とは、「文永の役」の「神風」を指すともいわれている。(16) ここでは、日蓮という正法を持つ聖人を採用すれば侵略者の蒙古を撃退できる、と暗に主張されている。日蓮が、幕府に対して蒙古への武力的応戦を積極的に支持していたかのごとき表現にもとれよう。しかしながら『滝泉寺申状』が幕府に対する公式文書（陳状）の草案であったことを鑑《かんが》みれば、この一文は、政治権力者の心情に訴えつつ「立正安国」を教えるための戦略的表現だった可能性が大である。

日蓮は幕府への諫暁にあたり、できるだけ為政者の納得と共感が得られるような言語表現を心がけた。『太田《おおた》左衛《さえ》門尉《もんのじょう》御返事』には「予が法門は四悉檀《しつだん》を心に懸《か》けて申すならば強《あなが》ちに成仏の理に違わざれば且《しば》らく世間普通の義を用ゆべきか」（全一〇一五・定一四九六）と述べられている。「日本国の国師」（『教機時国抄《きょうきじこく》』全四四〇・定二四三）たる自覚の下、日蓮は為政者をも教育的に導こうとしたのだろう。

元々日蓮文書には、教化上の方便とも言うべき表現が多く見受けられる。蒙古関係の例を挙げると、『滝泉寺申状』の文以外にも、弘安四（一二八一）年の作とされる『富城《とき》入道殿御返事』の中に「蒙古《もうこ》の大王の頸《くび》の参りて候かと問い給うべし」（全九九四・定一八八八）というのがある。これは、蒙古の日本懲罰という日蓮の予言にもかかわらず、「弘安の役」で蒙古軍が大風を受けて壊滅したとの報を伝え聞いた日蓮が、弟子たちの疑いを晴らすべく書き記した書簡の一節である。今回の蒙古軍の撤退は日本の決定的勝利などではない、という意味から〝何か言われたら、蒙古王の頸でも取ったのかと問いなさい〟と門人に指示したにすぎず、本当に敵国の王の頸取りを蒙古問題解決の要件とみていたわけではない。彼は、逆に「文永の役」の後に斬首された蒙古の使に同情していたくらいである。

ついでに、国内の戦乱に関する教化上の方便とみられる、日蓮の言説も紹介しておこう。佐渡流罪中の文永九（一二七二）年一月、日蓮を論難《ろんなん》しようと、塚原三昧堂《つかはらさんまいどう》に数百人もの念仏者・真言師たちが集結し、いわゆる「塚原問答」が行われた。『種種御振舞《しゅじゅおふるまい》御書』によれば、日蓮は同問答に勝利した後、佐渡の守護代・本間重連《ほんましげつら》に「いつ鎌倉へ上るのか」と尋ねている。重連が「下人共に農せさせて七月の比《ころ》」と答えると、日蓮は「弓箭《や》とる者は・をやけの御大事にあひて所領をも給わり候をこそ田畠つくるとは申せ、只今いくさ《軍》のあらんずるに急ぎうちのぼり高名して所知を給らぬか、さすがに和殿原《わどのばら》はさがみ《相模》の国には名ある侍《さむらい》ぞかし、田舎にて田つくり・いくさに・はづ《外》れたらんは恥なるべし」（全九一八・定九七五）と述べ、重連を慌《あわ》てさせたという。日蓮が重連に「いくさ」への早期参戦を勧めたという、この文を指して、戸頃重基は「僧侶たる日蓮が、武士たる重連にたいし、かえって武士道を逆説法している」と皮肉を交えて評した。(17)だが日蓮にとって、内乱とは「自界叛逆難」という忌むべき災難であり、仏法守護に関係のない殺生も恐るべき修羅の悪道だったはずである。もし日蓮が本心から「武士道」を重んじ、重連に「いくさ」への参加を勧めたとするならば、彼の基本信条である否定的戦争観との間に重大な齟齬《そご》をきたすことになる。ゆえに当文についても、日蓮が重連に正法の力を教えるために内乱勃発の予言を行い、教化上の方便として重連の立場に配慮しつつ早期の鎌倉行きを勧めた内容である、と解するのが最も自然であろう。現に、日蓮の「いくさに・はづれたらんは恥なるべし」との発言の翌月、「二月騒動」と呼ばれる北条時輔《ときすけ》らの乱が起こり、予言適中を目《ま》の当たりにした重連は、念仏を捨てて日蓮に帰依したといわれる。

最後に、『夢想《むそう》御書』と呼ばれる、文永九（一二七二）年十月二十四日の日蓮の夢想を記した真蹟断簡を検討したい。そこには「来年正月九日、蒙古治罰の為《た》めに、相国より大小向かうべし」（全なし・定六六〇）と記されている。正確な意味は不明だが、来年の正月九日に相模国から大小の軍勢が蒙古治罰のため出発する、という意に解釈できる。だが、もしその解釈が正しいとしても、かかる記述のみをもって、日蓮が蒙古の侵略に対する武力的応戦を積極的に支持していた、とみなすことにはかなりの無理があろう。『夢想御書』は、日興書写の『立正安国論』(玉沢妙法華寺蔵)の紙背《しはい》に書かれた文書である。この日蓮の夢想は、安国論に説かれる否定的戦争観と内容的に対立しないと考えてもよいのではないか。

以上、好戦的にみえる日蓮文書の数々について私見を記した。結局のところ、右に示した、どの日蓮文書も、確たる経論に基づく日蓮の厭戦表現の数々を打ち消すほどの史料的根拠にはなりえない、ということである。戦争を「災難」と捉える日蓮において、国家としての武力行使は、たとえ自衛のためでも積極的には意義づけられない。

教育的な反戦平和への道

本章の考察から得られた、日蓮仏法における平和の黄金律とは「仏教者は法《ダルマ》による反戦を第一義とすべし」「武力行使には可能な限り慎重たるべし」「平和運動の実践にあたっては体制内改革の立場をとるべし」といったものである。このうち体制内改革の立場については、なお若干の説明を要するであろう。

日蓮については、孤高の反体制者といったイメージが一般に定着している。そこからすると、日蓮仏教者の平和運動のあり方も反権力闘争でなくてはならないように思えてくる。反戦平和のプラカードを掲げ、街頭で戦争反対を連呼し、デモ隊が国会を包囲して警官隊と激しく衝突する。

流血や生命の危険も顧《かえり》みず、絶対平和の信念を国家や社会にアピールしてやまない。そんな捨て身の反戦抗議運動を、宗祖の殉教精神を受け継ぐべき現代の日蓮門下はもっと積極的に行うべきだ。こう思う人もいるだろう。

しかしながら本章で論じたように、思想的本質の次元からみると、日蓮は体制内改革を志向した仏教者であった。日蓮の政治的言動を貫く基本姿勢は、教訓的な態度である。明らかなだけで四度に及ぶ国主諫暁は、そのことを最も雄弁に物語っていよう。日蓮は北条時頼に提出した『立正安国論』の中で、肝心の「立正」について積極的に明示せず、代わりに武士たちの関心を最も引く戦争勃発の予言を提示した。そこには、為政者との対面による説得を期し、武士階級の心情に沿って仏法の正邪を教えていこうとする、日蓮の教育的な深謀遠慮《しんぼうえんりょ》が感じとられる。

もっとも、この試みは失敗に終わり、反対に日蓮は幕府の迫害を受ける身となったが、伊豆流罪の赦免《しゃめん》の後で二度目の国主諫暁を実行し、「竜の口の法難」でも三度目の諫暁をなしている。そして首の座に据えられ、佐渡に遠流された後にも、政治権力者と面会して四度目の諫言を行っている。その後は「国をさるべし」との習いによって身延山に入ったが、「一切の大事の中に国の亡びるが第一の大事にて候なり」（『蒙古使御書』全一四七二・定一一一二）と述べたり、朝廷へ上奏する諫状《かんじょう》を認《したた》めたりするなどして、やはり国家滅亡の危機を深く憂《うれ》えていた。

日蓮の政治的発言は国家を教訓して救済することを根本目的として行われ、亡国の呪詛《じゅそ》とも言われる激烈な国家断罪の言葉も教訓的意図からなされたとみるべきである。日蓮は国家に対する教訓的批判者であって、支配体制それ自体と対立する反体制仏教者ではなかった。「日本国のほろびんを助けんがために三度いさめん」（『光日房御書』全九二八・定一一五五）というのが日蓮の真情であり、終始、体制側に立って「立正安国」という平和への方途を教訓したと言えるのである。

だとすれば、現代の日蓮仏教者の反戦平和運動も、教訓的態度、一般的に敷衍《ふえん》するならば教育的な態度をもって行われるべきであろう。単なる体制迎合ではなく、体制を教育するために体制の側に立ち、国民や政治家の精神を変革せしめて漸進《ぜんしん》的に社会を改革し、最終的には国家、世界を恒久平和へと導いていく。そうした教育的な反戦平和運動こそ、現代の日蓮仏法者に最もふさわしいのではないだろうか。すなわち日蓮の「立正安国」の実践の現代的展開として、個人的には教育的な反戦平和運動を提唱したいのである。

誤解なきように願うが、私は反戦抵抗のデモや署名運動、良心的兵役拒否などを頭から否定するつもりなどない。自己犠牲を恐れぬ良心的な抵抗によって、心ある人々の平和意識を啓発し、社会を揺り動かしていけるならば、それも一種の教育的な反戦運動と言えよう。しかし一般論として、反戦デモは、どうしても政府との対決姿勢に傾きがちであり、そこに戦争肯定派の人々に対する教育的な働きかけを欠いてしまう場合が多い。「力」の闘争で解決をはかるという点では、ラディカルな反戦論者も主戦論者も同じ穴の狢《むじな》という見方さえ成り立つだろう。教育的反戦の見地に立つならば、まず戦争肯定派の政治家や国民と問題意識を共有し、そのうえで十分な対話を通じて反戦論への共感を引き出していくような態度が望ましい。とともに、反戦平和の展示や、芸術・音楽・文化の次元からの反戦平和運動などが、もっと重視されてよいかと思われる。

また、教育的な反戦平和運動を心がける人は、かりに他国に抑圧的で好戦的な政治指導者がいたとしても、原則的にその政治的地位を否定するような態度は示さず、教育的対話による改心を信じて行動を重ねるだろう。それは、好戦的政治家の残虐行為を容認するようにみえて、実はその心に巣くう戦争の芽を摘《つ》み取るため、あえて虎穴《こけつ》に入る行為なのである。

現代の日蓮仏法者への問いかけ

仏典に名高いアショーカ王は、インドで最初の統一王朝であるマウリア朝の第三代の王であった。残虐な性格で知られ、即位後はカリンガ地方を征服し、約十万人を殺害したという。しかしこの事件の二年前に仏教に帰依していたアショーカは、戦争の悲惨さをみて深く後悔し、やがて武力による征服を放棄し、仏教の慈悲の精神に基づき平和主義の政治・外交を推進していった。

現代ならば、いかに改心後に善政を敷《し》いたとはいえ、過去の戦争責任を厳しく問われるところであろう。ところが、暴虐から平和へと転じたアショーカは、仏典中に肯定的に取り上げられている。それは一面からみれば、人間の変化の可能性に対する仏教者の信頼の表れであるように思える。日蓮も『法華初心成仏抄』に「阿育大王《あそか》は始めは悪王なりしかども耆婆《ぎば》大臣の語《ことば》を用ひ夜叉《やしゃ》尊者を信じ給いて後にこそ賢王の名をば留《とど》め給いしか」（全五五〇・定一四二二）と述べ、悪王から賢王へのアショーカの人間変革を肯定的に記述している。仏教は本来、いかに暴虐な支配者に対しても固定した「悪」のレッテルを貼りつけることがない。どんな悪人も善人に変わりうる、と固く信ずる仏教者は、自《おの》ずから教育的な反戦平和運動へと向かわざるをえないのである。

もっとも、住民の生命や尊厳が大規模に損なわれる圧政が敷かれているような場合は、仏教者としても当然、住民の生存権の確保を最優先しなければならない。すなわち教育的対話を行う余裕もないほどの危機的状況では、武力を用いた「人道的介入」なども慎重に検討されてしかるべきである。日蓮は、殷《いん》の紂王《ちゅうおう》を倒して革命を成就《じょうじゅ》した周の軍師・太公望《たいこうぼう》について「仏法已前《いぜん》なれども教主釈尊の御使として民をたすけしなり」という見方をとっている（『減劫御書』全一四六六・定一一三〇）。歴史認識の是非はともかく、「民をたすけ」て一人でも多くの人命を守るためにどうしても必要ならば、日蓮仏法の立場は武断的処置を許容するように思われる。

とは言っても、民間人犠牲者の激増を一つの特徴とする近代以降の戦闘行為を、日蓮の想定した武力行使と同列に扱うのはあまりに乱暴だろう。「人道的介入」の例を挙げると、一九九九年、コソボ紛争に対するＮＡＴＯ軍のユーゴ空爆では、多くの誤爆ないしは無差別攻撃がなされ、甚大《じんだい》な数の民間人犠牲者が出たと言われる。使用された爆弾には「クラスター爆弾」のごとく、地上数百メートルで爆発する親爆弾から数百個もの子爆弾が飛び散るようなものもあった。これは戦争倫理上、ゆゆしき問題であるが、空爆以外の地上戦を実行すると、自軍の犠牲者が急増するというディレンマに陥《おちい》る。また市街地での銃撃戦となったとき、民間人を避けて武装兵だけを狙うと自軍の犠牲者が増え、それを避けようとして一斉射撃をすると多くの非戦闘員を殺してしまう。前者では、メディアを通じて自国軍の犠牲が報道されるや、世論の厳しい非難が沸き起こり、民主主義国家では「人道的介入」の継続が困難になる。そして後者の場合は、民衆の保護を目的とした「人道的介入」が反対の結果を招くという皮肉に終わる。現代の戦闘行為は、必要最小限の武力行使を事実上、不可能にしている。ゆえに現代の日蓮仏法者は、たとえ人道的な理由に基づく武断的処置であったとしても、それを回避する懸命の努力を惜《お》しんではならないだろう。

古来、戦争目的の規制に関する論議は世界中で行われてきた。キリスト教世界でも、イスラーム世界でも、自衛戦争のみを「正義の戦争」として容認すべしとの主張が早くから出ていた。ヨーロッパでは近代主権国家のシステムが誕生すると、戦争を規制しうる宗教的権威が失墜したが、「国際法の父」と呼ばれるグロティウスは『戦争と平和の法』の中で、敵からの危害が確実な場合に限り戦争は正当とみなされると論じた。そして主権国家の論理が横行し、戦争の無差別主義によって二度の世界大戦という悲惨を経験した二十世紀の人類は、その反省から「国連憲章」でいかなる武力行使をも否定する見解を示し、例外的に自衛権の行使を認める立場を国際的ルールとして定めるに至っている。このように人類史上の良心は、常に戦争回避を願い、正当な戦争を自衛のみに限定しようと努力してきた。だが、いかなる法による規制も、戦争に向かう心理を完全にコントロールすることはできなかったと言ってよい。

日蓮がいわゆる無抵抗主義者でなかったことは、すでに見たとおりである。だが、現代の日蓮門下がそれによって自衛戦争を公然と肯定するなら、有史以来の「正義の戦争」論と何ら変わるところがなく、新たな不戦の世紀を創出する力になるとも思えない。日蓮仏法者は、ともかく戦争の根絶に全力を傾注すべきである。自衛のための武力使用も、予《あらかじ》め原則化したり例外規定としたりせず、生命尊重を貫き通すうえでの痛恨《つうこん》の行為でなければならないだろう。暴力の正当化は、いかなる意味でも非暴力の心の放棄となる。

非暴力の心を離さずに暴力に対抗する人の武器は、ただ一つ教育のみである。暴力の反省も、宗教的な改心も、すべては教育の力による。中世の仏教者である日蓮が行った教育的な反戦平和への道は、近代に入ると創価教育学会の創立者・牧口常三郎《まきぐちつねさぶろう》によって再発見され、新たな広がりをみせることになる。その具体的な様相を次章で詳しく検討していこう。

第三章

牧口常三郎の戦争観とその実践的展開

創価教育学会の牧口常三郎《まきぐちつねさぶろう》初代会長が第二次大戦中、反戦主義者であったか否か、という問題が改めてクローズアップされている。その背景には、創価学会による国際的な平和運動がさかんになったという事情があり、少数ではあるが、外国人研究者もこの問題に取り組み始めた。

R・キサラ氏やB・ヴィクトリア氏はその代表格といえるが、彼らはカトリックや禅宗の僧籍を持ちつつ日本の大学で宗教学や仏教学を学び、創価学会研究の一環として戦時下における牧口の言動を分析した。その結果、キサラ氏は「創価学会の印刷物は、この迫害（＝戦時下の学会弾圧のこと）が牧口のとった反戦的姿勢の産物であった、としばしば主張するが……私が状況を読みとったかぎりでは、牧口の反対はもっと狭い意味で、当時の政府の宗教政策に向けられていたのである[(1)]」という見解を示し、一方のヴィクトリア氏も「牧口投獄の真因は、牧口と国家がともに排他的で絶対主義的な宗教的信念を持っていたということの中に見出しうるのであり、日本の軍国主義あるいは天皇中心主義的な帝国主義に対する牧口の批判、いわんや拒絶によるものなどではなかった[(2)]」と結論づけている。いずれも、牧口が政府から弾圧されたのは宗教的理由からであり反戦運動を行ったからではない、という主張である。

彼らの見解は、宗教運動か反戦運動か、という問題対象の二者択一化を前提としている。だが牧口の場合、こうした類型的把握にはなじまない面もあるのではなかろうか。牧口が帰依《きえ》した日蓮《にちれん》は、共同体への積極的かかわりを説いた、仏教史上でも極めて稀《まれ》な存在である[(3)]。『立正安国《りっしょうあんこく》論《ろん》』にみられるごとく、個人の救済を国家共同体の救済に連動させる日蓮の信仰において、宗教運動は同時に社会運動の側面を持たざるをえない。牧口による日蓮信仰の布教が反戦と無関係であったか否か、は日蓮仏法の社会思想的本質のうえから再考されるべきである。

また、教育者かつ教育学者だった牧口の宗教運動は、教育的アプローチをその特徴とした。一九四一（昭和十六）年に発表された「創価教育学会の目的」の中では、同学会が「指導主義の教育法を確立」することによって「科学的の実験証明をなして来た」と自負されている（牧口一〇：六二）。この「指導主義」という教育的アプローチも、先の二者択一的類型では捉え切れないものであろう。もし牧口が教育的指導を心がけたならば、かりに彼が非戦論者ないし反戦論者だったとしても、戦時中の軍国主義や日本帝国主義に対して全面否定の態度はとらず、人々を漸《ぜん》進《しん》的に平和主義の方向へ導こうとしただろうからである。

以上のごとく問題を設定したうえで、本章では、まず牧口における戦争観の形成を彼の初期思想にまでさかのぼって考察し、その後で、牧口が昭和の戦時期、自己の戦争観をどう実践的に展開しようとしたのかを再検討してみたいと思う。

牧口の「国体」観

近代日本の思想家の戦争観を論ずるにあたり、避けて通れないものは、いわゆる「国体《こくたい》」の問題であろう。国体とは、国家の根本体制を意味する言葉である。近代天皇制国家が唱えた国体論とは、帝国憲法に規定された「記紀《きき》神話」（『古事記』『日本書紀』に載せられた神話）に基づく万世一《ばんせいいっ》系《けい》の天皇統治観、教育勅語《ちょくご》にみられる天皇中心の家族国家観、日本の帝国主義化の中で顕在化した日本中心主義的な神国思想、などであった。わけても最後の神国思想は、村上重良《むらかみしげよし》が言うように国家神道《しんとう》に軍事的性格を与え、その結果、「天皇の名による戦争は、無条件に聖戦として美化された」(4)とされる。ゆえに、われわれが牧口の戦争観を考えるに際しては、第一に彼の国体観を明らかにしておく必要がある。

　牧口は、最初の著作『人生地理学』の中で、国体論の天照大神崇拝《あまてらすおおみかみすうはい》を肯定的に評価した。「太陽の人生に対して最親最要の関係を有する」ゆえんは太陽が「光線及温熱の発源体」だからであり、そこから「日光其物《そのもの》に対して無疆《むきょう》の感」が呼び起こされる、と論じている（牧口一：四四）。また、同書では「太陽は地球及び地上万般の勢力の最根本的のものにして造化《ぞうか》の大勢力を最もよく顕はすものなれば真正の宗教的、若《も》くは哲学的の絶大なる実躰に最も近きものとなさゞるべからず」とされ、このゆえに日本民族の天照大神崇拝は「未開思想の遺物」などではなく、むしろ「尤《もっと》も進歩したる思想」であると主張されている（牧口一：四八〜四九）。

　宗教上あるいは哲学上の唯一実在を「造化の大勢力」とみる牧口の考えには、日本の土着的な生成増殖の肯定観が認められよう。(5)だが、同時に彼は「地上現象の総原因としての」「日月及び星」を科学的に観察する中で「光線及温熱の発源体」としての太陽を自然の造化の根本勢力とみなしている。『人生地理学』において、「造化の大勢力」は合理的思考を超えた神秘性を持ちつつも、合理性と連続的に捉えられた。(6) すなわち牧口は、合理的な宗教的神秘＝「造化の大勢力」を基準に、国体論の太陽崇拝を評価したのである。

また万世一系の国体神話について、牧口は『人生地理学』の中で「本邦が建国以来、国躰に於て些《いささか》の外寇《がいこう》によりて傷《きず》けられざりしは重《おも》に島国の影響なる」（牧口二：六〇）と述べている。牧口によれば、万古不易《ばんこふえき》の国体観というのも「島国」という地理的偶然性の産物に他ならない。同様の見解は、一九一六（大正五）年刊の『地理教授の方法及内容の研究』（以下『地理教授の研究』と略す）でも「世界万国に類なき国体を維持し得た所以《ゆえん》のものは全く其の位置の然《しか》らしむる処《ところ》である」（牧口四：二七三）と示されている。

さらに牧口は、民主的な立憲政体を理想とする立場から、日本国体をその理想に適《かな》った立憲君主制とみて肯定している。(7) 牧口が社会進化論的な視点から立憲政体を理想としたことは、帝国憲法発布《はっぷ》によって日本人が維新以前の「専制的国民」から「立憲的国民」となったことを『地理教授の研究』の中で肯定的に叙述《じょじゅつ》していることからもわかる（牧口四：一六）。また一九一二（大正元）年刊の『教授の統合中心としての郷土科研究』（以下『郷土科研究』と略示）に「実に貴賤《きせん》上下の世襲《せしゅう》的区別が廃《はい》されて立憲的平等の制度になつた今日に於て、国民の凡《すべ》てが、政権の参与者《さんよしゃ》となり」（牧口三：五五）云々とあるごとく、牧口にとって立憲政体とは民主的政体を意味していた。

かかる牧口の民主的な立憲政体観において、天皇は無条件に「現人神《あらひとがみ》」とされず、立憲的制度の下で国民に奉仕することを通じて「忠君《ちゅうくん》」の対象になるものとされた。牧口は『郷土科研究』の第二十八章「政治現象の観察と実験」で「天皇の国家に対する位置」を論じているが、天皇が「文武百官なる機関を透して活動する」、その活動が「決して天皇御自身の為《た》めにするのにあらずして全く国家全体の御頭首となり御主人公となりて、下万民《しもばんみん》の為めに御尽し遊ばされて居る」という点を強調している（牧口三：三二五〜三二六）。牧口は民主的な立憲政体観に立ち、国民全体への奉仕者という観点から天皇の存在意義を考えることで、立憲君主制としての日本国体を是認したのである。

だが他面、現実の国体やそこから派生する国家主義について、牧口は必ずしも肯定的ではなかった。『地理教授の研究』の中で「憲法発布已《すで》に二十余年を過ぎ、大正の御代となつたに拘《かかわ》らず、立憲政体の名に対して実《じつ》の挙《あが》らぬ」云々（牧口四：三二）と慨嘆《がいたん》されているように、牧口は、現実の国体が立憲政体とは言い難い状況にあることを憂《うれ》えていた。加えて国体論に基づく日本人の偏狭《へんきょう》な国家主義も、牧口の首肯《しゅこう》しうるところではなかった。彼によれば、島国の人民は地理的に孤立無援であるため、一致団結して外敵を排除しようとの愛国心に富《と》む反面、「島国根性」による偏狭・不寛容という性格上の短所も持ち合せているという（牧口一：七五〜七六）。同様の観点から牧口は、幕末維新期の攘夷論《じょうい》を「世界的の地理思想が無く、単に自国丈《だけ》の思想で判断する」（牧口四：二六）思想であるとも批判している。

さて、以上のことから浮き彫りになるのは、国体を理想化し、それによって現実の国体及び国体論を批判する、という牧口の改革主義的手法である。ただし、牧口における国体の理想化が国体の絶対化を意味していない、という点には注意が必要である。彼は国体を別の理想的基準に照らして相対化し、その理想に合致するものとして国体を承認している。すなわち牧口は、第一に合理的思考と質的に連続する宗教的神秘＝「造化の大勢力」によって国体論の天照大神崇拝を評価し、第二に合理的思考によって万世一系の国体観を地理的特性の産物とみなし、第三に社会進化論的な理想としての民主的な立憲政体観によって帝国憲法発布後の日本国体を是認した。明治・大正期の牧口は、合理主義やそれに連なる自己の宗教観に依拠《えきょ》しながら、日本国体を相対的に理想化していたと言いうる。

この国体の相対的理想化という姿勢は、昭和に入って牧口が日蓮仏法を奉《ほう》ずるようになってからも基本的には変化していない。しかしこの頃の牧口は日蓮仏法と国体の一致をさかんに唱えたため、その国体論の理想化は宗教性を帯《お》びるようになった。

牧口が初めて日蓮仏法と国体の一致に言及したのは、一九三五（昭和十）年末に発表された「赤化《せきか》青年の完全転向は如何《いか》にして可能なるか」という論文においてである。同論文は、昭和初期から学生、教師の左傾思想が社会問題化していた事情の下で執筆されたが、この中で牧口は自国を顧《かえり》みないマルキシズムを「観念論」であると批判しつつ、日蓮正宗こそが「国体と一致したる宗教」であると主張した。(8) その後、日蓮の教義に関する牧口の理解が深まり、太平洋戦争が始まる頃になると、学会の機関紙『価値創造』で、思想面からも国体と日蓮仏教の一致が唱えられる。そこでは、「妙法」が「『惟神《かんながら》の道』の真髄」「皇道《こうどう》精神」(牧口一〇:九)であり、(9) 日蓮仏法による大善生活こそが「全体のためと共に、各個人にもその所を得しめる皇道精神の理想と一致する」(牧口一〇:一四~一五)と主張された。この他に牧口は、日蓮が好んで引用した『涅槃経《ねはんきょう》』の「依法不依人《えほうふえにん》」が近代の立憲政体観に適合する、と主張したりもしている。

牧口と田中智学との違い

かくのごとく牧口が歴史・思想の両面から日蓮仏法と国体論の一致を説いたことで、国体は国家の本体でありながら国家を超越した宗教的理想ともみなされることになった。ここでわれわれは、戦前の日蓮主義者の元祖的存在と言える国柱会《こくちゅうかい》の田中智学《たなかちがく》が、牧口と同様の主張をしたことを想起せざるをえない。智学の日蓮主義運動に関する本格的な実証研究を行った大谷栄一《おおたにえいいち》氏は、智学の国家観において「超越的な霊的《れいてき》・理想的世界が現実の日本国に内在していると解釈された」(10) ことを指摘している。智学が創立した立正安国会や国柱会は、国体を近代日本に内在する超越的理想とみて、「国体闡明《せんめい》」を目指す社会改革運動を活発に推進していた。

ならば、入信後の牧口の国体観は智学の日蓮主義に同ずるのであろうか。この問題に関しては、牧口が国柱会の講演会に何回か出席しながらも入会に至らなかった、とされる点も踏まえ、両者の思想に本質的相違がみられることを指摘せねばならない。

それは、智学が国体と仏法をどこまでも同一視したのに対し、牧口の場合は仏法を絶対的基準にして国体を相対化した、という相違である。五十六代・清和《せいわ》天皇の末裔《まつえい》とされる家庭に生まれた智学は、幼少期から尊王《そんのう》教育を受けて育った。そのためだろう。彼の自叙伝によれば、一八七七（明治十）年の西南《せいなん》戦争の際、「一念三千の大道理が真理の中心である。それを形作ッたものが日本の国体である」[11]という直観を得たという。これ以後、智学は〈国体＝仏法〉という両義的信念（法国冥合《みょうごう》論）に基づき、日蓮主義と国体論を時代状況に応じて使い分けながら、近代天皇制に適合した社会活動を展開した。[12]智学は、日蓮仏法と国体をともに絶対的理想とみたわけである。

一方、牧口は国体の相対的理想化という従前の立場の延長線上に、国体と仏法の一致を論じている。戦時中、牧口は帝国憲法を「大法の垂迹《すいじゃく》」（牧口一〇：二〇四）であると断じている。この考えは、仏法が主体で国家は従であるという、いわゆる「法主国従」説に基づくものといえ、[13]国法は仏法という絶対的価値に照らされることによって相対的に肯定される。

また、一貫して道理や法則を重視した牧口は、憲法が主で天皇が従という天皇機関説の立場にも立っていた。戦時下で検事から訊問《じんもん》を受けた際にも、「陛下《へいか》も憲法に従ひ遊ばす」ならば「人法一致によつて現人神とならせられる」（牧口一〇：三六三）のだと主張している。すなわち民主的立憲政体という憲法理念の体現を必要条件として、「人法一致」の天皇に「現人神」の意義を認めるわけである。

戦時下の牧口には、仏法を絶対的価値とみて〈仏法→国法→天皇〉の順に価値ヒエラルキーを設定する、という思想構造が存していた。であれば、牧口にとって日蓮仏法の流布とは、天皇を現人神たらしめる国法のさらに根源となる仏法に向かうこと、つまりは国体論の内的な超越を意味していたと言ってよい。「『国』本来の『本性』『本体』のままならば、別に仏法を要せずして自然に清浄」だと言い[14]、天皇を「そのまま活《い》ける道の代表者」「必ず法華的存在である」と即自的に神秘化した智学との違いは[15]、ここに明らかであろう。

要するに、智学と牧口とはいずれも国体を理想化し、そこから現実改革を目指す立場をとったのであるが、智学が法国冥合論の立場から国体を絶対化したのに対し、牧口のほうは法主国従説に立って国体を相対化しつつその内的な超越を唱えていた、という違いが認められる。この相違は微妙にも思えるが、社会思想的には、前者が「八紘一宇《はっこういちう》」を唱える日本中心の超国家主義となり、後者は「世界の生活が確定せねば国家の生活は定まらない」（牧口一〇：七）と訴えるグローバルな共生主義につながる、といった懸隔《けんかく》を生むのである。

社会進化論的な戦争超克論

次に、牧口の戦争観について考えてみたい。はじめに確認しておきたいのは、日本国体を相対的に理想化する牧口の態度からは、国体信仰に基づく日本中心主義的な聖戦論は生じえない、ということである。入信前の牧口は合理性や「造化の大勢力」、あるいは立憲政体の理想を国体論より上位に置いた。それゆえ日本を世界文明の中心に据えるような発想は牧口にはなく、日本を「世界無比《むひ》の国躰」（牧口一：五〇）と称えたはずの『人生地理学』でも、結論近くでは「将来の文明統合地は正に米国にあり」（牧口二：四一三）と主張されている。また、入信後は日蓮仏法を絶対的理想として国体を相対化し、獄中で天皇凡夫《ぼんぷ》論を唱えたことをみても、戦時中の彼に聖戦思想があったとは到底考えられない。

では、牧口の戦争観とはいかなるものだったのか。その基調は、入信前においては社会進化論的な反戦観であった。牧口は、戦争の要因となる国家間の生存競争を否定しなかった。むしろ生存競争の進化によって戦争なき恒久《こうきゅう》平和の実現を期す、というのが彼の戦争否定観の核心であった。牧口は『人生地理学』の中で「国家終局の目的は人生最終の目的と一致する人道にあるへ《ママ》（＝べ）き」（牧口二：三四三）だと訴え、国家間の生存競争が「軍事的競争」「政治的競争」「経済的競争」の諸段階を経て、最終的に「人道的競争形式」に進化するだろうと予測している。「人道的競争」とは、武力や権力によって他国を服従させるのではなく、「徳」や「仁義」といった人道に適う方法を用いて他国を「心服」させることを主眼とする競争形式であるという（牧口二：三九九）。すなわち牧口は、生存競争から必然的に戦争が起きることを認めつつも、その競争の仕方は政治的・経済的・人道的と段階的に非暴力的な進化を遂《と》げるだろうとの展望を示したのである。生存競争の現実を否定せずに平和への道を考える点は、カントの永遠平和論を彷彿《ほうふつ》とさせるものがある。

晩年のカントは『永遠平和のために』の中で、諸民族が互いの利己心を通じて結合し合うことになる、との見通しを語った。カントによれば、諸国家は最終的に利己的動機から平和を促進するよう強いられ、この意味では「商業精神」も平和に寄与しうるという。そしてこのような仕方で平和的世界へ移行することは自然の摂理《せつり》によるのであり、「自然は人間の傾向そのものにそなわる機構を通じて、永遠平和を保証する」とされた[16]。

牧口の「人道的競争」説にも、このカントの永遠平和論と同じく、人間の合理的な利己心が戦争を回避せしめ世界史は平和実現に向かうだろう、とする歴史哲学的なオプティミズム（楽観主義）がある。明治中期の牧口は、「軍事的競争」による「国力の疲弊《ひへい》」（牧口二：三九五）が諸国家を「政治的競争」へと向けさせ、また「政治的競争」による領土の拡張が「多大の資力」（牧口二：三九六）を要することから、世界は「経済的競争」という「平和的戦争」（牧口二：三九七）に移行するだろう、と予測している。

しかしながら牧口がカントと異なるのは、「経済的競争」から「人道的競争」への移行を説くにあたり、人間の利己心のみならず利他心も重視した、という点であろう。牧口の「人道的競争」は、国家間の生存競争が「人道の範囲内」（牧口二：三九九）でなされることを想定する。換言すれば、「他の為《た》めにし、他を益《えき》しつゝ自己も益する方法を選ぶ」（同前）ことが「人道的競争」なのであり、利己的な国家間の生存競争の現実を基本的に承認しながら、そこに人間の利他的精神が発揚《はつよう》されることを願うのである。

利己的かつ利他的な国際社会の実現は、牧口においては非現実的な夢想《むそう》ではなかった。なぜなら、仁義や徳を重んじる競争は「個人間の生存競争に於ては既《すで》に々々《すでに》認められし所なれば、国際間に於《お》ても亦《ま》た適用せられざるの理なし」（同前）とされるからである。人間行為における利他的共同心と利己的競争心の二面性は、牧口からみれば、卑近《ひきん》な日常生活にも認められる、ごく自然な傾向であった。カントの平和論にならって言うと、牧口の世界平和論では、諸国家が利己心と利他心という人間の本来的二面性を生かして「人道的競争」を営むことこそ自然の機構であり、人間理性の要請でもある、とされるのである。

だとすれば、牧口の進化論的な戦争否定観は、単なる合理的な功利《こうり》主義にとどまらず、利己と利他を調和的に捉えるような倫理観に根ざしていたことがわかる。この牧口の倫理観は、日常生活の観察から経験的に帰納《きのう》された真理であるとともに、理論的には『人生地理学』の中で「各分子、各部分は各々其《その》労を異《こと》にし、互《たがい》に相《あい》助け、相俟《ま》ち、相協同して後、始めて全躰も各部分も生活し得るものなり」（牧口二：二二〇）と説明されるような、社会有機体説に基礎づけられていた。

思想史的にみれば、これは、社会の構造を生物有機体になぞらえて説明し、それによって個人と社会の対立を解消しようとした明治期の社会ダーウィニズムの思潮に掉《さお》さすものだろう。もっとも、牧口の場合、その代表格である加藤弘之《かとうひろゆき》のごとき国家主権的な立場ではなく、有賀長雄《あるがながお》（『社会と一個人との関係の進化』、一八八三〈明治十六〉年）や北一輝《きたいっき》（『国体論及び純正社会主義』、一九〇六〈明治三十九〉年）が示したような、個人と社会を相即《そうそく》的に捉える発想に近いと言える[17]。こうした個人と社会の相即観が何に由来するのかは不明だが、西洋近代の社会有機体説や功利主義が、日本の土着的な相即論――『人生地理学』でも度々《たびたび》引用された吉田松陰《よしだしょういん》の「地人相関《ちじんそうかん》」の思想や仏教の縁起《えんぎ》論的世界観など――を通じて受容された結果なのかもしれない。

ともあれ、『人生地理学』には自己即他者、自己即社会という相即的な把握がみられる。そこから、国家間の競争も利己と利他が調和した人道的競争へと進化すべきだとする、牧口独特の戦争超克《ちょうこく》論が唱え出されたのである。

自衛戦争の容認という問題

だが反面、当時の牧口の戦争超克論は一つの重大な問題をはらんでいた。それは、進化論的リアリズムの立場から自衛のための軍備や戦争を容認する、という問題である。牧口は一九〇三(明治三十六)年刊『人生地理学』の「緒論」で「人の物を盗むものは盗《とう》として罪せらる、も、人の国を奪ふものは却《かえ》つて強として畏敬《いけい》せらる、」という「所謂《いわゆる》帝国主義の理想」を批判的に描写し(牧口一:一五)、一九〇八(明治四十一)年に出された『人生地理学』訂正増補第八版でも帝国主義を「国民的利己主義」と呼んでいる。[18] ところが他方、帝国主義的世界は人道主義の世界へ至るために必然的な進化のプロセス=「進歩の一階級」であるとも考えた牧口は、『人生地理学』において「列強国が帝国主義の下に虎視耽々《こしたんたん》たる現今の世界に国して能《よ》く滅亡を免《まぬか》れ、進んで世界を其《その》理想的目的の実現に一歩を近かしめんとする」ためには「自国の富強《ふきょう》」が必要であると訴え(牧口二:三四三)、「国家以上の強制権確立せざる以上は軍事的手段によりて其《その》地域を防御《ぼうぎょ》せさ《(ママ)》(=ざ)るべからず」(牧口二:三三八)とも述べつつ、自衛のための軍備を重視する姿勢を示すのである。さらに大正期の著作『地理教授の研究』では、ロシアの南下が「日本の生存上最も重大なる関係がある」として「是《これ》が日露戦争の主なる原因であつた」と分析し(牧口四:三五一)、自衛戦争をはっきり容認している。[19]

このような、自衛のための軍備・戦争の容認は一種の政治的リアリズムといえ、ことに欧米列強による植民地化への危機が払拭《ふっしょく》されなかった明治期の日本では知識人層の大半に強くみられた意識であった。しかしながら、人道主義者の牧口が政治的リアリズムを最優先したということは、当時の彼の人道主義的信念が普遍的な道徳原理として確立されていなかった、という一つの証左《しょうさ》ではないだろうか。

カントの平和論は、一方で人間世界の現実を自然の摂理として承認したが、他方では目的論的主体としての人間観を普遍的な道徳原理として定立していた。カントは「人を殺したり人に殺されたりするために雇《やと》われることは、人間がたんなる機械や道具としてほかのもの（国家の）手で使用されることを含んでいる」[20]と述べ、常備軍の撤廃を永遠平和のための「第三条項」に掲げている。また熱烈な愛国者であり、日清戦争の頃はその義戦たるゆえんを海外にまで伝えようとした内村鑑三《うちむらかんぞう》が、日露戦争で一転して非戦論者に転向したのは、彼に留学経験があったことやトルストイの無抵抗思想の影響などもさることながら、本質的にはキリスト教信仰によって国家超越的な道徳を有していたからであろう。日露戦争に際して内村は、キリスト教の根本教義が「殺す勿《なか》れ」「剣を執《と》る者は剣にて亡ぶべし」である、と訴え、「然《しか》り天地は消え失するとも其《その》通りである、全世界の国家が是がために悉《ことごと》く崩るるとも其通りである」との国家超越的道徳観に立脚して非戦論を展開した。[21]これらに比べると、当時の牧口には国家を超越した普遍的道徳原理の確立がみられない。

さらに牧口の有する有機体的国家観も、彼の国防意識を助長した一因であると推察される。牧口は明治時代の多くの社会思想家がそうであったように、国家と社会を同一視する立場から国家有機体説を採用した。この考えから必要以上に個人と国家の密接不可分を強調すると、国家主義的傾向が生ずることになる。『人生地理学』の緒論で牧口は、自己の立場を「狭隘《きょうあい》なる国家主義の一極端に偏《へん》すべからざると共に、汎愛虚妄《はんあいこもう》なる世界主義の他の極端に陥《おちい》るべからざる」(牧口一：一五）と述べ、国家と世界をともに重視する姿勢を明らかにしている。この場合、両者の利害が対立したときはどちらを優先すべきか、という問題が当然のごとく生じる。牧口は、あくまでも世界的共生を目指し、バランスのとれた「公平なる世界観」(牧口一：一六）を追求すべきだという。だが他方で、有機体的国家観に立脚した愛国心を有する牧口は、「世界の恩沢《おんたく》の顕著《けんちょ》特段なる事実は、偶々以《たまたまもっ》て国恩の濃且《か》つ深の更《さら》に幾層倍なるかを感動せしむる所以《ゆえん》の一階梯《かいてい》たるに過ぎず」(牧口一：一四）として、実際には「世界の恩沢」よりも「国恩」を重視する姿勢を示すのである。

結局、当時の牧口にあっては、社会進化論によって理論武装された政治的リアリズムが、彼の有機体的国家観とも相俟って、自衛のための軍備や戦争を是認する立場を生んでいると言えよう。もちろん、政治的リアリズムの是非を問うことはここでの課題ではなく、自衛戦争は現在の国連憲章でも認められていることでもあり、一概には否定できない。しかしながら、およそ戦争の参加者は自衛戦争をその理由に掲げるものであり、戦争の根絶を期すためには殺人を絶対悪とみなす思想の確立が不可欠である。そう考えると、この時期の牧口においてカントや内村にみられるごとき人間の絶対尊厳観が未確立だったというのは、一つの問題点として提起されねばならない。牧口の戦争超克論は、社会進化論的なリアリズムにとらわれない普遍的な道徳原理を持ち、有機体論的国家観の制限も突破しない限り、帝国主義的世界の諦観《ていかん》と国防上の戦争容認という問題から離れられないであろう。

仏教的な反戦観の確立

とはいえ、牧口におけるこうした問題は、彼が国家超越的な日蓮仏法に帰依し、「大善生活」という普遍的道徳原理を得るに至って最終的には払拭されたように思われる。

まず日蓮仏法への帰依を通じ、国家超越的立場を獲得した牧口は、有機体的国家観の桎梏《しっこく》から解放され、国家と対決姿勢をとるようになった。晩年の牧口は、国家神道を国民精神の基軸に置く軍部政府が仏法に背《そむ》くゆえに日中戦争や太平洋戦争が引き起こされた、との見方に立ち、『立正安国論』を上呈《じょうてい》して北条政権を諫暁《かんぎょう》した日蓮にならって「国家諫暁」を唱えるようになった。その国家対決的姿勢はやがて官憲《かんけん》の問題視するところとなり、牧口は一九四三（昭和十八）年七月、治安維持法違反並びに不敬罪《ふけいざい》の容疑で逮捕され、約一年四カ月間の獄中生活を経た一九四四（昭和十九）年十一月、彼は栄養失調のため獄死したのであった。

また、牧口は日蓮仏法によって、従来の彼の人道主義的信念を普遍的道徳原理とすることに成功した。大善生活論の価値判定原理がそれである。「大善生活」とは「自他共に共栄することによつて初めて、完全円満なる幸福に達し得る真実なる全体主義の生活のこと」（牧口一〇：一四）を意味する。それは、牧口の人道主義が依《よ》って立つ自己と他者、個人と社会の相即観の道徳原理化でもあった。というのも、牧口は自他共栄を意味する「大善」を絶対の価値基準に置き、それによって「最大の一善のみが正となり、以下の大小ことごとくが邪となる」（牧口一〇：三六）とする価値判定の原理を提唱したからである。

この発想自体は日蓮から得たもので、牧口は自身の論文中に「小善を持て大善を打ち奉《たてまつ》り権《ごん》経《きょう》を以て実経を失ふとがは小善還《かえ》つて大悪となる」（全三四四・定一三一三）「日出でぬれば星隠れ巧を見て拙を知る」（全三六〇・定一三三九）などの日蓮文書（『下山《しもやま》御消息』）からの言葉を何度も引用している。しかし「大善」を自他共栄の社会正義とみなし、道徳原理化された大善生活論を唱えたのは、明らかに牧口独自の解釈である。この道徳原理としての牧口の大善生活論に基づくならば、国際的な自他共栄を破壊する戦争は「大悪」となり、自衛戦争の容認という理屈は成り立たなくなるはずである。

また、牧口が追求してきた共生の理念は、そこに宗教的信念が与えられたとき、人間の生存権を絶対視する思想を生んだ。入信後の牧口は、人智の進化により「一切平等の生存権」が承認されたことを支持してその絶対的価値を主張し（牧口五：三七六）、さらに日蓮仏法の生命観に基づき「世上の何物にも代へ難き生命といふ無上宝珠《むじょうほうじゅ》」（牧口六：二五三）などと生命尊厳の思想を説くようにもなった。

かくして仏法に帰依した後の牧口は、国家超越、生存権の絶対的価値、生命尊厳といった見地から、戦争を罪悪として否定する確固たる思想的地盤を得た。それにつれて牧口の心中に、仏教的な反戦観が徐々に確立されていく。仏法者としての牧口は、戦争の本質をこう考えた。国家や人民が仏法の示す根本道理に背くときに起きる現象の一つが戦争である。また、われわれが戦争の災禍《さいか》に巻き込まれ、特に兵士となって人を殺し合わねばならないのは、過去世において仏法を誹謗《ひぼう》中傷した罪による――。牧口は、過去世・現在世にわたる人々の仏法への背反《はいはん》、すなわち日蓮仏法で言う「謗法《ほうぼう》」こそが戦争の根本原因である、とみたのである。

ここで、牧口における仏教的反戦観を資料に基づき再構成してみよう。日本の謗法行為が昭和期のいわゆる十五年戦争を招いたとする牧口の主張は、獄中の彼が内務省の特別高等警察第二課の刑事から訊問を受けた際の記録である「創価教育学会々長牧口常三郎に対する訊問調書抜粋《ばっすい》」の中に残されている。牧口はそこで、「部分も個体も全体と共に生きる」（牧口一〇：一九一）のが法華経の教えであり日本精神の真髄でもある、と述べ、『法華経』が共生社会を実現する真理であると主張する。そして「法華経は天地間の森羅万象を包摂《ほうせつ》する処《ところ》の宇宙の真理であり、我々人間生活の行動規範たる根本的大法である」（牧口一〇：一九五）とした後、『立正安国論』を引用しながら「此の法が国内から滅亡するのを見捨て置いたならば、軈《やが》て国には内乱・革命・饑饉《ききん》・疫病《えきびょう》等の災禍が起きて滅亡するに至るであらう」（牧口一〇：二〇一）との日蓮の予言を紹介しつつ、「現在の日支事変や大東亜戦争等にしても其の原因は矢張《やは》り謗法国である処から起きて居ると思ひます」（牧口一〇：二〇一～二〇二）と語っている。

この戦争の謗法起因説に立脚しつつ、牧口はさらに「上は陛下より下国民に至る迄総《までずべ》てが久遠《くおん》の本仏たる曼荼羅《まんだら》に帰依し、所謂《いわゆる》一天四海帰妙法の国家社会が具現《ぐげん》すれば、戦争饉饑《（ママ）》（＝飢饉）疫病等の天災地変より免れ得るのみならず、日常に於ける各人の生活も極めて安穏な幸福が到来するのでありまして之《こ》れが究極の希望であります」（牧口一〇：二〇二）と述べ、仏法流布による戦争や災害の根絶が自分の「究極の希望」である、と表明している。

「兵奴の果報」説

右のごとく、牧口は獄中での訊問の際、初めて公的に仏教的反戦を唱えたのだが、その教義的根拠となる戦争の謗法起因説については、投獄される前にも会員の一部に説き聞かせていたようである。それは「兵奴《ひょうぬ》の果報《かほう》」説と言われるものである。この説は、戦前の学会関係資料に見当たらないものの、戦後復刊された『価値創造』紙上での会員の回顧談等によって確認することができる。「兵奴の果報」とは、同紙の記述では「戦争で人殺《ひとごろし》するのは過去の罪障《ざいしょう》である。前世で仏教を破った者である」[22]などと説明されている。元々の出典は日蓮の『立正安国論』であるが、戦前に牧口の謦咳《けいがい》に接した会員によると、牧口は、この「兵奴の果報」説を使いながら、出征《しゅっせい》する会員を指導していたという。

実例を挙げてみよう。西川喜万は「昭和十三年先生（＝牧口のこと）の所謂『兵奴の果報』として日支事変に出征して三年間全く消息を絶っていた」[23]のだが、内地に復員《ふくいん》後、とある座談会場で牧口から「出征が法罰を受けたものであり信仰をもっていたがために無事帰還することが出来た」[24]と言われた。「怒髪天《どはつてん》を衝《つ》」くがごとき反発を覚えた西川は、後に日蓮正宗の総本山で行われた修養会で、牧口にこの点を問い質《ただ》した。すると、やはり「先生はしづかに『兵奴の果報』をもって此《これ》に答へられた」[25]という。当時の西川は牧口の説に納得しなかったが、戦後になってそれが理解できたと回顧している。

職業軍人であり、「事毎に牧口先生の御指導を受けていた」という和泉覚《いずみさとる》も、〈出征＝法罰〉説を聞かされた一人である。ニューギニアに行った和泉は「兵奴の果報と云ふから死んで行くかも知れない。何れにしても自己の最善を尽して後は御本尊様まかせと云ふ決心」[26]で過ごした、と終戦直後に述懐している。

以上の証言や資料から、戦時下の牧口は、国家と個人の双方にかかわる仏教的罪悪（謗法）の報《むく》いとして戦争の本質を理解し、日蓮仏法の布教によって戦争根絶を目指していたと言いうるだろう。

ところで戦後の日本では、牧口の大善生活運動が反戦運動ではなかった、という見方も一部で取られてきた。例えば、左翼系の宗教学者である日隈威徳《ひぐまたけのり》氏は「創価教育学会は、国が『正法』（日蓮正宗）を信じなければ、この戦争に勝てないという立場から伊勢神宮の大麻《たいま》を祭ることを拒否して、弾圧されたのであって、侵略戦争そのものに反対したわけではない」[27]と主張している。冒頭で触れた、海外研究者による牧口研究も、大方は日隈氏のような戦後日本の牧口批判に準拠《じゅんきょ》している。

確かに昭和の戦時期において、創価教育学会による反戦運動が展開されたことを示す資料は見当たらない。宗教の目的を個人の内面的救済に限定し、宗教運動と社会運動を別次元で捉える一般論から言えば、彼らの見解には肯《うなず》ける面もある。だが、すでに述べたごとく、日蓮は共同体の救済に深い関心を示した、仏教史上、特異な存在と言える。牧口にとっても、日蓮仏法とは自他共栄を根源的に保証する大善の法則であり、その究極の目的は国家社会、ひいては人類全体の救済にあった。

だとすれば、共生社会の実現を説く宗教の布教は間接的な戦争反対の運動である、と言えなくもない。現に、戦時下の牧口が反戦論を唱えたとする証言も残されている。一例として、「郷土会」を通じて牧口の長年の知己《ちき》となった民俗学者・柳田国男《やなぎたくにお》の記述を紹介しておこう。太平洋戦争に入って間もなく、牧口は青年会員を同行して柳田宅を訪問し、一夜を過ごした。後年、柳田はその折の印象を綴《つづ》りながら、牧口について「若い者を用つて熱心に戦争反対論や平和論を唱へるものだから、陸軍に睨《にら》まれて意味なしに牢屋《ろうや》に入れられた(28)」と書き残している。

仏教的反戦の教育的展開

また、われわれは、牧口の実践が常に教育的態度に貫かれていた、という点にも注意を払う必要がある。明治後期の牧口は、『人生地理学』発刊を機縁に平民社系の社会主義者と交流したが、結局、社会主義運動から手を引いた。その理由は、当時の社会主義者が「破壊的運動」を志向したのに対し、「建設的穏健手段により、資産階級の理解に訴へ」ることこそ「教育者として相応《ふさわ》しき途《みち》」である、と牧口が考えたからであった(牧口六：二三)。社会改革における牧口の実践的信念は教育的態度である。彼が宗教運動期も会の名称を「創価教育学会」(傍点筆者)で通したことからわかるように、それは最初から最後まで終始一貫していた。

牧口の社会実践上の教育的態度を考慮に入れるならば、戦争に関する牧口の真意が果たしてどこにあったのかは、単に資料の字面《じづら》を追うだけでは判然としなくなる。教育的配慮を心がけた牧口は、戦時下の国民意識に沿った形で彼の信ずる共生主義的信仰を弘めようとし、それによって——間接的ではあったが根本的に——国家から戦争を消滅させようとしていた可能性が否定できないからである。

牧口の後継者・戸田城聖《とだじょうせい》は、終戦直後の一九四六（昭和二十一）年、「全人類の人格を最高度に引き上げ」るならば「世界に戦争もなければ餓死《がし》も」なくなると語っている。(29) この戸田の発言は、教育的宗教運動による戦争の根絶、という牧口の実践の真意を戦後初めて如実《にょじつ》に言い表し、かつ継承せんとしたものではないだろうか。われわれはこうした点を十分に踏まえつつ、戦時下の牧口における戦争観の実践的展開を今一度、再考すべきであろう。

戦時下に出された牧口の諸論文には、「我が国を過小に評価した米英諸国が、自分の実力を過大に評価した結果、あの惨敗《ざんぱい》を喫《きっ》したことは周知の通り」（牧口一〇：二八）「『皮を切らして肉を切り、肉を切らして骨を切る』といふ剣道の真髄《しんずい》を、実戦に現はして国民を安堵《あんど》せしめられるのが、今回の日支事変及び大東亜戦争に於て百戦百勝の所以《ゆえん》である」（牧口一〇：一二九）といった、戦争協力的な表現がしばしばみられる。

その背景には、まず戦時中の徹底的な宗教統制と学会が置かれていた特殊状況とがあったことを指摘できる。一九三九（昭和十四）年に「宗教団体法」が公布され、文部大臣は「国体観念」に反する宗教を認可取消できるようになるが、太平洋戦争が始まり戦局が悪化すると、当局は

「不逞《ふてい》なる邪教、反戦、厭戦《えんせん》、人心惑乱《わくらん》等各種の不穏宗教」の早期発見、早期検挙を督励《とくれい》し、犯罪と認定されなくとも行政処置による任意解散を命じられるようにした(30)。そのような中で、牧口ら創価教育学会は国体を相対化し、神札受取りを謗法とする立場を貫いたため、国策に追従する日蓮正宗からは拒絶され、一九四二（昭和十七）年五月に機関紙『価値創造』が廃刊処分、その翌年から同会の会合がしばしば特高《とっこう》刑事の監視を受けるなど、治安当局からも警戒されていった。加えて、右翼的な正宗僧侶・小笠原慈聞《おがさわらじもん》が『価値創造』廃刊の半年後、日蓮正宗が不敬にあたるとして内部告発的な上申書を文部大臣に提出したことも重なり(31)、一九四三（昭和十八）年七月、牧口ら学会幹部が大量に逮捕される事態に発展する。

戦時下における牧口の講演や論説は、かかる四面楚歌《しめんそか》の中で行われたのである。牧口が多少なりとも時局に配慮した言辞を織り交ぜなければ、会は即座に弾圧される状況であった。戦時下の仏教者の動向を調べた伊藤立教《いとうたつのり》は「太平洋戦争が始まってからは、個人として反戦言動をなす者は資料の上では一人もいない(32)」と述べているが、当時の牧口が宗教を通じた社会改革を推進するには、時局への配慮がどうしても必要であった。

だがそのうえで、好戦的にみえる牧口の言説を分析してみると、単なる戦時下の方便としての意味以上に、読者への教訓的意図が強く感じられることも否めない。なぜならば、牧口が戦況に言及する場合、彼はそこに「大善生活」と関連する何らかの教訓を見出し、読者に訴えかけているからである。

具体的に言うと、論文「価値判定の標準」における「我が国を過小に評価した米英諸国が、自分の実力を過大に評価した結果、あの惨敗《ざんぱい》を喫《きっ》した」（牧口一〇：二八）云々という箇所は、「あらゆる言論、行動の前提として先決されなければならぬ評価標準が不確定」であるという「我国の現状」を指摘するための類例として取り上げられたものであった。ここでの牧口の主眼は、米英の軍事的失敗を喧伝《けんでん》することではなく、「評価標準が不確定」な日本の社会的迷走に対して牧口の価値論を提示するとともに、最終的には「最大の一善」（牧口一〇：三六）たる法華経を評価基準としなければならないと訴える点にあった。

また、論文「大善生活法実験証明の指導要領」における「『皮を切らして肉を切り、肉を切らして骨を切る』といふ剣道の真髄《しんずい》を、実戦に現はして国民を安堵《あんど》せしめられるのが、今回の日支事変及び大東亜戦争に於て百戦百勝の所以《ゆえん》である」（牧口一〇：一二九）という記述であるが、ここでの牧口の意図も、日本の「百戦百勝」を誇ることではなく、子供に「大罰」を受けさせないためにあえて「小罰」を与えるという「大慈大悲の親心」が「生活の要諦」である、と読者に教えることにあった。そして牧口はここで、時の「指導者階級」における「価値意識の不闡明《ふせんめい》と、評価基準の確立しない悲しさ」（牧口一〇：一三〇）を嘆《なげ》き、「人生行路の究竟《くきょう》の目的」が「大善生活」にあるとしたうえで、この大善生活法を仏教として説き自ら実証した具体的人格こそ釈尊である、と主張している。

このように考えると、『価値創造』における牧口論文がしばしば戦況の話題に触れたのは、読者に確たる「評価基準」の原理を教え、最終的には『法華経』に基づく大善生活へと誘導するための教育的題材とするためだったとみてよいだろう。戦争を教育的題材としながら、人々を大善生活による戦争根絶へと向かわしめる——戦時下における牧口論文のパラドキシカルな構造は、彼の教育者的苦心の産物だったように思われる。

ちなみに、戦時下の牧口論文が時局的題材に触れるのは、必ず論文の冒頭、導入部分においてである。その目的は恐らく、論文の主題に関する読者の興味を喚起させる点にあったのだろう。長く教育者だった牧口は、その最初期にヘルバルト派教育学やペスタロッチ流の開発主義などの影響を受け、知的興味を喚起させることで児童が自発的に知識を獲得できるような教育方法を追求した。また、牧口は後にデューイの教育方法論にも共鳴し、「馬を河畔《かはん》へ連れ行くことは出来るが、馬の意に反して水を飲ませることは出来ぬ」(牧口九：一九)という言葉をデューイのものとして学会員に紹介している。牧口には、「教へる相手の心の欲求をよくよく見詰めて之《これ》に順応して、その要求する所に投じて行」くのが「教育術」である(牧口六：四三八)、とする考えが根づいていた。とすれば、『価値創造』における牧口が論文の冒頭で、戦時中の人々にとって最も興味を引く話題だった日本の戦況を取り上げたのは、一種の「教育術」だったとも言わねばならない。最初に戦況の話題で読者の興味を喚起させ、そこから大善生活の説明に入る、といったストーリー展開は、教授法を知悉《ちしつ》した牧口ならではの業《わざ》であろう。

牧口とは違った学会幹部の意識

さらに、牧口と他の学会幹部・会員の間に戦争に関する意識のズレが顕著に認められる、という点も、牧口に教育的態度をとらせた重要な理由の一つだったろう。先に引用した二つの牧口論文は、いずれも同会の機関紙に掲載されたもので、その読者対象はおよそ内部会員だった。にもかかわらず牧口が時局的・教育的な配慮によって日本の戦況に言及せざるをえなかったのは、当局の検閲《けんえつ》をかわす目的もさることながら、多くの会員が牧口の仏教的反戦観を理解していなかったからに違いない。この点は前述の西川の回顧談をみても、首肯されるところである。今日、われわれは戦時中に開催された創価教育学会の総会の模様を『大善生活実証録』と題する二冊の小冊子によって知ることができる。二回の総会は、学会に対する当局の監視の目が漸《ようや》く強まってきた頃に開かれたが、登壇した学会幹部の中には、かなり踏み込んだ聖戦論を唱える者もいた。

第四回総会の「開会の辞」では理事の野島辰次が「大東亜戦開始以来の戦果は、法華経の護持《ごじ》国なればこそであります[33]」と述べ、「閉会の辞」でも理事の岩崎洋三が「我々は大東亜戦争を戦ひ取っている」「大東亜共栄圏を戦ひ取る迄《まで》がんばり抜く」「我等の銃後《じゅうご》の使命こそは折伏《しゃくぶく》にある」等と訴えている。[34]野島理事の弁は日蓮主義的な聖戦論であって、戦争が仏教的罪悪（謗法）の報いであるとする牧口の見解とは対照的である。一方、岩崎理事の発言は、「折伏」による「大東亜共栄圏」の実現を謳《うた》うという点で、牧口の大善生活論に相通ずるものがある。しかしながら、「大東亜戦争を戦ひ取」る、という岩崎の戦時体制への積極性は、時局的・教育的配慮から戦争の話題を取り上げるにとどまった牧口の態度とは明らかに異なっている。事実、この第四回総会の席上での牧口会長の講演には、戦争の話題が一切みられない。むしろ牧口は、「吾等の生命を保証し給ふのが御本尊であらせられる」（牧口一〇：一四六）「我々は菩薩行《ぼさつぎょう》をなし、人の為《ため》に骨を折り大慈悲を施《ほどこ》さねばならぬ」（牧口一〇：一四七）などと人道的立場を強調し、最後には「我々は国家を大善に導かねばならない。敵前上陸も同じである」（同前）と力説して、軍部政府との対決すら示唆《しさ》しているのである。

次に、第五回総会では、理事の本間直四郎が「開会の辞」で「陛下の御稜威《りょうい》の下、我が陸海軍将兵が緒戦以来、赫々《かっかく》たる戦果を挙げている事は、吾等の衷心《ちゅうしん》より感激に堪《た》えない次第である」「断じて勝つの一手あるのみである」と述べ、[35]戦時体制への積極的な協力を呼びかけている。さらに「会員体験発表第一部」では、難波英夫という会員が「吾々は、南無妙法蓮華経の声高らかに、皇道宣布《せんぷ》の先陣を承《うけたまわ》り、大東亜圏をはじめ、世界のすみずみまで、勇敢に入って行かねばならぬ」[36]と語り、牧口の法主国従説とは似ても似つかない、国柱会流の法国一体論を唱えている。同様に「会員体験発表第二部」では、会員の四海民蔵が「今、わが国大東亜戦争完遂、世界新秩序建設のために、一億国民血みどろになって、獅子奮迅《ししふんじん》の勇猛戦を行っている」[37]などと述べている。会員による発表は、信仰による罰と利益の体験談が大半を占めているが、中には四海の談のような戦争協力的発言もあった[38]。

同総会はこうした体験発表の後、牧口会長の講演へと移るが、牧口はそこでも戦時時局には一切触れず、「菩薩行といふ大善生活」(牧口一〇：一五二)の重要性を訴えている。とりわけ牧口が同講演で、「偽善、独善、空善」の者をかりに「中善」と呼ぶが実際には「大悪の仲間である」(牧口一〇：一五六)、と断定したことは注目に値する。この発言は、牧口の大善生活論を理解したうえで聞けば、言葉を変えた体制批判に他ならないからである。

牧口の大善生活論によるならば、軍部政府が国民に強要する「滅私奉公《めっしほうこう》」の道徳はまさに「空善」である。論文「価値判定の標準」では、「滅私奉公」が「空善悪」と断定され、「この非常道徳を銃後の生活に強行しようとするは無理である」(牧口一〇：三五)と述べられている。したがって、この総会で牧口が「偽善、独善、空善」者を「大悪」と呼んだことは、銃後の国民に「滅私奉公」を押しつける「空善」の政府指導者を断罪したことになる。さらに牧口は、自身の心境を「小善中善の謗法者の中に敵前上陸をなし敢然と大悪を敵として戦つてゐるやうなもの」(牧口一〇：一五二)とも語っているが、これは「小善中善」＝「大悪」を行う「謗法者」の政府指導者を敵とし、牧口自身が敢然と戦っている、という意味になる。

このように牧口が逮捕される前年に開かれた二つの学会総会の内情をよく調べてみると、太平洋戦争や戦時道徳に関する認識において、牧口と他の幹部・会員との間には相当な懸隔があったことが判然とするであろう。ということは、当時の学会行事の一部に好戦的な面があったとしても、それをもって牧口個人が戦争協力的であったとは断定できないのである。そしてまた、牧口が好戦的な学会幹部の発言を容認したとも言えない。戦時下ゆえに幹部たちの聖戦論を直接否定できなかったものの、牧口は、それを大善生活という反戦平和の理念へと巧《たく》みに導こうとしている。つまり、学会幹部が叫んだ聖戦論に対し、牧口は教育的手法を使って反対したと考えられる。この意味から、好戦的発言を容認した会長の牧口にも道義的な戦争責任がある、といった議論は的外れだと思う。

創価教育学会が推進した大善生活の普及とは、人類の共存共栄を可能にする『法華経』の真理を世に弘めることだった。それは——少なくとも牧口においては——宗教による戦争根絶の運動であったとともに、「空善」たる軍部政府の滅私奉公論と真っ向から戦うことを意味していた。会長の牧口は、宗教による戦争根絶を自己の信念とする一方で、国体観念と戦時道徳にどっぷり浸《つ》かった会員たちを抱え、彼等をいかに教育的に誘導し、自分と同じ心境に立たしめるかという課題を背負っていたわけである。

国家とともに国家を超える

ここで、晩年の牧口における愛国心についても考察しておきたい。入信前の牧口は、有機体的国家観に基づく愛国心を有していた。大正期の牧口の著作には、「元来立憲国の国民たる者は今や如何《いか》なる階級の人でも国家の運命を自覚し、夫《そ》れに対して自己の生活を調和せしめ、国家と運命を共にして行かなければなりません」（牧口三：三三二）「各個人は国家社会の全体と其の運命を共にし其れと共同一致して利害禍福《かふく》を分《わか》つべきものであると云《い》ふ覚悟をする」（牧口四：一一三）「国家の一要素たる国民としての熱烈なる同情的崇敬《すうけい》的愛国心の充実に資《し》せしめん」（牧口四：三九二）などとあり、有機体論に立脚した愛国心の必要性が説かれている。この頃の牧口は、個人が「国家と運命を共に」することを愛国心と考えていたようである。換言するならば、運命共同体的な愛国心である。

けれども日蓮仏法への帰依を転回点として、牧口は国家を超越した立場を獲得し、現実の国家悪と対決する姿勢に転じた。ならば牧口は運命共同体論的な愛国心から脱却したか、というと、むしろ逆であり、彼は愛国心をますます強めたと言ってよい。そのゆえんは、牧口の国家超越観が〈国家内における超越〉という矛盾的構造をもつからである。牧口における仏法は「生活法」という国家内在的な法則であり、なおかつ現世的な次元を超える宗教的超越性をも有していた。

かくのごとき法則論的宗教観は、国家の内的本質に向かって超越することを目指すであろう。牧口が日蓮仏法の唯一絶対性を前提に仏法と国体の一致論を説き、近代天皇制国家のイデオロギーである国体論の内的超越を唱えたのは、まさに〈国家内超越〉の態度であったと言いうる。

そして〈国家内超越〉としての日蓮仏法は、単に国家と運命を共にすることでも、あるいは単に国家を否定することでもなく、国家に対する一種の教育的態度を牧口に教えたのではなかろうか。晩年の牧口においては、国家を眼下に従える超越的な信仰態度と運命共同体的な愛国心とが交差する中で、国家を愛するがゆえに国家を叱責《しっせき》する、という国家への教育的態度が顕著に現れてくるからである。要するに、運命共同体的な愛国心と国家を超越した信仰とを架橋《かきょう》する実践として、国家に対する教育的態度がとられたと言える。「我々は国家を大善に導かねばならない」(牧口一〇:一四七)という学会第四回総会での牧口の発言は、いわば〈国家の教師〉としての彼の自覚が端的に表明されたものに他ならない。仏法者としての牧口が教育者時代に比べ、国家救済をより声高《こわだか》に叫ぶようになったのは、彼が戦時下の非常時局に直面したせいもあるが、本質的には日蓮信仰によって〈国家の教師〉たる自覚に立った結果である、と言えるだろう。

最晩年の牧口は獄中にあって、家族宛に多くの書簡を送っている。その中で、自身が投獄されたことについて、「一個人から見れば、災難でありますが、国家から見れば、必ず『毒薬変じて薬となる』といふ経文通りと信じて、信仰一心にして居ます」(牧口一〇:二七六)と記している。

ここでは、国家を救うために国家と対決する、との牧口の厳父《げんぷ》のごとき心情が吐露《とろ》されているが、国家とともに国家を超える姿勢こそ、最晩年に彼が到達した政治的志向だったのである。

兵役拒否か、自他不二的な受苦か

なお、牧口が獄中から家族に送った書簡の中には、「国法にはどんなにでも服従する」（牧口一〇：二八八）という記述もある。牧口の生涯は法則追究の精神に貫かれていたが、「治安維持法」という戦時下の国法に違反した嫌疑《けんぎ》で逮捕・投獄された牧口が、国法への服従を言明するとはいかなるわけだろうか。恐らく牧口自身に、自分が国法に違反したとの意識はなかったであろう。[39] けれども、そのうえで牧口が「どんなにでも服従する」と述べた真意を推考《すいこう》するならば、そこには、たとえどんな法解釈をされようが国家の命には従う、との彼の運命共同体的な愛国心が含意《がんい》されているように思われる。すなわちこれは、〈国家内超越〉という牧口の背理における〈国家内〉の側面が強調されたものであろう。しかして牧口が決して〈超越〉の側面も放棄しなかったということは、何よりも獄中における彼の精神的不服従の態度が雄弁に物語るとおりである。

また、牧口の獄中書簡の中に、長男・洋三が戦死したとの報告を聞いた彼が「ビックリシタヨ。ガッカリモシタヨ」（牧口一〇：三〇〇）と落胆しつつ、「病死ニアラズ、君国ノタメノ戦死ダケ、名誉トアキラメ唯《た》ダ冥福《めいふく》ヲ祈ル」(同前)と認《したた》めたものがある、という点についても一言しておきたい。そもそも牧口が獄中から出した書簡は、すべて看守《かんしゅ》監視の下で執筆され、さらに徹底的な検閲がなされた。不適当と判断される箇所は即座に黒く塗《ぬ》りつぶされ、牧口は獄吏《ごくり》による検閲を念頭に置いて書簡を認めていたと言われる。(40)かかる徹底的な言論統制を前提として、牧口の「君国ノタメノ戦死」「名誉トアキラメ」といった記述をみると、それらはまずもって獄舎の検閲をかいくぐるためのやむをえざる妥協的表現であった、と考えざるをえない。出征は法罰である、と会員に指導し、戦死した洋三に対しても「他の同志も信仰をして居るものには、まだ戦死はない、御本尊様を身につけて居ないと、怪我《けが》をする」(牧口一〇:二七四)と獄中で書簡に認め、信仰による無事安穏を戦地の息子に教えていた牧口である。長男の「戦死」が「名誉」であると牧口が心底思うはずもなく、その失意落胆の程は「アキラメ」という言葉に万感込めて表現されている。

ただ、あえて牧口の運命共同体的な愛国心から言えば、洋三の戦死にも一分の肯定的意義を見出すことは可能である。牧口の「君国」観念は――彼は獄中で天皇の可謬性《かびゅうせい》を取り調べ検事に説いたほどなので――天皇機関説的な有機体的国家観に基づくものといえ、神国思想的要素がそこに入り込む余地はなかった。その意味から牧口にとって洋三の戦死とは、有機的共同体としての国家と運命を共にし、その犠牲になった、ということに他ならず、牧口が何らかの倫理的意義をそこに認めていた可能性も否定できない。

この点は、牧口がいわゆる「良心的兵役拒否《へいえききょひ》」（良心に基づいて国家の兵役義務を拒否すること）を会員に勧《すす》めなかった、という問題にも深くかかわってくる。〈国家内超越〉としての牧口の信仰は、一面において愛国心という〈国家内〉の立場の徹底を求めるものであり、それゆえ純然たる国家超越的見地からの非戦・反戦運動とは異なった側面を有すると言わねばならない。

キリスト教に起源を持つ西洋近代の良心的兵役拒否（conscientious objection）の思想は、その代表格と言えるクエーカーの非戦思想をみてもわかるとおり、個人の内なる「良心」を重視するものであった。これに対し、牧口は相即論的な人間観を有していた。自己と他者、自己と国家が本来的に相即不二《ふに》であるとの信念に立つならば、クエーカーのごとく国家の戦争に対し徹底した「拒否」を貫き通すという個人主義的な非戦論よりも、国家とともに苦しみつつ国家の覚醒《かくせい》を願う、という非戦のあり方が探られるだろう。すなわち〈他者とともに〉〈国家とともに〉という自他不二的な受苦《じゅく》の姿勢からは、戦争という国家全体の罪悪を我が身に引き受けるがゆえに出征を拒まず、そこで平和と自己の安穏を切に祈り抜く、という信仰のあり方も成り立つのである。

このような西洋にはみられないタイプの非戦思想は、近代日本思想史上の一つの特色とも言えよう。例えば、内村鑑三が説いた良心的戦死とも言うべき非戦思想や、その影響を受けた矢内原《やないはら》忠雄《ただお》の思想なども、牧口の愛国者的な非戦の態度に相通ずるところがある。内村は日露戦争反対の論陣を張る中で、「我らにして兵役を拒まんか、或る他の者が我らに代て召集《しょうしゅう》されて、結局我らの拒絶は他人の犠牲に終ることとなれば、我らは其の人等のためにも自身進んで此苦役《このくえき》に服従すべきである」[41]と述べ、「逝けよ、両国の平和主義者よ」「行いて、汝《なんじ》らの忌《い》み嫌ふ所の戦争の犠牲となりてたふれよ。戦ふも、敵を憎《にく》むなかれ」[42]と宣言した。この内村の主張に関しては、キリスト教に基づく絶対非戦論者の内村にしてかく主張なさしめた近代日本の「宗教伝統の薄弱さと国家権力の圧倒的強力さ」を指摘する声もあるが[43]、明治社会の前近代性にのみその原因を求めるようでは、拙速《せっそく》の誹《そし》りを免れないだろう。内村は、皆が受けている戦場の苦悩を非戦を理由に回避することはできない、との心情から良心的な兵役応諾《おうだく》と戦死とを説いている。そこには、やはり牧口と同様、自他不二的な思想の土壌があったとみなすことができる。

東洋的正義の実践者

本章における主な考察をまとめてみよう。明治・大正期の牧口は、社会進化論や日本的な相即観のうえから、国家間の軍事的競争が共存共栄の人道的競争へと超克されるべきことを唱えた。また、牧口は近代日本の国体や天皇を理想化したが、相対的な理想化だったため、日本中心主義的な聖戦論には至らなかった。ただ、当時の彼には、二十世紀前半における帝国主義的世界の現実を人類進化の必然として諦観し、政治的リアリズムと有機体的国家観に基づく「国恩」重視の立場とから、自衛のための軍備や戦争を是認する嫌いがあった。

牧口の反戦思想における、こうした不徹底さは、昭和に入って日蓮仏法を信奉《しんぽう》したことで姿を消した感がある。牧口は日蓮の法華経信仰を社会道徳として展開し、自他共栄の「大善」のみが正義で、それ以外はことごとく邪悪である、とする普遍的道徳原理をつくり上げた。ここにおいて国家超越、生存権の絶対性、生命尊厳の立場から、あらゆる戦争を否定する仏教的な反戦観が確立される。いまや牧口は、有機体的国家観に基づく「国恩」重視の立場よりも自他共栄の大善生活を第一義に考えるようになり、次第に日本ファシズムとの対決色を強め、最終的には軍部当局による創価教育学会の弾圧と牧口自身の獄死という痛ましい結末を迎えたのであった。

戦時下における牧口の宗教運動は、一見、反戦運動とは無関係にみえるが、牧口が日蓮仏法を自他共栄のための普遍主義的信仰として理解した以上、その布教活動は人類的共生を願う平和運動の一面を有していたと言わねばならない。牧口の宗教運動は、人々の精神変革を通じて共生的幸福の理念（自他共栄）を社会に定着させようとするものだった。そこから戦争や災害を根絶していくことは、牧口が獄中で明言したように彼自身の「究極の希望」であった。創価教育学会の活動は、宗教を基盤に共生的幸福観の教育的普及と戦争の根絶を目指したという意味において、紛《まぎ》れもなく反戦的性格を帯びていたのである。牧口にあって、宗教・教育・平和の三者はどこまでも連続的に捉えられていた。

なお、太平洋戦争の時期に、牧口は時折、戦争に肯定的とも思えるような発言をしている。その理由としては、創価教育学会を存続させるための時局的配慮もさることながら、学会員に対する会長・牧口の教育的態度が本質的に関係していたように思われる。

当時の日本国民の大半は、明治二十年代以降の勅語教育の洗礼を受けて育ち、昭和に入ると新聞報道の自由も奪われた状況下で、大東亜戦争に関するプロパガンダや神国思想的な聖戦論を一方的に吹き込まれていた。学会員も例外ではなく、同会幹部の中には、会合の席で国体信仰による聖戦論を鼓吹《こすい》する者が少なからずいた。

その中で牧口は、戦争の話題を教育的題材としつつ会員を反戦的な大善生活に導こうとし、小規模の座談会では出征する会員に対し、出兵が法罰であることを指導していた。また、国家に対しては、一方で国家と同苦する愛国心を示し、他方で大善生活法を普及啓蒙して国家を平和共生の方向へ導こうと尽力していた。牧口は、内部の学会員のみならず、国家や社会に対しても教育的態度を取り続けた。まさしく牧口は近代日本の教師たらんとしたのであり、そのゆえに国家を超然と教え諭《さと》しながらも国家とともに苦しみ、ついには人類的友愛の理念と愛国心の狭間《はざま》で獄死する道を選んだのであった。

してみれば、牧口において反戦の旗幟《きし》が不鮮明であったゆえんは、決して彼が時世に配慮しすぎたからではなく、彼の倫理実践が常に教育的立場を離れなかったからである、と言うことができよう。牧口の教育的態度は、文明論的に言えば、東洋の一元論的な世界観に立脚している。自己と他者が本源的に一体である、と実感して生きるとき、人は、不正を犯す他者を一刀両断に切り捨てることができるであろうか。たとえ他者の罪悪や誤謬《ごびゅう》を批判する場合でも、自他不二の見地からは慈愛の訓戒《くんかい》という形がとられるはずであり、その態度は自《おの》ずから教育的にならざるをえない。共生主義者・牧口が社会進化論の立場から漸進的に人道的平和の実現を期し、また近代日本の国体論を全面否定せずにその内在的超越を説き、戦時下に会員や軍部政府を婉曲《えんきょく》的手法によって導こうとしたのは、実に東洋的正義の面目躍如《めんもくやくじょ》たるところであろう。

近代のキリスト教信仰は、神と自己が一対一で向き合うことから始まったと言われる。そこでは「人に従うよりは神に従うべきなり」といった、個人としての抵抗の倫理が強調されることになる。「正義は成就されよ、世界は滅ぶとも」との主張を支持するカントの正義論にも、人間は個として絶対的なるものと相対し結び合うべきである、とする西洋の個人主義的な思惟《しい》様式が濃厚に感じとれる。これに対し、牧口のごとく自他不二的な人間観に基づくならば、われわれは正義に対して一対一の関係ではなく、どこまでも〈他者とともに〉向かい合う以外にない。カントにならって言うと、世界とともに正義は行わるべきなのであり、世界を生かしつつ正義を立てるためには、教育的態度による倫理実践が必然的に要請されるであろう。われわれが馴染《なじ》んでいる西洋近代の個人主義的人間観だけでなく、東洋的人間観の思想パラダイムにも目を開かなければ、牧口の平和思想の本質を十全に把握するのは難しいように思われる。

第四章

戸田城聖の「見えない反戦」

近代日本における禅仏教の指導者たちの戦争協力について、膨大《ぼうだい》な資料を駆使して告発したB・ヴィクトリア氏の『禅と戦争』は、日本仏教の関係者に波紋を投げかけた。原著が英語で書かれていることから、日本の禅や武士道にナイーヴな憧《あこが》れを持つ欧米の知識人にも再考の機会を提供したと言える。

アメリカで良心的兵役《へいえき》拒否を行ったヴィクトリア氏は宣教師として来日し、仏教史は戦争と無縁だとする主張に感銘して禅僧になった。ところが彼が日本でベトナム反戦運動にかかわるや、曹洞宗本部は強い抵抗感を示し、そのことが「仏教世界の秘められた過去[1]」を映し出す同書の執筆につながったという。禅と戦争の密接な関係を知るに及んだ彼は、比喩的な文体でこう記している。

> この穴倉《あなぐら》の世界から垣間《かいま》見た仏教とは、戦争や殺戮《さつりく》が、驚くことに「慈悲のあらわれ」であるとされていた。この穴倉での禅の無我とは、天皇の意志、勅令《ちょくれい》に問答無用、絶対服従という強い意味を含むとされ、ここでの宗教の目的とは、国家を保護するのみならず、領土拡大を妨《さまた》げようとするいかなるものや他の国々をも処罰することにあった[2]。

ヴィクトリア氏の大胆な問題提起に対しては、一部の仏教者や仏教学者が好意的な反応を示したが、攻撃された教団仏教の側は概して沈黙を守ったようにみえる。どちらにも相応の言い分があろう。二十世紀前半の世界を支配した冷酷な帝国主義の力学や、戦時期の人々の実存的葛藤《かっとう》について理解を深めれば深めるほど、安易に善悪の白黒をつけることは難しくなる。ただ、結果責任としての戦争責任を論ずるならば、およそ近代日本の教団仏教の指導者たちは帝国主義戦争の思想的加担者としての戦争責任を免《まぬか》れえない。資料的事実に基づくヴィクトリア氏の摘発《てきはつ》を、日本仏教の関係者は真摯《しんし》に受け止めるべきだと考える。

とはいえ、ヴィクトリア氏のアプローチにも問題がないわけではない。彼は自らの作業を「歴史上の隠された鏡を磨き上げることで、その全体図を明確にしようとした(3)」と説明する。しかしながら、教団仏教の指導者たちの言説を分析すれば「全体図を明確」にしたことになるのだろうか。明らかに、そこには「一般僧俗の思想信条はどうだったのか」という視点が欠落している。

市井の仏教者の「見えない反戦」

近代の民衆宗教は、民衆に自己規律を促した反面、民俗信仰的な神道《しんとう》思想を受容して天皇制イデオロギーと癒着《ゆちゃく》する傾向性をはらんでいた。その点では、民衆に根ざした仏教も教団仏教の同類なのだが、中には神道に対する仏教の優位性を公然と主張する市井《しせい》の仏教者もいた。

昭和戦時期における仏教者取り締まりの事例をみると、国体のイデオロギーに抵触する「要注意言動」をなした仏教者が思ったより多いのに気がつく。いくつか例を挙げると、「死んだら靖国《やすくに》神社ではなく弥陀《みだ》の国へ生まれかわる」（一九三八〔昭和十三〕年、真宗本願寺派僧侶）「天照大神《あまてらすおおみかみ》は曼荼羅《まんだら》の分身である」（一九四三〔昭和十八〕年、日蓮宗祈禱師《にちれんきとう》）「靖国だけに霊が鎮《しず》まっているのではない」（一九四四〔昭和十九〕年、臨済宗僧侶）「天皇より日蓮の方が偉い。神様も人間だ」（一九四三〔昭和十八〕年、日蓮正宗僧侶）等々がある。(4)

実際の民衆教化にかかわる平僧や寺院住職等に、日本の軍国主義を支える国家神道の教義を否定する者が少なからずいた、ということである。また信徒の側に目を転ずると、アジア・太平洋戦争中に国家神道を批判して逮捕・投獄された創価教育学会（日蓮正宗の信徒団体）の牧口常三郎《まきぐちつねさぶろう》等がいる。

では、今日、彼らはなぜ反戦主義者として称えられないのか。理由は二つある。一つは、彼らが国体の教義を完全には否定せず、所々で肯定的な態度も織り交ぜたからである。もう一つは、たとえ国体イデオロギーの否定に真意があったにせよ、現実の戦争に対して政治的な反対行動を起こさなかったからである。

前者については、日本仏教の包括《ほうかつ》主義を考慮に入れる必要があろう。「本地垂迹《ほんちすいじゃく》」の思想に明らかなごとく、日本に伝来した仏教は、土着の神々を排斥《はいせき》せず、それらを包容しながら根を張った。こうした布教の仕方は外来宗教の通軌と言えるが、天照、八幡《はちまん》といった従前の名称のまま仏教の神々とするのは、言葉の真の意味での包括主義とみてよい。そうした主義に立つと、国家神道の国体なども仏教の一部として包括されてしまう。天照大神は仏の化身《けしん》、国体は仏法の影として肯定的に語られても何ら不思議ではない。ただ、一切の価値の根源は仏法にあるわけだから、仏法に反する国体の理解は断固否定される。その仏教上の矜持《きょうじ》を貫いた者に対しては――かりに国体を肯定する発言があったとしても――戦時下の聖戦イデオロギーの翼賛者《よくさんしゃ》とみなすべきではない。

他方、後者には、より複雑な問題がからんでくる。まず、理想社会を実現する手段として法制度や政策の善《よ》し悪《あ》しよりも人間内面の精神変革を重視する、という仏教者の伝統がある。仏教文化がキリスト教文明と比較して社会思想を発達させなかった点を捉え、あたかも仏教の後進性のごとく批判する人がいる。確かにアジア各国の仏教は、社会的な諸問題を軽視しがちだった。しかし近代以降は、政治や社会制度にも深い関心を持つ仏教者が少なくない。にもかかわらず、キリスト者ほど社会運動に挺身《ていしん》する仏教者が目立たないのは、社会意識の低さゆえではなく、仏教を通じた人間の精神変革こそ最も根本的な社会改革につながる、と彼らが信ずるからであろう。外なる改革と内なる変革は相互に補強し合う関係にある。精神的平和の確立に尽力する仏教者が、政治的反戦に向かうキリスト者よりも倫理的に劣るとは言い切れない。

そして、このように人間精神の改良を目指す仏教者が政治的な行動を起こす場合、必然的に抵抗運動よりも説得的手段を選択する、という問題もある。原始仏典によれば、ブッダは世俗の権力者の前で戦争の無意味さを教える対話を弟子と行い、隣国侵略を思いとどまらせたという。仏教者の政治的反戦は不服従などの抵抗ではなく、政治権力者への教訓という形をとることが多い。言うなれば教育的・道徳的な反戦アプローチである。思想信条の面でも、あらゆるイデオロギーを包括しようとする仏教者は、なおさら体制内改革を志向することになる。それは一般的な反戦抵抗と違い、はっきりとは見えない。仏教者が戦争指導者の心情に沿いながら巧《たく》みに反戦の方向へと誘導をはかる様は、外面的には中途半端な戦争への妥協に映りがちである。

さらにまた、昭和戦時期の思想や運動に関しては国体ナショナリズムと愛国主義を弁別《べんべつ》することが重要となる。アジア・太平洋戦争を日本のアジア諸国への侵略戦争と捉えたとき、その侵略戦争の思想基盤が国体ナショナリズムにあったことは論を俟《ま》たない。この時期の国体ナショナリズムは神国日本による世界統治の聖なる使命を鼓舞《こぶ》するものであり、日本の侵略戦争を美化するイデオロギーだった。当然、それは仏法の普遍主義に背反《はいはん》する。よって、この意味における国体ナショナリズムを肯定し、その宣伝に力を貸した仏教者は、もはや包括主義者ではなく侵略戦争の思想的協力者に他ならない。ヴィクトリア氏が指弾《しだん》した、教団仏教の指導者たちもこの部類に入る。

だが一方で、国体ナショナリズムには与《くみ》しないものの、良心的な愛国心ゆえに侵略戦争に協力的だったとされてきた仏教者もいる。この点は、今一度再考を要する。縁起《えんぎ》の法に基づく相互扶《ふ》助《じょ》の倫理は、身近な共同体を愛する心情を生み出す。しかし縁起の法は国家を超えるのだから、仏教者の愛国心は人類愛につながっている。そのように、普遍的な連帯に開かれ、戦争に消極的な愛国主義（パトリオティズム）も存在するのである。かかる愛国主義は「根をもったコスモポリタニズム」[5]と言いうる。われわれは、このコスモポリタン的愛国主義を戦時下の国体ナショナリズムと同一視し、当時の聖戦論に批判的だった仏教者にまで「侵略戦争の協力者」という汚名を着せてはいないだろうか。

かくのごとく、戦時下における仏教者の反戦行動は、様々な要因――包括主義、精神変革主義、教育的・道徳的な反戦アプローチ、国体ナショナリズムと愛国主義の交錯――によって不可視《ふかし》性を帯《お》びていると言えよう。そして、この不可視性を認めるならば、実は水面下に相当数の市井の仏教者たちによる「見えない反戦」があった可能性が出てくる。

本章では、この問題意識に立ち、戦時下の仏教者の「見えない反戦」の事例を考察してみたい。取り上げるのは、創価教育学会の戸《と》田《だ》城外《じょうがい》理事長（当時。戦後の戸田城聖《じょうせい》・創価学会第二代会長）である。創価教育学会は一九三〇（昭和五）年、日蓮正宗の信徒団体として創立された。牧口常三郎初代会長の指導の下、実業家だった理事長の戸田が財政面を支える形で次第に発展し、最盛期には四千人の会員を擁したという。だが、太平洋戦争の最中に軍部政府から危険思想と目されて弾圧を受け、同会は実質的に壊滅した。牧口と戸田は逮捕・投獄され、牧口は栄養失調で獄死、戸田も瀕死《ひんし》の状態で終戦間際《まぎわ》に出獄している。

両名とも市井の仏教者であり、彼らの軍部政府との対立が反戦を意味したかどうかが、今も論争の的になっている。前述のヴィクトリア氏は「牧口投獄の真因は、牧口と国家がともに排他的で絶対主義的な宗教的信念を持っていたということの中に見出し得るのであり、日本の軍国主義あるいは天皇中心主義的な帝国主義に対する牧口の批判、いわんや拒絶によるものなどではなかった」(6)との説を発表し、牧口らが弾圧されたのは宗教的理由からで反戦のためではないと主張している。

同氏はここでも、戦時下の仏教者の「見えない反戦」を看過《かんか》しているのではなかろうか。「創価教育学会と反戦」という問題は、仏教者の反戦の不可視性という観点から再検討されるべきである。戦後、戸田が創価教育学会を創価学会に改名して再建し、現在では同会が日本最大の宗教勢力になっているという現状を鑑《かんが》みても、戦時中の創価教育学会の動向を取り上げ、その不可視的な反戦の有無を検証することは重要な意義を有するように思われる。なお、戸田理事長を考察対象に選んだのは、すでに前章で牧口会長の反戦行動を論じたからであり、加えて戸田の思想や行動があらゆる面で今日の創価学会の基礎となっていることを勘案《かんあん》した結果でもある。

因果応報の見方による反戦感情

戦時下における戸田理事長の反戦行動を論ずる前に、そもそも当時の彼が反戦感情を持っていたのかどうかを確認しておこう。

アジア・太平洋戦争期における戸田の言動を記した資料は非常に乏《とぼ》しく、しかも彼の戦争観を跡づけるものとなると皆無に等しい。ただし、戸田が戦後に著した自伝的小説『人間革命』の中には、戦時下の戸田の戦争観や救国の情がリアルに描かれている。そこで、われわれとしては戸田著『人間革命』を参照する以外にないのだが、戦後の戸田が「民主」「平和」を是とする戦後的価値観のうえから戦時下の自己の言動を粉飾しなかったか、という疑念も生ずる。この種の疑念を完全に晴らすのは困難だろう。

けれども戸田が『人間革命』に描き出した創価教育学会の活動の模様は、同会についての客観的諸資料とよく符合している。ゆえに、これを貴重な資料として引用した創価学会研究の書も存する。(7) 何よりも、この小説では牧口や戸田をモデルにした「牧田先生」や「巌《がん》さん」が、戦後的価値観からすると不利になるような心情を抱いたり発言をしたりする箇所が一、二にとどまらない。(8) こうしたことから、戸田の『人間革命』に戦後的粉飾の意図はなかったと見受けられる。私としては、戸田の『人間革命』を赤裸々《せきらら》な戦争体験の告白書として捉え直し、他の資料も参照しつつ、戦時下の戸田の戦争観を探っていくことにしたい。

同小説は、その原型が『聖教新聞』掲載の連載小説であり、それに修正をほどこしたものが後年発刊された和光社版（一九六五年）や聖教新聞社版（一九八八年）の『戸田城聖全集』に収録されている。ここでは基本的に聖教版の『人間革命』を用いるが、同版で割愛《かつあい》された内容を引用する必要も生ずるので、その場合には新聞掲載の文章から引用する。

『人間革命』を読むと、戦時下の戸田にはある種の反戦感情が存在したことを認めうる。それは、仏教の因果応報《いんがおうほう》観、中国人に対する同胞意識、合理主義的見識、といったものから発せられる反戦感情である。

仏教的な因果応報観に基づく戸田の反戦感情は、戦時中、創価教育学会の牧口会長が出征《しゅっせい》する会員に説いた「兵奴《ひょうぬ》」の反戦観からきている。「兵奴」とは、日蓮の『立正安国論《りっしょうあんこくろん》』の「仁王《にんのう》経に云く『人仏教を壊《やぶ》らば復《ま》た孝子無く六親不和《ろくしんふわ》にして天竜も祐《たす》けず疾疫悪鬼《しつえきあっき》日に来《きた》つて侵害《しんがい》し災怪首尾《さいげしゅび》し連禍縦横《れんかじゅうおう》し死して地獄《じごく》・餓鬼《がき》・畜生《ちくしょう》に入らん、若《も》し出て人と為らば兵奴《ひょうぬ》の果報《かほう》ならん』」（全三二・定二二五〜二二六）との記述中に見える語である。牧口に日蓮正宗を紹介した三谷六郎《みたにろくろう》（素啓《そけい》）の著『立正安国論精釈』を開くと、この「兵奴」について「此の人の過去を尋ぬれば瞋怒《しんぬ》を以て法を壊《やぶ》る。故に三途《さんず》に出でて瞋の報を受けて、兵刃の為に身を殺傷せらるるなり」[9]と説明されている。また、三谷は「仏法では事の如何《いかん》を問はず、戦争の正義に出発したと、不正義に出動したとの区別なく、武人となるものは過去の悪業の果報だと断定してある」と論じ、果ては「軍人となって来生して、人を殺し、自らも殺傷される。こんなみじめな境遇があるであらうか」等と激烈な言葉を吐いている。(10)

合理主義者の牧口は空想的で守旧《しゅきゅう》的な三谷と折り合わず、最終的に交際を絶つのだが、三谷の説く「兵奴」の反戦観には共感したのだろう。太平洋戦争が始まる頃になると、牧口も「兵奴」の語を根拠に、兵士となって戦争に巻き込まれるのは過去世に仏法を誹謗《ひぼう》した罪だ、と出征する会員に説き教えていった。その事実は、西川喜万という創価教育学会の幹部が、戦後の学会機関紙『価値創造』に寄稿した回顧談等によって確認できる。(11)

戸田の『人間革命』の中では、日蓮正宗の信仰によって蘇生した青年が突然に召集《しょうしゅう》令状を受け取る場面で、牧口が「兵奴」の反戦論を展開している。「立派に日蓮正宗の信者として又日本国民の一員として必ず責務を果して来ます」と悲壮な決意を述べる「正一」に対し、「牧田先生」(牧口)は教え諭《さと》す。「もう心が落付いたかね、先程から云う通り兵奴の果報と云つて戦争につれ出されて奴隷《どれい》と同じ仕事をするのは、前世に法華経を誹ぼうした罪だと立正安国論に大聖人様が仰せられている、君は今度の事で色心《しきしん》の二法に罪報を受けて過去の重罪を消してくるがよい」。(12)

出征したら、もう生きて帰れないかもしれない——正一は思い悩みつつも、「日本国民の一員として必ず責務を果」たすことに出征の意義を見出そうとする。ところがそれに対し牧口は、日蓮の教えに基づき、出征が「前世に法華経を誹ぼうした罪だ」と断じ、「君は今度の事で色心の二法に罪報を受けて過去の重罪を消してくるがよい」と言う。ここにあるように、牧口は、兵士として出征することをナショナリズムによって肯定的に捉えるのではなく、むしろ仏教的な因果応報観のうえから「過去の重罪」の報《むく》いとして否定的にみている。そこからは、出征して国のために自己の生命を捧《ささ》げることを美化するような倫理観よりも、出征という悪業の報いを信仰によって一刻も早く消滅させ無事に帰還することを願う態度が生ずる。

『人間革命』には「巌さん」(戸田)について「近頃は、人間の行動、降りかかってくる災《わざわ》いなどを、前世からの宿命とする……仏法上の見方を具《そな》えているから、世間の人のような驚き方はしない」(戸田八:四二二)とあるが、戸田も創価教育学会の理事長として、牧口の因果応報論的な「兵奴の果報」説に賛同したとみられる。戸田が中心となる戦後の創価学会でも、この説はしばしば取り上げられた。例えば、『聖教新聞』の社説が戦後日本の再軍備問題を「『兵奴の果報は破仏法より起る』の仏法律に照して非常に危険な事態[13]」と論評したがごとくである。

中国に対する「聖戦」を否定

次に、中国人に対する同胞意識から、戦時中の戸田の胸中に芽生えた反戦感情を見てみよう。戸田の『人間革命』を読むと、日中戦争について「文字も同じだし、顔の色も同じように黄色い、亜細亜《あじあ》民族の日本人と中国人が血を流し合っている戦場は中国全土へ拡《ひろ》がって行くばかり……」（戸田八：一七五）と書かれた箇所がある。ここには中国の民衆に対する、同じアジア人としての戸田の同胞意識が描き出され、そうした意識からアジアの同胞が血を流し合う日中戦争の愚劣さが非難されている。そして、戦時中の戸田がこの種の反戦感情を持っていたことを傍証《ぼうしょう》する、次のようなエピソードも残されている。

そのエピソードは、島村喬《しまむらきょう》著『日蓮とその弟子』に記されている。一九四七年の三月下旬、当時新聞記者だった島村は、ソヴィエトのカンスク市から東に五十キロ離れた№五〇収容所で、元関東軍の近藤という人物に会った。このとき、島村はスパイの嫌疑《けんぎ》で、近藤は重要戦犯として、ともにカンスク収容所に入れられていたが、二人はある夜、遅くまで話し合う機会を持ったという。そこでの近藤の話を島村は記憶に留《とど》め続け、一九七〇年に『日蓮とその弟子』の中で公表した。

それによると、昭和十六、七年頃、近藤は関東軍の第一課に籍を置く大尉であり、大本営との連絡を任とする関係で、何度も新京と東京の間を往復していた。あるとき、近藤は新潟―雄基間の船で満州に帰ろうとしたが、台風のために船が出ず、旅館で酒を飲んでいるとき、創価教育学会の理事長と称する戸田に誘われた。二人は盃《さかずき》を傾けつつ長談義をし、談が「聖戦」のことに及んだ。すると戸田は、「日本の対支作戦のみが聖戦で中国の対日作戦がそうではないという論理は成り立たない。そうでしょう？　あそこには四億の民がくらしているんですよ。その人たちの生活を破壊する聖戦などというものがあり得るでしょうか。聖戦は四海絶対平等と平和、生命の尊厳を犯すものに対して敢然と立ち上がる場合にだけ使われることばです」と述べた、というのである。近藤は、別れ際に戸田から『創価教育学大系』の第一巻と第二巻を手渡され、以後は日蓮仏法に傾倒し、戦後の収容所生活で囚人の権利獲得のために闘ったが最後は銃殺された──。島村はそう書き残している。(14)

ここにおける戸田の発言は、中国人の苦悩を思いやる戸田自身の反戦感情の表面化であったと考えられる。もちろん、島村の記述がどこまで正確なのかは今となっては測り難い。が、戸田著『人間革命』に描かれている、中国人への同胞意識に基づく戸田の反戦感情に照らし合わせると、充分に首肯《しゅこう》しうる話である。

東條英機への危惧

さて、戦時下の戸田には合理主義的見識に基づく反戦感情もあった。一九四一（昭和十六）年十月、東條英機《とうじょうひでき》の首相就任演説の折、東京・神田にある戸田の事務所内にいた牧口は、腕組みしながら無表情でこの演説を聞き、無言で事務所を後にした。牧口が去った後、戸田は東條が「神経の細かい、どうかすると興奮してヒステリーになりそうな」人物ではないかとの懸念を口にする（戸田八：三四二〜三四四）。このとき、二人の心に宿った東條への危惧は、二カ月後に真珠湾攻撃が決行されると、東條率いる軍部政府が冷静な政治的、軍事的判断能力を失い無謀な対米戦争に突入した、との見方になっていった。真珠湾奇襲の大本営発表の際、大戦果に酔って浮かれ騒ぐ人々に対し、戸田は次のような感想を漏《も》らす。

帝国陸海軍は、本日未明《みめい》、西太平洋に於《お》て、米英軍と戦闘状態に入れり……というラジオの声を聴《き》くと、胸がどきんと鳴って、頭からさあッ！と血が退いた。世界地図を見てごらん。米国でも英国でも大きな国だぜ。それを相手に、小さな日本が火蓋《ひぶた》を切って、一体、どうなる……誰でも不安になるさ（戸田八：三五二）。

地理学者で国際情勢に詳しい牧口から薫陶《くんとう》を受けた戸田は、合理主義的見識のうえから軍部政府が引き起こした対米英戦争の無謀さを危ぶまずにはいられなかったのだろう。戸田の『人間革命』の記述に従えば、対米英戦争の開戦後、牧口は出征する会員の送別会で「日本は危ない」と叫び、仏法の乱れを遠因とした国民精神の歪みを指摘するとともに、合理主義的見識に基づき対米英戦争の開始を深く憂慮《ゆうりょ》する発言を繰り返した。すなわち牧口は「現在は、国運が衰えてきたようだけれど、かつては広大な領土を全世界に持っていて、日の没しない国と誇っていた英国と、逞《たくま》しい開拓精神と巨大な製産能力とを持っている米国を相手の戦争は、文字通り、前線も銃後《じゅうご》も一体の総力戦になる」と、また「ことに日本は中国を相手に戦うこと五年で、国力を消耗《しょうもう》しており、満を持して欧州の戦乱にも参戦しないでいる米国との力には大きな開きがあると見るのは、具眼者《ぐげんしゃ》の常識なのだ」とも述べ、ほとんどの国民が緒戦の戦果に有頂天になっていた時期に「この大東亜戦争は、一年の後か、二年の後か、それは測《はか》れないが、容易ならない難局に突入するであろう」と予測したという（戸田八：三六七〜三六九）。

こうした牧口の発言は、出征する会員を励ます中で語られたものであるから、直《ただ》ちに反戦的言辞と受け取ることはできない。しかしながら牧口が対米英戦争の開戦前から東條の言動に否定的態度を示し、開戦後も軍部政府による戦争決断の無謀さを暗に指摘したところをみると、彼自身は開戦に反対だったと考えられよう。牧口は、太平洋戦争の緒戦段階から合理主義的見識に基づく反戦感情を持っていた。戸田が示した対米英戦争開始への懸念も、この牧口の反戦感情とパラレルに捉えられる。

今日、東條らが勝算のないまま対米英戦争の開戦に踏み切ったことが資料を通じて明らかにされているが、当時の日本の国民は、軍部の情報統制によって正確な国際情勢を知ることができなかった。対米英戦争の開戦理由については、公式には、日本がいわゆる米・英・中・蘭の四カ国による「ＡＢＣＤ包囲網」のために必要物資の供給が不可能となり、「自存自衛」のために対米英の開戦を余儀なくされた、と説明されていた。国民の多くは、現実に対日経済制裁による日常生活の窮迫《きゅうはく》を実感し、日中戦争の泥沼化に辟易《へきえき》していたことも手伝って、対米英戦争緒戦の華々しい戦果には一時的に熱狂した。

その中で牧口や戸田は、合理主義的見識から反戦感情を抱き、日本の行く末を案じていたわけである。歴史家の家永三郎《いえながさぶろう》によれば、「国力に関する統計や客観的な世界情勢を正確に知る方法をすべて奪われていた一般国民の間にも、具体的な数字上の根拠までは知らないながらも、平素から蓄積してきた見識や大局的見地からの直観に基づいて、日米開戦が日本の破滅に終ることを的確に予見していた人士」がいたという。家永は、対米英開戦直後に緒戦の戦果による興奮がうずまく中、東京帝国大学の教官食堂で「これで日本丸も沈没ですかね」と私語した元同大学総長の小野塚喜平次《おのづかきへいじ》や、開戦当日に「人間の常識を超え学識を超えておこれり日本世界と戦ふ」と詠じた同大学教授の南原繁《なんばらしげる》のような知識人、また平凡な国民の中にも「非常識な事を始めて了《しま》った」と悲劇の到来を予想した人々がいたことを記している。(15)

牧口や戸田も、家永の言う「平素から蓄積してきた見識や大局的見地からの直観に基づいて、日米開戦が日本の破滅に終ることを的確に予見していた人士」の部類に入るのだろうが、愛国心の強い彼らは開戦を未曾有《みぞう》の国難と捉え、救国の主体者たる自覚にも立っている。すなわち、傍観者的に日本の破滅を予見した小野塚や、敗戦間際になってようやく終戦工作に乗り出した南原とは異なり、牧口と戸田は、太平洋戦争の開戦当初から同胞の救済を主体的に祈り願い、宗教的な救国の行動を起こした。ただ、この救国主体者的な行動ゆえに、かえって牧口や戸田の反戦性が不可視的になった感も否めない。牧口や戸田のごとく、合理主義的見識に基づく反戦感情を救国意識に連動させた人物に対しては、慎重な分析が必要である。

牧口の下で「滅私奉公」を教育的に批判

右のごとく戦時下の戸田は、仏教の因果応報観、中国人に対する同胞意識、国際情勢への合理主義的見識を有し、これらに基づく反戦感情を心中に存していた。

ならば、戸田は実際に反戦の行動を起こしたのか。この問題を考えるにあたっては、戦時下の牧口や戸田による反戦が体制内の精神変革運動を基調とした、という点に注意を払わねばならない。反体制的な抵抗や不服従の運動だけが反戦平和の実践であるとする一般的な見解からは、彼らのようなタイプの運動を反戦平和の実践とみなすことに異論も出よう。しかしながら以下に述べるがごとく、牧口と戸田がとった行動は、戦時下の仏教界にみられた現実諦念《ていねん》的な体制迎合でも自民族中心主義的な熱狂でもなく、彼らの宗教的信念からいって最も現実的かつ根本的な反戦平和の実践だったのである。

前章で詳述したように牧口は、教育者の立場から熱心に社会改良を志《こころざ》した人物だった。明治後期には平民社系の社会主義者と交流する中で、無制限な私有財産制度のあり方に疑問を抱いたり、普通選挙制度実現の運動に参加したりしている。だが、目的達成のためなら「破壊的運動」も辞さない社会主義者たちに対し、牧口は穏健に資産階級の理解に訴えるという教育的方法を主張して論争となり、結局、社会主義運動と手を切ったのだという（牧口六：二二三）。社会運動に関する牧口の基本的姿勢は、体制内にあって教育的に人々の精神変革をはかり、それを通じて漸進《ぜんしん》的、平和的に社会を改良していこうとするものだった。

牧口の精神変革論的な社会改良主義は、彼が日蓮正宗の信仰に入ってからも変わっていない。創価教育学会を創立した後の牧口は、宗教運動をも一種の教育的営為と捉えた。そこにおいて、日蓮仏法の布教は「大善生活」＝「自他共栄」の生活態度を人々に教えることにつながると考えられた。精神変革論的な社会改良主義の立場から日蓮信仰を受け入れた牧口は、人々の精神変革による社会改良を実現するために教育的な宗教運動が不可欠であると思うに至った。その結果、大善生活を前面に掲げた日蓮仏法の布教活動を展開したのである。牧口にとって、日蓮仏法の流布と大善生活法の教育的普及とはコインの表裏の関係にあり、ともにその目的は人々の精神変革による共生社会の構築にあるとされた。

したがって、戦時下の牧口は、宗教性を帯びた教育的反戦のアプローチをとった。一九四〇（昭和十五）年頃の牧口は、全国各地で開かれた「座談会」や学会の総会の席上で、会員や新来者に向かって自己の価値論を用いつつ、教育的に日蓮仏法の道徳的意義を説き示した。例えば学会の第二回総会では、軍部政府が推進する「滅私奉公《めっしほうこう》」の道徳を強く非難し、「自己を空《くう》にせよといふことは嘘《うそ》である。自分もみんなも共に幸福にならうといふのが本当である」（牧口一〇：八）と主張している。しかも牧口は同総会終了後、四人の青年をともなって政党関係者が集まる会合でも講演し、「道理に合わない滅私奉公はできないし、またすべきではない。自己を空にせよというのはウソである。両方とも栄えなければいけない」と発言したとされる。(16) また、軍部政府の思想統制がいよいよ厳しさを増してきた頃、牧口は学会の機関紙『価値創造』を刊行し、その中で〝日蓮仏法による大善生活こそが国体精神と真に合致する〟と主張することにより、体制内の立場から「滅私奉公」を批判し続けた。牧口以外にも、学会の青年部が「指導階級折伏行《しゃくぶくぎょう》」を企画し、陸軍大将の小磯國昭《こいそくにあき》、枢密院《すうみついん》議長の平沼麒一郎《ひらぬまきいちろう》、元文部次官の石黒英彦《いしぐろひでひこ》らを訪問して、牧口の説く大善生活論を主張している。

このように、太平洋戦争の前年あたりから、内部の会員のみならず政治権力者に向けても展開された牧口の滅私奉公批判は軍部政府の方針と真っ向から対立した。それが反戦の意味を含むことは、牧口が戦地への出征を「法罰」だと会員に教え、獄中にあって日中戦争や太平洋戦争を「謗法《ほうぼう》」の結果と断じたところからも容易にうかがい知れる。

戦時下の戸田は、この牧口による教育的反戦を陰で支える役目を担った。戸田の実践的関心は牧口との師弟の道にあった。一九四一（昭和十六）年十一月の学会の第二回総会で戸田は「弟子の道」と題して講演し、「われわれも、ただ牧口先生の教えをすなおに守り、すなおに実行し、われわれの生活のなかに顕現《けんげん》しなければならない」「弟子は弟子の道を守らねばならぬ」と訴えている（戸田三：三八三〜三八四）。戸田は翌年五月の学会の第四回総会でも師弟の実践の重要性を述べているが、牧口の教えを実践する「弟子の道」を会内に浸透させることこそ、理事長の戸田が自らに課した責務であった。

その戸田が、牧口の教育的反戦に全面的に賛同したのは言うまでもない。当時の戸田は会員たちに対し、牧口流の共生思想を積極的に教えている。例えば、一九四二（昭和十七）年十一月に開かれた学会の第五回総会で、彼は「我々信仰の目的はお互いが幸福になると言ふ事である」「人の為《ため》にも我が為にも利益になること、これが正しい生活法である」と述べ、出席者を指導している[17]。

以上のことから、戦時下の戸田は、前述の反戦感情を牧口と共有するのみならず、師弟一体で滅私奉公の戦時道徳に反対し、体制内から教育的反戦の実践に取り組んだと言ってよかろう。

児童雑誌を通じた教育的な反戦

ところで、戦時下の戸田に関しては、児童教育書の出版活動を通じて子供たちの平和的精神を啓発しようとした点を評価する人もいる。戦前の戸田は、事業の一環として一九四〇（昭和十五）年一月から『小学生日本』という児童向け月刊雑誌を発行していた。同誌は途中で『小国民日本』と改題し、一九四二（昭和十七）年五月まで刊行された。

戦争研究家の高崎隆治《たかさきりゅうじ》は、これらの月刊雑誌の内容を詳細に検討したうえで、発行者の戸田が当局の検閲《けんえつ》の目を欺《あざむ》く工夫をしながら非時局的、反時局的な内容を盛り込んでいたと主張する。高崎が注目したのは、大逆《たいぎゃく》事件に関連して取り調べを受けた沖野岩三郎《おきのいわさぶろう》を戸田が起用し、『小学生日本』の創刊号に欧米の文化や風俗習慣などを紹介する沖野の記事を掲載したこと、(18)『小学生日本』の第三号で時局物の記事が減り、代わりに戦場の悲哀を伝える帰還兵の実話が載せられたこと、(19)さらに同誌の第四号になると「忠犬ゲレルト」や「ジェームス・ワット」といった反時局的記事が登場し、その巻頭言の冒頭に平和を謳《うた》ったロバート・ブラウニングの「春の讃歌」が掲げられたこと、(20)一九四一（昭和十六）年四月、「小学校」を「国民学校」に改称し「児童」を「少国民」と呼ぶことにした文部省の方針を受け、戸田が変更した雑誌名が『少国民日本』ではなく『小国民日本』だったこと、(21)等々である。

高崎の説はあくまで推測の域を出ず、戸田の出版活動に反戦の意図があったとまでは断定できない。とはいえ、長引く日中戦争の最中、太平洋戦争の前夜に、戸田が国際的で普遍的な視座を子供たちに持たせるような雑誌を毎月発行していたことは事実である。

前出の家永三郎は、戦時中の教師が負うべき戦争責任について、その自由が皆無に近かったことを認めつつも「毎日の児童との人格的ふれあいのなかで積極的に侵略主義や狂信的日本主義を吹き込む方向に熱意を傾注するか、できるだけ冷静に普遍人類的道徳と理性とを忘れない態度を堅持するかでは、児童に与える影響には大きな相違が生じたはずであり、前者の道を選んだ教師の責任は免れない」(22)と論じている。事業家だった戦時下の戸田に、児童と人格的に触れ合う日常的な機会はなかった。しかしながら彼は、雑誌発行を通じて「できるだけ冷静に普遍人類的道徳と理性とを忘れない態度」を児童に教え続けた。家永が言うように、熱心に侵略主義や狂信的日本主義を児童に吹き込んだ教師の重大な戦争責任が追及されるべきならば、危険を承知でその逆の態度をとり続けた児童雑誌発行者としての戸田は、教育的立場から反戦平和の実践に取り組んだ人物と呼ばれてもよい。

戦時下の戸田は、師の牧口が推進する教育的反戦の活動に全面的に協力した。そして自らも、出版事業を通じて教育的な反戦の動きを起こした節《ふし》がみられるのである。

国家諫暁は反戦行動

既述のごとく、牧口と戸田の師弟が戦時中に推進した宗教的・道徳的な社会運動は、体制内の教育的反戦という性格を持っていた。しかし彼らは、戦局が悪化するや、純宗教的立場から平和を実現しようとする行動を起こす。いわゆる「国家諫暁《かんぎょう》」の主張と行動がそれである。

戸田著『人間革命』によると、一九四二（昭和十七）年の十一月下旬、牧口は「日本は危ない！国家諫暁《かんぎょう》をしなければ、日本は惨澹《さんたん》たる結果を招く！」（戸田八：三七九）と語り、亡国の危機感を募らせた。未曾有の国家存亡の危機を目の当《ま》たりにし、もはや教育的反戦によって漸進的に平和を構築していく時間はないと判断したのだろう。そこで、かつての危機の時代に日蓮がそうしたように、国家諫暁という純宗教的アプローチによって急進的に平和社会の実現をはかるべきだ、との思いにかられたのである。

在家信徒の牧口は、今こそ一宗の法主が先頭に立って国家諫暁をなすべし、と日蓮正宗の宗門に働きかけた。だが、体制迎合的な戦争協力に躍起《やっき》になっていた伝統教団の日蓮正宗はこれに同意せず、かえって牧口や戸田に対し、政府の宗教統制に従い神札を受諾《じゅだく》するように迫った。そして学会幹部が治安維持法違反容疑等で相次ぎ逮捕される事態になると、創価教育学会に登山停止の処分を下して宗門と無関係であることを示す、という行動に出た。結局、牧口や戸田が法主に直訴した、一宗を挙げての国家諫暁は、宗門側の非協力のため実行に移されることなく終わったのである。けれども彼らが国家諫暁に向けて行動を起こしたことは確かであり、それは純宗教的立場からの反戦行動と言いうる。

獄中における牧口の訊問《じんもん》記録の中に「上は陛下《へいか》より下国民に至る迄総《まですべ》てが久遠《くおん》の本仏たる曼荼《まんだ》

羅《ら》に帰依《きえ》し、所謂《いわゆる》一天四海帰妙法の国家社会が具現《ぐげん》すれば、戦争饉饑《（ママ）》（＝飢饉《ききん》）疫病《えきびょう》等の天災地変より免れ得るのみならず、日常に於ける各人の生活も極めて安穏な幸福が到来するのでありまして之《こ》れが究極の希望であります」という記述がある（戸田一〇：二〇二）。牧口はここで、天皇をはじめ全国民が日蓮仏法に帰依すれば「戦争飢饉疫病等」が消失して民衆生活のうえに安穏と幸福が到来するのだとし、それが自分の「究極の希望」であると語っている。牧口において、国家諫暁は戦争をなくすための宗教的行動ともされていたことがわかるだろう。戸田もまた、牧口の下で国家諫暁の実現に奔走《ほんそう》し、牧口とともに牢獄《ろうごく》に入っている。

私は、このような二人の国家諫暁への行動を「日蓮的反戦」と呼びたい。彼らにとって、日蓮の仏法は現実の戦争を即時に平和化する秘術であった。牧口が命懸けで軍部政府を折伏したのは、それが災難としての戦争を終結させる最高かつ唯一の方法であると固く信じられたからである。日蓮仏法では、森羅万象の実相《じっそう》である真理（正法）に帰依すれば因果律の冷徹な定めに従う苦しみもなく、自然災害、疫病、戦争等、あらゆる災難に遭《あ》う運命を自在に転換できると説く。有名な「立正安国」の思想である。日蓮的反戦とは、この立正安国の実践に他ならない。

そして、日蓮的反戦の最たる特徴は「今・ここ」の反戦を可能にする点にある。日蓮仏法は、善悪・貴賤《きせん》を問わず、すべての現象を妙法蓮華経という正法の働きとみる教えである。それゆえ、妙法の実践にあたって特定の職業や立場を嫌うことはない。反戦について言えば、どんな境遇の人でも「今・ここ」で妙法の自在な力を発揮し、平和をつくり出していけるとする。軍人であれ、政治家であれ、「今・ここ」の反戦ができる。つまり、戦時下の体制内にいながら反戦が可能だというのである。

反戦抵抗の運動は、いつも少数の自己犠牲的な先覚者たちが主役だった。だが、民衆が主体となる反戦が理想だとすれば、どうしても「今・ここ」の反戦でなければならない。何十万、何百万もの人々が反戦のために職を捨てたり、兵役を拒否したりするなどは、現実にはありえない話である。

もちろん、「今・ここ」の反戦は妥協や保身の隠れ蓑《みの》にもなるが、牧口や戸田にはあてはまらない。二人は殉教《じゅんきょう》の覚悟で牢に入り、牧口は獄死した。この事実がある限り、彼らは反体制的な反戦行動を起こすに等しい勇気をもって、体制内から日蓮仏法による「今・ここ」の反戦を実践したと考えられる。

宗教学者による戸田への取材の問題点

ところで、戦時下の戸田には、今まで述べてきたような反戦感情の存在や反戦平和の実践が確認される反面、日本の戦勝を願う心情もあったことが知られている。『人間革命』を読むと、獄中にあっても「日本が負けるとは思つていなかった」巌さん（戸田）は、スパイ嫌疑で服役中のロシア人から「日本負けます」と言われて「がくぜんとした」とされる。[23]

当時の戸田には、人道的、宗教的な立場から反戦平和を願う一面と、愛国心から日本の戦勝を信じる一面とが混在していたと言えよう。そこで、この戸田の内的葛藤をいかに理解するか、という問題が重要になってくる。戦後、創価学会を研究した宗教学者は、人道主義者、宗教者としての戸田の思想性を考慮することなく、愛国者の戸田が日本の戦勝を願ったという一面だけを捉え、戦後平和主義の立場から批判的に叙述《じょじゅつ》する傾向にあった。その背景には、戦後の創価学会研究が学会の政治的進出に危機感を抱いた左翼勢力の主導で進められたという事情がある。また戸田の存命中、創価学会を研究した学者たちが一種の愚民《ぐみん》観に立って新宗教を理解していた、という点も見逃せない。

実例を挙げてみよう。戦時中の戸田の戦争観を語る際、創価学会に批判的な論者がよく引用するのが、一九五六（昭和三十一）年発刊の小口《おぐち》偉一《いいち》編『宗教と信仰の心理学』に収録された戸田の発言である。同書は、戦後の日本社会に勃興《ぼっこう》した「新興宗教」を研究対象とし、新宗教の教祖や信者の宗教体験について、宗教心理学の立場から分析的説明を加えつつ記述したものである。戸田は、同書の第一部「宗教体験とその分析」の第一章「教祖」の中で、「神人会」「神一条教」「日光教」「三輪誠道会」「大日大立元理教」の教祖たちとともに取り上げられている。戸田に関する記述は、実際には編者の小口（当時、東京大学東洋文化研究所助教授）ではなく、若手の高臣《たかおみ》武《たけ》史《し》（当時、東京医科歯科大学神経精神医学教室勤務）と高木宏夫《たかぎひろお》（当時、東大東洋文化研究所助手）の手によってなされた、と小口自身が記している(24)。

高木と高臣は、直接取材を通して得た戸田の発言を織り交ぜながら創価学会の「教祖」としての戸田の生活史を解説している。その中で高木らは、戸田自身の発言として「戦争では勝ちたかった。負けるとは思っていなかった。私の今もっている信念は、当時はなかった。私には教学もなかったし、勉強もしてなかったからなんだ。初代会長は勝つといっていた。教線が延びたのは日本の戦勝と一致していたし、学会の弾圧と敗戦への方向が一致し、初代会長の獄死と共に本土空襲がはじまったので、その結びつきは考えた」と記している。

この戸田発言について考察する前に、われわれはまず、当時の高木と高臣が創価学会の歴史や思想に関する基礎知識を持たずに取材を行い、その解説的記述にあたっても学会側に何ら事実関係の確認をとらなかった、という実態を知る必要がある。戸田に関する彼らの記述中には、初歩的な誤記が余りにも目立つ。例えば、北海道から上京した戸田は、最初に牧口が校長を務める小学校の代用教員になったのだが、高木らは小学校名の「西町尋常《じんじょう》小学校」を「下早小学校」と誤記している。また彼らは、戸田が開いた私塾「時習学館」を「自生学館」、日蓮の「御書」を「五書」、創価教育学会の機関紙『価値創造』を『創価教育学』とも誤って記している。そうした誤記の数々は、彼らに創価学会に関する基本的知識がなく、調査内容に正確を期す姿勢も欠落していたことを物語っていよう。

しかも高木らの記述は、新宗教に対するステレオタイプ的見方や偏見にも根ざしていた。そのことは、在家団体の指導者である戸田を「教祖」と決めつけ、戸田と幹部との関係を「親分子分で固った会社の社長と社員」、唱題中の会員たちの姿を「神がかりしたような様子」と記し、戸田の人柄について「児戯《じぎ》に類することを平気で行う」「利害打算を越える理想がない」「テキヤ的社会の親分」と評する叙述態度に現れている。

ちなみに、高木は一九五九（昭和三十四）年刊の自著において、近代日本の新宗教を「大衆思想運動」として正しく位置づけるべきだと主張しつつも、「新興宗教の教祖は、生活経験は豊富であるが教養が低く、昔からある民間信仰の信者で、神がかりなどを機会として新しい教えを創めたものが多い」と述べ、新宗教の思想性を「科学的人間観・社会観とは根本的に相いれない」「保守反動の側に立つ」「イデオロギーだけをみれば前述のようにばかげた迷信的形態」と断ずるなど、新宗教の教義を低劣な迷信として裁断する姿勢を顕著に示している[25]。

したがって『宗教と信仰の心理学』に収録された、高木らによる戸田の宗教心理の解説も、近代合理主義に立脚する宗教研究者が、教養を欠き迷信的な俗物教祖・戸田の生活史を分析的に説明する、といった筋書きで進められている。仏教思想への洞察《どうさつ》が欠けているため、戸田の宗教心理に関する彼らの理解は表層的な次元にとどまった感がある。特に高木らが戸田を「特殊の宗教体験のない人(26)」と断定し、獄中における戸田の宗教的悟達《ごだつ》に何ら言及していないのは、(27)「心理学の書物であるから、個人の宗教体験に焦点を置き」云々と自負する(28)編者・小口の言に照らしても研究上の落ち度と言うしかない。

さらにまた、高木らの学会観には当時の左翼勢力の反学会感情が色濃く影を落としている。『宗教と信仰の心理学』第一部の担当者名には、高臣・高木の両名のほか、編者の小口偉一と佐《さ》木秋夫《きあきお》の名も見受けられる。小口と佐木は『宗教と信仰の心理学』刊行の翌年に『創価学会』を共著で出版するが、そこでは炭労組識を脅《おびや》かす学会の台頭を「妖怪の出現」と形容している。佐木は左翼イデオロギーを公然と表明する宗教研究者であり、小口も佐木の同調者だった。

以上を要するに、小口や佐木の監修の下、高木宏夫らが記述した戸田の生活史の解説は内容に正確を期した取材とは言い難く、新宗教の人々を無教養で迷信的とみる偏見やイデオロギー的な偏見にも根ざしている。しかも編者の小口は「あとがき」の中で、テープに収録した「信仰者の体験談」を「紙数の都合でかなり割愛《かつあい》した(29)」とも記している。こうなると、同書中の戸田発言について、執筆者側で意図的あるいは錯誤《さくご》的な取捨選択が行われた疑いすら出てこよう。

よって、戸田が「戦争では勝ちたかった……」と述べたとする『宗教と信仰の心理学』の記述を、そのまま鵜呑《うの》みにはできない。特に「初代会長は勝つといっていた」という同書中の戸田証言は、他ならぬ戸田自身が『人間革命』で「日本は危ない」と繰り返す牧口の姿を叙述しているわけだから、解釈上の注意を要する。われわれは他の証言や資料とも照合させながら、『宗教と信仰の心理学』に記載された戸田の戦勝願望の真意を探る必要があろう。

明治人の戸田に尊王心《そんのうしん》や愛国心があったのは事実である。だが反面、彼はいわゆる国体神話を否定していた。例えば、創価教育学会初期の機関誌『新教』の一九三六（昭和十一）年五月号の編集後記の中で、戸田は「神道の如《ごと》きは典型的迷信」であると断じている。戸田が師と仰いだ牧口も、日本が太平洋戦争に突入した直後、『価値創造』に発表した論文中で「いかに古来の伝統でも、出所の曖昧《あいまい》なる、実証の伴はざる観念論に従つて、貴重なる自他全体の生活を犠牲にすることは、絶対に誡《いま》しめられなければならぬ。これに就《つい》ては一番先《ま》づ神社問題が再検討されねばならない」（牧口一〇：二二六）と訴えている。

牧口と戸田は国家神道の神話性を否定し、やがて軍部政府が天照皇大神宮の大麻《たいま》の奉戴《ほうたい》を国民に強制するに至るや、それを拒否して弾圧を受け、ともに投獄された。彼らは「大東亜」戦争を「八紘一宇《はっこういちう》」実現のための「聖戦」と捉えるどころか、むしろ否定的に罪悪視あるいは災難視した。

また、彼らには帝国主義的なナショナリズムもなかった。牧口や戸田にとって、日蓮の仏法とは「いかなる階級にも人種にも安心して之《これ》に倣《なら》うことが出来る」（牧口一〇：一三九）普遍的法則であり、信仰対象の「大御本尊」は「大日本帝国のみならず、全世界を照らす」（牧口八：

四〇九）とされた。牧口は、昭和の戦時期にあっても「世界の生活が確定せねば国家の生活は定まらない」（牧口一〇：七）という視座を持ち、仏法普遍主義の地平から自他共栄の「大善生活」を唱えている。

してみれば、戦時中の牧口や戸田が内外に訴えた自他の幸福という倫理的指針は人類全体の平和的共生を目指す立場に連結していたはずである。仏法普遍主義に基づき自他の共生を説く以上、帝国主義戦争は否定されるしかない。牧口は、すでに明治期の著作『人生地理学』の中で帝国主義を「国民的利己主義」と批判していたが、日蓮信仰に入ってからは、その反帝国主義がいよいよ信念化された節がある。

では、戦後の戸田はなぜ、自分たちが日本の戦勝を願ったことを公言してはばからなかったのか。様々な理由が挙げられようが、大前提として理解しておきたいのは、戦時下の牧口や戸田の目には日本の対米英戦争がやむをえぬ自衛戦争に映っていただろう、という点である。先に述べたとおり、大多数の国民は対米英戦争を自存自衛のための戦いと思い込まされており、この点は牧口や戸田も――合理主義的見識から開戦に反対だったとはいえ――例外ではなかった。それを裏づけるのは、彼らが対米英戦争を終始「国難」と呼んだことである。戸田著『人間革命』を参照すると、牧口は東條英機の首相就任の演説を聞いて危機感を抱き、太平洋戦争緒戦の連続勝利で国民が沸き立つ最中に「いや、日本は危ない！」「この大東亜戦争は、一年の後か、二年の後か、それは測《はか》れないが、容易ならない難局に突入するであろう」と予見し（戸田八：三六七、三六九）、戦局が悪化するや「日本は危ない！　国家諫暁《かんぎょう》をしなければ、日本は惨憺《さんたん》たる結果を招く！」（戸田八：三七九）と述べて、国難脱却のための国家諫暁を日蓮正宗内で唱えたという。

実際、牧口は、治安維持法違反容疑等で逮捕される前月の一九四三（昭和十八）年六月、本間紀一という友人に送った葉書の中で、直面する対米英戦争を「史上未曾有の国難」と表現し、「国家も家庭も一身も生命の御恵を得んとするに表《あらわ》る外は無之」「心の安住、生活力の源泉にあこがれる事は御同様と存し候」と記している。(30) 当時の牧口が、日蓮仏法の信仰によって未曾有の国難たる戦争から生命を守るべきである、と内外に訴えていた様子がうかがえよう。また、逮捕後に訊問を受けた際にも、牧口は同戦争を「災禍《さいか》」「国難」と捉える発言を繰り返し、日蓮仏法の信仰によって民衆の生活上に「安穏な幸福」が到来することを願っている（牧口一〇：二〇一～二〇二）。

コスモポリタン的な愛国者

こうした牧口の〈戦争＝国難〉の意識と民衆生活の安全を願う心情は、弟子の戸田が共有するところでもあった。新聞連載時の『人間革命』の中では、戸田が対米英戦争の決行に強い「不安」を抱いたこと、牧口に付き従って国家諫暁のための運動を起こしたときには、幹部たちを前に「日本の内外の情勢が悪化している」と述べ「恩師牧口先生の悲願をわれわれのものとして」「宗教の力でこそ国も救い、民衆も救える」という大信念で大折伏戦に入ろう、と呼びかけたことなどが記されている。このような『人間革命』の叙述は、戸田が師の牧口に随従して国家諫暁のための運動に奔走し、ついには牧口とともに弾圧され獄へ下った、という事実に照らして信頼するに足るものである。

戦時下の戸田は、師の牧口と心を一にする中で、太平洋戦争を未曾有の国難として否定的に捉え、宗教者の立場から民衆生活の安全を願い、自ら最善と信じる行動を起こした。このような認識に立って戸田の戦勝願望を捉え直すとき、われわれは、それが日蓮仏法の流布を通じた国難脱却、生活防衛の願望だったことに思い至るであろう。

一九四四（昭和十九）年九月、戸田が獄中から夫人に宛てた書簡には「真ノ平和ハ清浄ノ信仰カラ生ジマス。必ズ大安穏ノ時ガマイリマス」[31]と記されている。戦時下の戸田において、日蓮仏法の信仰とは戦禍《せんか》に生きる家族や身近な人々に「真ノ平和」「大安穏」をもたらす唯一の方途であった。それは決して「八紘一宇」の世界統一を実現したり、「鬼畜米英」を撃滅したりするための信仰ではなかった。

戸田の獄中書簡をみると「私が帰ったら国家の為にも、皆の為にも、命がけで働き、国恩にも皆の恩にも報いる決心」[32]というような記述が目に入り、戦時下の彼に強い愛国心があったことがうかがわれる。けれども反体制者として投獄されていた戸田の愛国心が、政治支配体制としての国家に捧《ささ》げられた忠誠心だとは思えない。むしろそれは、戸田と同じく戦禍に苦しむ同胞を思いやり、その生活を守ろうとする人道的良心であったに違いない。

人道的良心は、もとより国境を超えている。戸田は、戦時下でも国体ナショナリズムを道徳的・宗教的に批判し、仏法普遍主義の前提に立って「お互いが幸福になる」ことを会員同志に訴えた。戸田の愛国心は、共生的幸福を目指すという点で、天皇や国家に命を捧げることを相互に強制し合う、当時の民衆間の「草の根の軍国主義」を明確に拒否していた。それはやはり、人道主義的な愛国心と言うしかなく、本質的にはグローバルな「愛民心」だったと解されよう。

前述のごとく、中国の民衆生活を破壊する「聖戦」などない、と戸田が語ったというエピソードがある。戦後、「朝鮮戦争」が勃発《ぼっぱつ》した際には「戦争の勝敗、政策、思想の是非《ぜひ》を吾人《ごじん》は論ずるものではないが、この戦争によって、夫を失い、妻をなくし、子を求め、親をさがす民衆が多くおりはしないかと嘆くものである」（戸田三：七四）という言葉を残している。戸田の愛国的な戦勝願望は、逆説的ながら戦争を否定し、民衆生活の安全を希求する方向性を持っていたとは言えまいか。

けだし、愛国主義とコスモポリタニズムとは必ずしも矛盾しない。偏狭《へんきょう》で倒錯的な愛国主義はコスモポリタニズムと対立するが、人道的な隣人愛に根ざした愛国主義は普遍的な連帯に開かれている。M・ヌスバウムの言葉を借りるならば、「コスモポリタニズムの伝統に属する主要な思想家のうちで、われわれは自分の家族、同じ宗教や国籍で結ばれた人々に特別な注意を向けることができ、またそうすべきであるということを否定した者はいない[33]」のである。この意味から言えば、戸田をナショナリスティックな戦争協力者とみなすのは不適切である。

「法則の思想」から「抵抗の思想」へ

さらにここで、戦時下の戸田の戦勝願望を別の角度からも考察しておきたい。未曾有の世界大戦の渦中にいる人間にとって、交戦国のどちらかが勝利する以外に戦争終結の道がないのは自明である。かかる状況の下、牧口と戸田は仏法者としての普遍主義的信念に立脚しつつ、〝日本が謗法国のままなら滅亡するしかないが、もし法華経国となるならば、戦勝による戦争終結を望むことができる〟と唱えたのであった。彼らの考える法華経国・日本とは、いかなる戦争をも罪悪の果報とみなし、第一義的に人類の共存共栄を願う国家である。その意味からは、最も人道的に戦争を終わらせる方途が法華経国の戦勝となる。

言うまでもなく、謗法の日本を法華経国と化し、その戦勝を通じて世界の恒久《こうきゅう》平和を期すというのは、交戦中という特殊状況下での選択であろう。牧口や戸田の思想信条に、田中智学《たなかちがく》のごとき「法国冥合《みょうごう》」の超国家主義はなかった。戦時下の獄中で「天皇陛下も凡夫《ぼんぷ》」と言い、日本の「国家悪」を語ったのが牧口である（牧口一〇：二〇三、二〇九）。

強いて言うなら、すでに起きている戦争を平和の方向に導くという発想はあったかもしれない。牧口は、「変毒為薬《へんどくいやく》（毒を変じて薬と為す）」という大乗仏教の言葉を好んで使った。この立場をとる仏教者は、忌避《きひ》すべき戦争すら妙法化し、平和につなげようとする。戦争の運命を諦観《ていかん》しない。その運命を拒否するわけでもない。むしろ運命を生かす。妙法は森羅万象の当体であり、戦争という悲惨な運命も妙法の働きで平和の力に変えていける。戦争を即平和に変える妙義が、大乗仏教にはあると信じられている。

戦時下の日本の仏教者は、こうした大乗仏教の「即」の思想を、およそ戦争肯定の論理として用いた。仏法が世法の中に埋没《まいぼつ》してしまえば、そうなるしかないだろう。しかし牧口らの場合は、あくまで仏法を世法の上に置いた。そこに、仏法によって現にある戦争を平和化する、という「国家諫暁」の実践が現れたのである。こうして、牧口と戸田が戦勝を願う発言をしたのは、仏法による平和実現の訴えに他ならなかった、との理解が可能になる。いずれにせよ、彼らの言う法華経国の戦勝を、天皇制国家の帝国主義的膨張と同列に扱うことはできない。

なお、戦時中から戦後にかけて、もし戸田の戦争観に変化があったとすれば、それは、戦争の原因を法則論的に解決する態度から、戦争の悪魔性と積極的に対決する態度への転換ではなかったかと考えられる。

牧口と戸田が帰依した日蓮正宗の信仰対象は、一二七九（弘安二）年に日蓮が図顕《ずけん》したとされる「大御本尊」である。この御本尊は、永遠の本仏たる日蓮（人）と妙法（法）が一体化した「人法一箇」の当体であると定義される。しかるに、戦前の創価教育学会の信仰指導は、およそ「法」の側面を強調するものだったと言える。元来、牧口は共生的幸福のための生活法則を追究した思想家であり、日蓮仏法も現世を超える生活法則と規定していた。そんなことから、戦前の学会では「法罰論」に代表される法則論的な信仰指導が主になされた。

むろん、牧口は、日蓮という宗教的絶対者への帰依心も随所で説いた。一九三七（昭和十二）年発刊の『創価教育法の科学的超宗教的実験証明』では、日蓮が本仏として「主・師・親の三徳を備へ給ふ」「大慈悲の大覚者」であるとされるとともに、「法罰」は本仏の慈悲に満ちた「御叱り」であると解されている（牧口八：八二）。また、とりわけ獄中での牧口は「災難と云ふても、大聖人様の九牛《きゅうぎゅう》の一毛《いちもう》です」「大聖人様の佐渡の御苦しみをしのぶと何でもあ里《り》ません」と書簡に記すなど（牧口一〇：二七八、二八二）、本仏・日蓮に対する人格的敬慕《けいぼ》の念を強めていた。

だが、こうした諸点を考慮に入れても、牧口が会員に対して本仏への忠誠を法則論的信仰と同じく徹底した、とは言い難い。参照可能な資料に基づく限り、牧口の信仰指導はまず「依法不依《えほうふえ》人《にん》」の立場を強調し、次に妙法という普遍的法則の証明者としての日蓮の偉大さを説き、そのうえで本仏・日蓮の大慈大悲を説く、というものであった。

周知のごとく、牧口とともに投獄された戸田は、獄中で自身が『法華経』に予言された「地涌《じゆ》の菩薩《ぼさつ》」であることを感得《かんとく》し、確固たる使徒《しと》意識を得て出獄した。この戸田の悟達が起点となって、戦後の創価学会では絶対者の使徒たる意識が信仰の中心を占めるようになり、その反戦アプローチも「法則の思想」から「抵抗の思想」へと力点が変化したように見受けられる。

キリスト教徒による反戦運動の歴史——もっともキリスト教全体からみれば、主流は義戦論であったが——をみてもわかるとおり、絶対者への忠誠心から発する使徒意識は、地上権力に対する抵抗の思想をこの上なく強固なものにする。牧口と戸田を除く、創価教育学会幹部のほとんどが当局の弾圧に屈して転向した、という問題については、同会における絶対者信仰の不徹底という角度からも考察が重ねられるべきであろう。

一九五七（昭和三十二）年九月、戸田は「原水爆禁止宣言」を発表し、その中で「たとえ、ある国が原子爆弾を用《もち》いて世界を征服しようとも、その民族、それを使用したものは悪魔であり、魔ものであるという思想を全世界に弘めることこそ、全日本青年男女の使命であると信ずる」（戸田四：五六五）と訴えた。すなわち、人類の生存を脅かす権力悪への徹底抗戦を宣言したのである。

戦前の戸田は、戦争の運命を引き受けつつ、それを宗教的な法則性に照らして解決しようとしていた。これに対し、戦後は戦争の悪魔性を憎《にく》み、打倒せんとの使命感に立つようになっている。

このような戦争への怒りと反戦への使命感の芽生えは、戸田が獄中で仏の使徒たる強烈な自覚を得たことと無縁ではなかろう。以後、創価学会は牧口会長以来の法則論的な反戦アプローチに加えて反戦抵抗の思想も確立し、いよいよ多面的な平和主義を形成していくのである。

机上の二分法で判別できない仏教者の反戦

アジア・太平洋戦争の最中、創価教育学会の理事長として軍部政府の宗教弾圧を受けた戸田城外の言動は、戦時下における仏教者の「見えない反戦」の典型的事例であろうと思われる。

戦後に出された戸田関係の諸資料から推考すると、戦時下の戸田城外は仏教の因果応報観や中国人に対する同胞意識、国際情勢への合理主義的見識に基づく反戦感情を心中に秘めていた。そして師と仰ぐ牧口常三郎の下、体制内の教育的反戦（大善生活運動）に取り組み、戦局が悪化すると急進的な日蓮的反戦（国家諫暁）を行うようになった。こうした教育的反戦や日蓮的反戦は不可視的であり、表面的には宗教的な非妥協性だけが際立った。

しかも戸田には、熱烈な愛国主義者という横顔もあった。この点が、彼の反戦をさらに不可視的なものにする。戦時下の戸田は、仏法普遍主義に根ざした人道主義的な愛国心を持っていた。本質はコスモポリタン的な愛国者であり、自衛の意識はあったにせよ、帝国主義戦争を支持したとは考えにくい。

結論的に、戦時下の戸田は仏教的理念に基づき、「戦争の運命を引き受けた反戦」を行ったと言いうる。通常の反戦抵抗と違って不可視的であり、急進的な宗教運動が一種のファンダメンタリズムと解される嫌いもあった。そこで私は、戸田城外の現実の足跡を通じて教育的反戦の行動とコスモポリタン的な愛国心の存在を確認するとともに、日蓮仏法に基づく「今・ここ」の反戦として戦時体制の内側から急進的な宗教運動がなされたことを理解した次第である。

ただ、注意を払うべきは牧口や戸田以外の創価教育学会幹部らの言動であろう。前章で指摘したように、牧口と学会幹部・会員の間には戦争に関する相当な意識のズレが認められる。戦時下に開催された学会の総会等では、会長の牧口が時局に配慮しながら慎重に教育的・日蓮的な反戦を説く一方で、「宗教報国」さながらの聖戦イデオロギーを唱える幹部も多くいた。牧口の運動の協力者だったにせよ、軍部政府が宣伝した聖戦論を鼓吹《こすい》した学会幹部らについては、日本のアジア侵略戦争に思想的に加担した責を免れえない。

社会的な諸問題に対し、およそ仏教者は説得的、教訓的にアプローチする。そこに現れる様々な事象を机上の二分法で判別するのは誤解の元であり、研究者は常に仏教者の実存的葛藤と教育的態度を念頭に置くことが肝要であろう。

第五章

池田大作の平和アプローチ

――講演「平和と人間のための安全保障」に即して

人間の人間たるゆえんが「自由」にあるのは、古今東西を問わず認めるところであろう。他方で、人間は社会的動物とも言われ、公共のために自由の調和をはかろうともする。つまり、公共的自由が要請されることになる。ところが、西洋近代の自由論は理性的な二分法を徹底するため、強烈な「排除の論理」を内に秘めていると言わねばならない。

自然権の思想に立脚して人々の平等な自由を論じ、人民主権の正当性を唱えたJ・ロックは、それゆえに平等な自由の侵害者を殺すことを許した。また、自律の自由を追求したカントにおいて、実践的規則は「絶対に或る仕方で行為すべし！」と命令する。どちらも、自分の信念に反するものを否定し排除する、二者択一的な哲学である。現代アメリカの正義が善悪二元論的であるとよく言われるが、元をただせば、近代的な自由の観念自体に本質的な排他性がはらまれている。

皆の自由を守るためなら暴力や戦争も正当な行為だと、現代の自由論は事あるごとに「排除」の牙を剥《む》き、「正義の戦争」を声高《こわだか》に主張する。そこに利害関係や憎悪の感情等も加わり、世界の平和は打ち破られてきた。元凶をたどると、結局は現代の硬直化した自由に行き着く。理性的な二分法への固執が硬直化した自由をもたらし、反対者の抹殺《まっさつ》を正当化しているのである。

硬直化した自由に対する解毒剤《げどくざい》――それはもはや、理屈を超えた情の柔らかさに求めるしかなかろう。西欧にも、正義に友愛が必要であると説いたアリストテレスのような思想家がいるが、正義と友愛を結びつける伝統はむしろ東洋において大いに発展した。儒教の説く「仁愛」などは、まさにそうである。東洋では愛をともなう正義が、柔らかな公共的自由の観念を生み出した。犯罪者を憐《あわ》れむ風潮、無為自然の調和という理想、悪人からも学ぼうとする姿勢、これらは東アジアの道徳的停滞を招いたとする見方もあるが、反面、リニア（直線的）な進歩史観の下で異質性を排除してきた近現代の文明にはない、柔軟な公共世界の存在を感じさせる。

「物は固《もと》より然《しか》りとする所あり、物は固より可とする所あり（どのような物にも必ずそうであるとして肯定すべきところがあり、可として認められるべきところがある）[1]」とは『荘子』の言葉である。今、人類に必要なのは、自らの〈正義〉に反するものとも調和できる精神の力であり、またそのような意味を含んだ自由の概念の再構築ではないだろうか。東洋の自由観には異質な他者と調和しようとする融通無碍《むげ》な姿勢がある。これは、暴力なき平和を実現する根本的な道筋になりうると思う。

宇宙的な自由と尊厳を説く仏教

さて、以上のような問題意識から、私は数ある東洋思想の中でも仏教の平和論に着目し、その意義を長らく探究してきた。仏教は柔軟な寛容の精神を持ち、なおかつ生命の尊厳性を高唱するからである。

仏道修行の目的は自己の真実を知ることであり、そのために一切の執着から離れた境地が求められる。この無執着の境地を完成した人は、覚者《かくしゃ》（Buddha、仏）と尊称される。われわれに執着がなければ、何かに縛られることがない。常に能動的、主体的であり、それゆえ常に自由である。「〈道の人〉たちには、つねに自由自主性がある」(2)と、釈尊（ブッダ）は述べた。仏は、完全に自由な主体となった人間である。完全に自由な主体は、どこかにとどまることがない。その本質は大宇宙の全体に広がっている。大乗仏教では、これを「大我《たいが》」「真我」等と称した。現代的には、宇宙的自己とも言うべきものである。つまり仏教では、宇宙的自己の自由を説くのである。

宇宙的自己に目覚めた仏は、あらゆる生命の本質も自分と同じであるとみて、生命の至高の尊厳を高唱する。「生きとし生けるものに対して暴力を用いない」(3)というブッダの教えは、生あるものへの共感という域を超えて、万物が生来、宇宙的自己として無上に尊厳なるものだという深い自覚に基づくとみられる。そのことは、ブッダが弟子たちに「自己こそ自分の主である」(4)「自己を州《よりどころ》として世間を歩み」(5)等々と語り、理想の自己への帰依《きえ》を勧《すす》めていたことからもうかがい知れよう。

このように、われわれの生命の実相を小宇宙でなく宇宙全体とするような思想は、人間や動物を神の被造物と考えるキリスト教文明圏にみられないのは当然として、他の東洋思想にも明示的には現れていないように思われる。個人的印象かもしれないが、ヒンドゥー教の「ブラフマン」、儒教の「天」、道教の「道」等は、まず超越性ありきであって、人間がそれらの宇宙的原理と合一する面は二次的なものとされた感がぬぐえない。これに対して、仏教の「法《ダルマ》」は、ゴータマ・シッダールタという一個の人間の心の真相として発見されている。人間の心がそのまま宇宙の根本的真理と自覚されたわけであり、大乗仏典等に説かれた種々の仏の超人的な姿は、人間の真実が宇宙の中心であることを示す表現と解することもできよう。したがって私は、ありのままの人間生命に宇宙全体と同じ価値を与える仏教に注目し、その平和思想を考察してみたいのである。

仏教の平和思想に対する批判

ただし、仏教の平和思想に対しては、色々と手厳しい批判がある。論の中立を確保するためにも、この点は詳細に検討したい。

第一に、輪廻《りんね》転生の世界観を受け入れ、因果応報《いんがおうほう》の業《ごう》思想を説く仏教は本当に生命を尊重するのか、という批判がある。われわれの生命が永遠に転生を繰り返すのならば、誰かが誰かを殺したとしても、来世へと輪廻を続ける被害者の生命を真に抹殺したことにはならない。すると、今ここにある生命を尊重する、本質的な理由が失われる。もっとも仏教は、最終的に輪廻からの解《げ》脱《だつ》を説くのであるが、そこでは輪廻する生命自体が忌《い》み嫌われるのだから、やはり今ここにある生命の尊重につながるようには思えない。さらにはまた、三世の輪廻観に「善因楽果」「悪因苦果」の業思想が加わると、戦争で死ぬのも人に殺されるのも、すべては過去世の自分の悪《あ》しき行為の報《むく》いであるとの見方が出てくる。誰が加害者で誰が被害者なのか、といった戦争責任の議論は、ここでは本質的に無意味となってしまう。

すでに述べたように、仏教思想の中核には輪廻や業の呪縛《じゅばく》を打ち破った自由自在な主体、すなわち宇宙的自己の自覚があったはずである。『勝鬘経《しょうまんきょう》』は生死輪廻の拠《よ》り所を「如来蔵《にょらいぞう》」と説き、『法華経』も「生れんと欲する所に自在[6]」等と主体的自由を強調する。これらは輪廻と業による運命の決定論を拒否し、運命を自在に生かす柔軟で力強い生命主体を暗示していよう。宇宙的自己を開覚《かいかく》したとき、仏教者は輪廻と業の鉄鎖《てっさ》に縛られた生命の奥に潜む、根源的な宇宙の主体性を体感する。それゆえ、人生が輪廻の一途上にすぎず、また過去からの業の所産であるにしても、生命それ自体は力強き無限の変革の主体であるとの信念に立ち、あらゆる生命をこよなく尊重する実践へと向かうのである。このように、仏教においては生命の本質、主体性という観点から生命の尊厳が語られるべきであろう。

第二に、仏教は人間の欲望や怒りの感情等を「煩悩《ぼんのう》」と称し、清浄な悟《さと》りを妨《さまた》げる妄念《もうねん》とみて否定するが、これによって平和への情熱や戦争犯罪への怒りまで失われるのではないか、との懸念が生ずる。イギリスの経済学者E・F・シューマッハーは、欲望を否定的に捉えるビルマ（現ミャンマー）の上座部仏教に感化され、簡素と非暴力を基調とする「仏教経済学」を構想した。財の浪費を暴力行為と呼び、初期仏教の中道《ちゅうどう》論から示唆《しさ》を受けて中間技術を提唱した彼の先見性は高く評価されている。けれども、平和を望む心といい、基本的人権の主張といい、煎《せん》じつめれば、ある種の欲望とは言えないだろうか。そして、正義を欲するのに適正な限度などあろうか。平和に対する積極的なアプローチを欲望制限的なタイプの仏教から導き出すのは、なかなか難しいと思う。

欲望の否定はまた、それと密接に関連した怒りの否定でもある。原始仏典によると、ブッダは「怒りを捨てよ」と常々語り、怒りに対して怒りを返さない者が真の勝利者であると教えた。「心の平和」から「社会の平和」へとアプローチする仏教者にとって、怒りを否定する非暴力主義は支柱となるべき思想である。だが、いくら「心の平和」を求めるからといって、現実にはびこる種々の暴力や抑圧に真剣な怒りを覚えずに、われわれの社会は平和を維持できるだろうか。ある著名な仏教僧は「慈悲の心で怒れ」と唱えた。私には、これも現実的な解決法と思えない。かくも矛盾した心理は不自然であり、少なくとも一般人に対しては無理がある。

とまれ、怒りを否定して「それはおかしい」という自然な怒りの感情を公共の場から排除し続けると、やがて社会秩序の基盤となる人々の正義感覚が揺らいでくると思われる。その結果、いわゆる悪貨が良貨を駆逐《くちく》する社会となる。仏教の煩悩否定は、かえって社会悪を助長するかもしれない。本当にそうなのだろうか。われわれは、ここでも大乗仏教の思想的水脈に目を向けたい。怒りには「悪い怒り」と「善《よ》い怒り」があり、「善い怒り」はむしろ悟りへの道となる——。

このような考え方が、大乗的な「煩悩即菩提《ぼんのうそくぼだい》」の欲望論には含意《がんい》されている。「善い怒り」とは、悟りを求めるうえでの怒りであり、社会悪への怒りにも通じていよう。大乗的な怒りの肯定論を社会思想的に展開すれば、悪の裁きを強調するキリスト教や、「惟《た》だ仁者のみ能《よ》く人を好み、能く人を悪《にく》むと為す（ただ仁人こそが、ほんとうに人を愛することができ、またほんとうに人を憎《にく》むことができると言える）」(7)と教える儒教にも匹敵《ひってき》しうる、勧善懲悪《かんぜんちょうあく》的な平和アプローチが、仏教から引き出せるはずである。

「脱世俗」か「娑婆即寂光」か

第三に、仏教の教えは脱世俗的なので平和への実践方法が大衆的とは言えない、という問題もある。先述のごとく、一般に仏教は「輪廻からの解脱」を実践の目標に掲げる。輪廻から解脱した涅槃《ねはん》の世界は、一切の煩悩を断じた静寂の境地であり、世俗の生活からの絶対的な離脱を意味する。

今日、現実社会の問題の解決に取り組もうとする仏教者たちの運動がエンゲージド・ブッディズム（Engaged Buddhism）と呼ばれ、注目を集めている。彼らは、「慈悲」や「縁起《えんぎ》」の仏教教義を掲げ、瞑想《めいそう》を簡略化するなどして、仏教の「解脱」観念を民衆の実生活に浸透させようと努力してきた。そこから平和で幸福な社会の建設を目指すわけだが、本来は脱世俗を理想とするのに、それを無理やり世俗の次元にかかわらせるところは、何ともいえぬ道徳的なぎこちなさを感じてしまう。

エンゲージド・ブッディズムの創唱者とされるベトナム人の禅僧、ティク・ナット・ハン氏は「あなたが暴力のせいで死ぬとしても、自分を殺した人を許せるように哀れみについて瞑想しなければならない(8)」と説く。崇高な慈悲の精神であり、そのこと自体に反対する理由など見つからない。ただ、自分を殺す者を許せるように瞑想せよ、と言われて実行に移せる人間がどれほどいるだろうか。この自己犠牲の教説と、「力に対して、力によって私自身を防衛しないという信約は、つねに無効である……なぜなら、人間は本性によって、抵抗しないことによる確実な現在の死というおおきな害悪よりも、むしろ、抵抗における死の危険というちいさな害悪を、えらぶものだからである(9)」とするT・ホッブズの理性的な人間観察との間には、まさに絶望的な精神的距離が存する。ナット・ハン氏が勧める実践は達人的であり、明らかに大衆性を欠いていよう。「暴力のせいで死んでも怒るな」という考え方は、世俗の事柄にわずらわされるな、という脱世俗の立場に他ならず、最終的には「輪廻からの離脱」を願うと言う他ない。

このような脱世俗の平和アプローチは、単に民衆的な広がりを持ちにくいだけでなく、思わぬ危うさをもはらむ。現実的な生を離れたところに平和を求める仏教者は、理想のために命を捨てよと説く聖戦論者と、実は同じ思惟《しい》傾向に根ざしているからである。

二十世紀前半の日本軍の陸軍中佐・杉本五郎《すぎもとごろう》は、禅の教えに傾倒し、その遺著『大義』において「忌むべきは自己保存の汚精神」「戦争は一身乃至世界の修行なり、利己心滅却にあり[10]」などと述べた。こうした「軍人禅」の形成は、仏教の脱世俗性と決して無関係ではない。杉本は、中世日本の禅僧・道元《どうげん》の言葉等を引きながら、戦時下の日本国民に〝自己を忘れよ〟と訴え続けた。そして、忘我《ぼうが》の精神を天皇崇拝《すうはい》と結びつけ、一種の脱世俗の修行として日本の帝国主義戦争を意義づけたのである。他方、ナット・ハン氏においては、脱世俗の修行が反戦・非暴力の実践に尽きるとされる。二人の主張は対極的であるが、世俗的な生を離れようとする面では軌を一にしている。ただ、脱世俗を実現する方法において、かたや戦争、かたや非暴力と、立場が分かれるだけなのである。

そう考えていくと、仏教の平和主義を確固たるものとするには、何らかの形で世俗の本質を肯定する足場が確保されねばならないであろう。この点、脱世俗と世俗の相即《そうそく》を唱え、現実を聖化する『法華経』の哲学が注目される。例えば、天台《てんだい》の法華経哲学の源流の一つであるナーガールジュナ（龍樹《りゅうじゅ》）の『中論』には「輪廻（生死の世界）には、ニルヴァーナ（＝涅槃）と、どのような区別も存在しない。ニルヴァーナには、輪廻と、どのような区別も存在しない[11]」と説かれる。輪廻する生のうちに涅槃の理想をみる、まことに劇的な世界観の転換が、ここでなされている[12]。輪廻に縛られた俗世の営みを離れて悟りはないとするならば、世俗はすなわち究極の理想世界に他ならない。したがって法華経哲学では、はっきりと世俗を肯定し、「娑婆即寂光《しゃばそくじゃっこう》」（世俗の娑婆世界こそ悟りの寂光土とすること）の世界観を打ち立てている。

しかしながら、この法華経哲学にも全く問題がないわけではない。それが四番目に指摘すべき仏教の平和思想の難点となる。一口に言えば、それは現実の心をそのまま絶対視する傾向である。ヘーゲルは、人類の歴史が理性（神）の狡知《こうち》に支配されていると考えた。一方、法華経哲学に基づけば、根源的な次元で歴史を織り成す主体は、理性というよりも人間の心そのものである。と言っても、これは現実の心がそのまま絶対者という意味ではない。人間の心の源とされる宇宙全体の力を指して、歴史の根源的主体と考えるのである。人間の心は、宇宙全体の力に連なる限りにおいて、歴史をつくる真の主体たりうる。

ところが、法華経信仰の歴史を振り返ると、宇宙全体の力に背《そむ》く現実の心、例えば個我の争いの心まで絶対視し、戦争での殺し合いを認めてしまう愚に陥《おちい》ることもあった。近代日本の文学者で、法華経を熱心に信仰した宮沢賢治《みやざわけんじ》がそうである。賢治は、青年時代の書簡に「戦争とか病気とか学校も家も山も雪もみな均《ひと》しき一心の現象に御座候《ござそうろう》　戦争に行きて人を殺すと云ふ事も殺す者も殺さるる者も皆等しく法性に御座候[13]」等と記し、結果的に当時の帝国主義戦争を肯定していた。

歴史の根源的主体が人間の心であることを認める法華経哲学は、仏教の中でもとりわけ有効な平和アプローチを提供できるだろう。だが、そのためには、現実の心に安住せず〝心の中の宇宙〟を追求する、深き自己変革の姿勢を忘れてはならないのである。

世俗を嫌わずに世俗を変える――池田会長の仏教的平和論

　ここまで、仏教の平和思想を論ずるうえで問題となる点を論じてきた。輪廻・業の教義による現在の生の相対化と運命の決定論、欲望や怒りの本質的否定による平和への消極性、仏教的な平和実践の非大衆性――これらの難点を克服するには、一にかかって人間の根源的な主体性に目を向ける必要があり、私はそれゆえ大乗仏教、なかんずく『法華経』が示唆する自由自在な主体の哲学に着目した。しかしながら、今確認したように、法華経哲学には、人間の悪しき心が生み出す現象まで絶対肯定しかねない面がある。安易な心の肯定に陥らず、人間の心の可能性を切り開こうと弛《たゆ》まず自己変革に挑む法華経哲学の実践者――その人の平和思想をこそ、われわれは検討すべきであろう。

　現代世界にあって、そうした主体性尊重の法華経哲学を提唱し、平和実践にかかわる仏教者を探すならば、国際的な仏教団体である創価学会インタナショナル（ＳＧＩ）の池田大作《いけだだいさく》会長の名が第一に挙げられる。創価学会は、十三世紀の日本の仏教僧で法華経信仰を弘めた日蓮《にちれん》を信奉《しんぽう》する在家仏教者の団体であり、教育者の牧口常三郎《まきぐちつねさぶろう》が一九三〇年に創立した「創価教育学会」を淵《えん》源《げん》とする。牧口は第二次世界大戦中、日本の軍国主義や国家神道《しんとう》に強く反対して逮捕され、獄中で七十三年の生涯を閉じた。それによって同会は壊滅《かいめつ》の危機に瀕《ひん》したが、第二代会長となる戸田《とだ》城聖《じょうせい》が戦後、会の名を「創価学会」と改めて再建を進め、結果的に七十五万世帯の布教を達成する。池田会長は、この戸田の弟子として会の急成長を陰で支え、戸田亡き後は第三代会長に就任。特に一九七五年、同会の国際組織（ＳＧＩ）の会長となってからは、研究・教育機関の創立、各国要人との対談、海外諸大学での講演、平和提言、文化交流、国際貢献等々、活動の幅を宗教以外の様々な分野に広げている。

平和活動に関連した事績を振り返ると、一九六八年にいち早く「日中国交正常化提言」を行い、日中友好の推進に熱心に取り組んだこと、国際社会に向けて毎年、核廃絶や軍縮、国連改革、文明間対話、地球環境の保全等を論じた平和提言を発表してきたこと、国連と協力して世界数十カ国で「核兵器――現代社会の脅威《きょうい》展」や「戦争と平和展」を開催したことなどが知られる。また、国際的な平和研究の拠点として「戸田記念国際平和研究所」を創立し、国際シンポジウム・出版活動を活発に行わせるとともに、池田会長自らも「構造的暴力」の提唱で著名な平和学者のＪ・ガルトゥング氏や、地下核実験に反対してノーベル平和賞を受賞した化学者のＬ・ポーリング等、世界の識者たちと人類の恒久《こうきゅう》平和を目指して対談を行ってきた。そうして結実した対談集の数は、二〇一三年十二月現在で七十冊近くになる。

池田会長の平和アプローチは、瞑想と自戒《じかい》を通じた心の平穏を重視する仏教一般のそれと比較すると、かなり世俗的な色彩が濃いと言える。このため、日本国内では、池田会長の平和活動を宗教の仮面をかぶった政治活動ではないかと訝《いぶか》るむきさえあり、従来、これを本格的に研究・評価する動きがほとんどみられなかった。しかし、池田会長が『法華経』に基づく平和を望んでいる以上、その世俗性は第一に、現実世界を聖化する法華経哲学に由来すると考えたほうが自然であろう。アメリカの経済学者L・C・サロー氏と対話した折、池田会長は法華経の精神が「社会即仏法」「仏法即社会」であり、現実の世界を最大に重んずるのが真の仏法であると強く主張している。(14)

しかも池田会長の場合、法華経哲学の真髄が人間の宇宙的な主体性を説き明かす点にあるとみる。「人間が目的となり、人間が主人となり、人間が王者となる――根本の人間主義が『経《きょう》の王』法華経にはある。こういう法華経の主張を、かりに『宇宙的人間主義』『宇宙的ヒューマニズム』と呼《よ》んではどうだろうか」（池田二九：二九）と彼は述べ、イデオロギーや国家、人種、宗教を超えた「人間」の宇宙的主体性を論じて「人間主義」を提唱する。この人間とは、「生命」の次元を指す。池田の考えによると、生命は宇宙の主体性の現れであり、その生命のままに生活する人々、すなわち民衆こそ真の主体者たりうる。だが半面、民衆は素朴なので、生命本来の調和の軌道から逸脱もしやすい。そこで、民衆一人一人が生命内奥の宇宙を自覚する「人間革命」

に挑戦し、欲望、慣習、偏見、権力等に左右されない賢明さを身につけるべきだと、池田会長は力説する。そうして宇宙的主体性を担った賢明な民衆が連帯して社会を変革しゆくことが、真の恒久平和につながるというのである。

池田会長の平和思想は、世俗的な領域を嫌わず、民衆の内的変革を通じた草の根の連帯を重視するものとなっている。その背景には、法華経哲学的な信念――あらゆる社会現象は、仏法そのものである。そして、生命という宇宙の主体性に最も忠実な民衆が、歴史の主体者とならねばならない――が間違いなくある。現実を聖化する法華経哲学に立脚しながらも、人間の心の変革を重視して宇宙的主体性の発揚《はつよう》を唱える池田会長の平和思想は、社会改革の主体的エネルギーに富《と》んでいる。世俗を嫌わずに世俗を変えるという、他の仏教にはみられない平和アプローチがそこにはある。本章では、この池田会長の平和思想について、いくつかの視点から考察を加えてみたいと思う。

平和に関する池田会長の言説や行動は非常に多岐《たき》にわたるが、彼の平和アプローチが簡潔に示されたものとして、ここでは一つの講演を取り上げる。一九九五年一月二十六日、国連創設五十周年の節目に、池田会長はハワイの東西センターにおいて「平和と人間のための安全保障」(以下「池田講演」と略す、池田二:四八一~四九九)と題する講演を行った。国家の安全保障(National Security)に対して人間の安全保障(Human Security)という概念が脚光を浴び始めた頃であり、池田会長は「平和」と「安全保障」の問題を法華経的な「人間主義」の視点から論じている。

この池田講演は、内なる人間革命から外なる社会変革を志向していくことこそ「恒久平和」の道を開き、「人間のための安全保障」を可能ならしめる王道であると主張し、そのために三つの発想の転換を提案する。三つの発想転換とは、第一に「知識から智慧へ」、第二に「一様性から多様性へ」、第三に「国家主権から人間主権へ」である。これから順に解説し、検討することにしよう。

知識から智慧へ——生命の原点に帰る

池田会長の見方によれば、人類はこれまで社会や国家制度のあり方ばかりに関心を注ぎ、「人間」それ自身の変革という根本的課題に目を向けてこなかった。平和への努力もそうであり、外的な平和に重点を置くあまりに、平和の精神が空洞化する嫌いがあった。理想的な平和の機構を整備しても、用いる人間の心が暴力的であれば、あたかも泥棒に家の鍵を渡して管理を委託するようなものであろう。池田会長は語る。「人間のための安全保障」に必要なのは、この顚倒《てんどう》を正し、内なる生命の変革を意味する「人間革命」から社会の変革を志向していくことだ、と。

では、人間革命から社会変革へ、という恒久平和の「王道」を行くにはどうすればよいか。一つには、人間が根源的な主体性＝「大我」に目覚め(15)、知識の習得よりも智慧の啓発を根本とすることである、と池田会長は言う。制度論的な平和アプローチが唱える種々の構想は「知識」の次元にある。だが、知識の次元だけで現実に十分対応できるとは言えない。公正な社会を築いて安定的な平和をもたらすための制度設計がいかに巧妙であろうと、人間社会の現実は不断に変化し、予期せぬ出来事や矛盾に満ちている。経験上、特定の理論ですべての問題がきれいに片づくことなどありえず、必ず何らかの歪みが出てくる。このとき、理屈の知識に頼る人は矛盾対立する一方を排除して整合性を保とうとし、そこに新たな紛争の火種さえ生ずるであろう。

それに対し、生きた智慧は知識のうえでの矛盾にとらわれない。本来的に排除の論理がないと考えられる。特に、法華経哲学において智慧は人間の宇宙的な主体性を意味し、その力に際限はないとされるので、矛盾対立する両者を共に生かそうとする。もっと言えば、「すべてを生かす」ことを目指すのである。池田会長は、講演の中で旧ユーゴスラビアをめぐる紛争の問題を取り上げ、智慧の紛争解決のあり方を示している。――この問題のルーツは二千年近くもさかのぼり、民族や宗教がらみの敵意は想像を絶するほど根深い。しかし、だからこそ対立をもたらす差異を「知識」として認識するにとどまらず、人間として共通の地平に立つ「智慧」が要請される。

古代インドの釈尊（ブッダ）は、水を求めて殺し合おうとする人たちを思いとどまらせ、より根源的な恐怖である「生死」の問題を説いたという。しがらみや立場から離れて生身の「人間」に戻れば、皆、共通に幸福を願い、死の恐怖に怯え、平和を望む生活者である。「人間」という共通性は、生きる力すなわち生命の共通性であって、この生命に本然的な創造性が智慧なのである。智慧は、単に知識を理解する能力でなく、生命それ自体の創造性を指す。「知識から智慧へ」とは〝生命の原点に帰れ〟という呼びかけである。智慧による紛争解決の努力は、生命ある者同士の根源的な共感に基づき、共生のために智慧を尽くすことに他ならない。また、自他の生命が根源で共感し合うのは元々それらが宇宙全体の力に帰一《きいつ》するからであり、この自他不二《ふに》なる宇宙全体の力を我がものとした「大我」の境地から、仏教の菩薩《ぼさつ》は必然的に慈悲の実践へと向かう。智慧と慈悲は表裏一体であり、かくのごとく柔軟で開かれた精神が、真に紛争解決の力となりうるであろう――。

池田会長の主張を、その独特な仏教観を解きほぐしながら紹介すると、以上のようになろうか。同会長はこうして、智慧による平和アプローチが大乗仏教の「大我」「菩薩道」に通じていると し、仏教の実践者としてそれを提起したのである。

「智慧ある社会」を目指して

「平和は私から始めよう」というスローガンがある。仏教も同じ立場をとるが、より内発的な見地から「平和は私の心の変革から始めよう」と、内的な変革を強調する。現に、多くの仏教者は欲望や怒りの自己コントロールによる「心の変革」を人々に勧め、それを通じて人類の平和を実現すべく努力している。と言っても、怒りや欲望を否定的に捉える観点からの心の変革であるならば、その本質は脱世俗である。前出のティク・ナット・ハン氏は、怒りが絶滅すべき敵ではないと言い、それをむしろ許し／理解／愛などの建設的なエネルギーに変えるべきだと提唱する。[16]だが、怒りと許しは、明らかに同質的な感情ではない。ゆえに、これは怒りの本質の否定となる。そのような仏教者たちは結局、人間社会の現実を嫌いながら批判するにすぎない。むろん、彼らとて慈愛や友愛の重要性を語ってはいる。だが、彼らの愛する「人間」「真の自己」とは瞑想の世界に姿を現す超越者であって、現実を生きる人間ではない。普通に喜怒哀楽を持ち、家族を養うために懸命に働き、自尊心からよい地位を望み、自分の安全を確保してから他人の事も心配する——そういった、地球上にありふれた人間を丸ごと愛し、守ろうとする姿勢が、脱世俗的な仏教僧たちの社会運動からはみえてこない。

池田会長が唱えた「人間革命」による智慧の開発も、仏教的な心の変革論である。しかし彼の法華経哲学では、欲望や怒りを肯定し、積極的に活用する立場へと至っている。欲望の体系とも称された市民社会を否定的にみず、かといって全面的に肯定もしない。池田会長はただ、人間の「生きる力」のうちにある無限の創造性としての智慧を開発し、人々がいかなる場合でも社会制度の奴隷《どれい》にならないように願う。制度論的な知識に振り回されず、反対にその知識を主体的に活用する力を持て、と訴える。そうして、現代のグローバル化した世界を、その構造のまま調和と平和の方向に生かそうとするのである。

例えば、ロック的な所有権の理論を、脱世俗の仏教者は本質的に認めないだろうが、法華経哲学の社会思想家なら少し違った考え方をすると思う。「他人の利用するだけのものは残しているなら、それは全くなんにも取らないのと同様である」[17]といった発想は、資源が豊富な環境で共生をはかる智慧の所産とみる限り、否定する理由がないからである。このように、優れた世俗の考え方を生命の創造性＝智慧として認め、それを自在に使おうとする「活用の仏教」が、池田会長の志向する仏教観である。

大我の智慧、などと聞くと凡人には縁遠いようだが、池田会長によれば必ずしもそうではない。「智慧は、どこか遠くにあるのではない……その智慧は、人間のため、社会のため、未来のため、勇猛《ゆうもう》なる慈悲《じひ》の行動に徹《てっ》しゆくなかに、限りなく湧《わ》きいずる」（池田二二：四八八〜四八九）と、池田講演では主張される。ありのままの生の現実に宇宙究極の真理がある、と『法華経』は洞察《どうさつ》するわけだから、善《よ》き社会をつくろうとする生活の努力の外に、何か人間離れした仏教の智慧があるのでもない。人類が営々と築いてきた知的遺産も、民衆の生活の工夫も、さらに言うならC・ダーウィンが自然選択（natural selection）と名づけた生物の進化の営みも、すべては生命本然の創造性の発現であり、すなわち仏教の智慧の現れとみなされる。

そして、この生命本然の創造性としての智慧が宇宙全体の力に由来すると考えたとき、そこには始まりも終わりもなく、何ら自己規定的なものを持たない、という点が了解されねばならない。一つの見解にとらわれ、何かを断定してしまうのは、原始仏典でも厳しく誡《いまし》められたことであった。池田会長のような仏教者は、民衆の生命の創造性を信頼して人類的な諸課題の解決を目指すけれども、特定のイデオロギーや理論を正義とすることはなく、むしろあらゆる主義を活用する智慧の努力自体を行動の原則とする。より善き社会、より善き地球をつくろうとする飽《あ》くなき挑戦、終わりなき精神の闘争、これが彼の考える、仏教的でありながら全人類に開かれた智慧の正体である。かかる仏教者は、例えばJ・ロールズが言う「秩序だった社会」（well-ordered society）の追求にも同意しつつ、根底において、より自在な「智慧ある社会」を望むであろう。平和アプローチにおいても、「平和の秩序」を重んじながら「平和の智慧」に溢れた世界をつくろうとするに違いない。智慧の無原則性は、かえって社会的混乱を招くようにもみえるが、智慧の根底に慈悲がある以上、社会秩序は十分に維持されうると思う。

ところで、創価学会の思想史を概観してみると、知識と智慧の峻別《しゅんべつ》は牧口常三郎初代会長に端を発する。教育学者でもあった牧口は、新カント学派が唱える超越論的な「真・善・美・聖」の価値論を批判して生活者の視点に立った「利・善・美」の価値哲学を構想し、知識を活用して価値を創造する能力をどうやって増すかを教育上の根本課題とした[18]。牧口にとって、こうした人間の価値創造能力は「生活法」の問題であり、その究極は『法華経』の「妙法」として、宗教的な絶対の真理に帰着するものとされた(19)。

真理の知識を縦横に生かす人間の創造力の根底に、絶対永遠の生きた真理＝妙法を発見したのが牧口の最終的な到達点である。したがって、牧口価値論がいかに人間中心的であると言っても、通途のプラグマティズム（実用主義）や功利《こうり》主義、ヒューマニズム等と同列に扱うべきではない。第二代会長の戸田は、牧口が見出した、宇宙根源の生きた真理に根ざす人間生命の創造性こそ仏法の智慧であるとし、知識を活用する智慧の重要性を説いた。池田講演には、「知識を智慧と錯覚《さっかく》しているのが、現代人の最大の迷妄《めいもう》である」との戸田の言葉が紹介されている（池田二：四八五）。この戸田の知識論に、文明論的な色彩を与えたのが池田であると言ってよい。飛躍的に増大する知識の傍《かたわ》らで、現代人が知識を善く使う智慧を忘れつつある点に警鐘《けいしょう》を鳴らした同講演も、その一例とみられる。もっとも、智慧を磨くのに知識が不可欠なのは当然であり、池田が知識を軽視するわけではないという点には注意を要する。

創価思想が唱える生命の創造性としての智慧は、宗教的観念であるにもかかわらず宗教の枠を超え、全人類のライフスタイルにかかわってくる。知識を崇拝し、人間の理性を進歩させようとする近代的な啓蒙主義は、時として非理性的なものを排斥《はいせき》する強硬なイデオロギーと化し、幾多の戦争と暴力を招き寄せた。その事実を直視したとき、われわれは、知識を志向する理性的な主体への過度の傾斜を改め、得られた知識を活用する生命的な智慧のあり方にも眼を開かねばならない。平和や安全保障を論ずる際も、池田会長が提唱するように、知識の次元の制度論だけでなく、智慧の次元の人間論や生命論の問題がもっと重視されるべきであろう。

一様性から多様性の調和へ——法華経的ヒューマニズム

さて、知識偏重という現代文明の病の次に、池田会長が言及したのは「『多様性の調和と融合』という、これからの人類の第一義の課題」であった。彼自身の見解は「一様性から多様性へ」と要約されているが、多様性の調和的融合を唱える点からすると、真意は「一様性から多様性の調和へ」ということであろう。

大乗仏教において、多様性の調和という観点は「一即多・多即一」とか「一念三千」などの世界観として表出されることが多い。すなわち、一なるものが宇宙のすべてである、という万物相即の関係を大乗仏教は説いている。例えば、『華厳経《けごんきょう》』盧舎那品《るしゃなほん》の一節に「一本の毛の孔《あな》のなかに無量の仏国土が荘厳されており、悠々として安定している」[20]とあるごとくである。

池田講演をみると、個のあり方について「個性は、いたずらに他の個性とぶつかったり、他の犠牲《ぎせい》のうえに成り立つものではない。相互《そうご》の差異《さい》を慈《いつく》しみながら、花園のような調和を織《お》り成していく。そこに、仏教の本領《ほんりょう》がある」（池田二：四九二）と述べられている。背景には、前述のごとき大乗仏教の世界観がある。一の個性は一切の個性と不可分である。ゆえに、自《おの》ずから個々の調和がはかられること、すなわち大乗的な相即としての多様性の調和があってこそ、多様な人類の崩れざる平和が構築されると、池田会長は訴えたかったのであろう。

ただ、大乗的な相即の世界観がどれほど根源的な事実を摘示《てきし》していようと、それが抽象的な説明にとどまるようでは、およそ生きた人間の指針たりえないと思われる。帝釈天《たいしゃくてん》の宮殿を飾る網の無数の結び目には宝珠《ほうじゅ》があり、互いに照らし反映し合いながら輝き、さらに映し合って無限に照応《しょうおう》している。かく語る『華厳経』の「重々無尽縁起」は、大乗的な世界観を代表するものである。だが、幻想的なまでに文学性の高い、この言々句々から、われわれが現実の人間社会への指針を導き出すのは難しい。

対するに『法華経』は、真理を求める修行者（声聞《しょうもん》・縁覚《えんがく》・菩薩）や歴史的存在としてのブッダ（始成正覚《しじょうしょうかく》の釈尊）、さらには生きとし生けるもののすべてが本来、永遠に自由な宇宙的主体であると示すことを重要な主題とする。幽玄《ゆうげん》な宇宙論や超人的な仏の光明なども、宗教的教化には欠かせないだろう。しかし、『法華経』のごとく、感情・思想・人格を持った現実の人間に即して万物の相即が語られてこそ、われわれの宇宙的な主体性が浮き彫りになる。そのことは、われわれの生き方に根本的な変革をもたらし、自他の主体性を真実に尊重し合う共生のエートスを育《はぐく》むのではなかろうか。数ある大乗仏教の平和思想のうちで、私が池田会長の法華経的ヒューマニズムに注目すべきゆえんの一つがそこにある。

池田会長の思想的背景にある法華経哲学——天台智顗《てんだいちぎ》や日蓮の仏法——では、平凡な人間（凡夫《ぼんぷ》）の心が本来そのままで宇宙のすべてを具《そな》える、という「一念三千」の法理を掲げる。現代的に言えば、人間に内在する大宇宙の探求である。この内在的普遍を説く一念三千論が、池田会長の主張する人間主義の哲学的根拠に他ならない。「仏教で言う普遍的《ふへんてき》価値は、徹底《てってい》して内在的に追求されるため、画一化《かくいつか》し、一様化しようとしても、不可能」（池田二一：四九〇～四九一）であると、池田講演では強調する。池田会長にあっては、人間の内なる普遍性が理性的なものにとどまらず、宇宙的な主体にまで徹底されている。そして、この宇宙的主体性がわれわれの生命の真相なのだと言う。

生命の自在で宇宙的な広がりが生む「開かれた共感」

すると、大乗仏典の深淵《しんえん》な言説の数々も、実のところはわれわれの生命の事実を明かしているとの理解が導かれてくる。例えば、『維摩経《ゆいまきょう》』に「法には場所が存在しない。もしも場所に執着するならば、それは特定の拠り所に執着することになり、法を求めることにはならない」(21)とある。謎めいた言葉にしか聞こえないが、「法」を「生命」に置き換えると、これは生命の自在で宇宙的な広がりを教えているのだと得心《とくしん》がいく。われわれの生命は、どこにあるかと問えばどこにもないが、どこにもないかと言えば厳然とあると言うしかない。また、自分自身の生命は決して分割できないのに、それは他者の生命と別々のものとして存在している。生命はわれわれの経験に照らしても、不可思議な自在性に満ちて世界に遍満《へんまん》している。創価学会の生命哲学では、宇宙大の自在性が生命の本質であり、ブッダが悟った宇宙根源の法もこの自在な生命のことに他ならないと洞察する。

ところで、自在で宇宙的な生命の自覚に到達した仏教者なら、古今東西の賢人・哲人たちが、知らず知らずそれに迫ろうとしていたことにも気づくだろう。『論語』の有名な「君子は和して同ぜず（君子は人と調和するが雷同はしない）」[22]、『老子』にみえる「既《ことごと》く以《もっ》て人に与えて、己は愈《いよ》いよ多し（何もかも他人に与えて、自分はさらに豊かである）」[23]、自己愛は理性と憐れみを介して人間愛を生み出すというルソーの洞察[24]、質的な功利主義を唱えるミルが指摘した、人々が協力する際の「他人の利益は自分の利益だという感情[25]」。それぞれに主張の内容や角度は異なるけれども、人間生命の活動において個人と社会もしくは自己と他者を単純に切り離すべきでない、と考える点では一致している。「歴史上の、あらゆる偉人の英知も、人間を励まし、幸福にしゆく智慧[26]」であると信じる池田会長の眼には、それらが皆、〝個々の生命は自在で宇宙的な広がりを持って通じ合っている〟という生命の実相を断片的に捉えたものにみえるに違いない。生命の宇宙的な広がりという池田会長のメッセージは、人間生活に関する先哲の卓見《たっけん》とも呼応するのであり、宗教的ドグマ（教義）でありながら一般の道理や理性に開かれた面がある。

その意味から広く問うが、自らの生命に自在で宇宙的な広がり、すなわち完全な普遍性があると気づくとき、われわれには何が起きるだろうか。「『生命』という最も普遍的《ふへんてき》な次元への深き眼差《まなざ》しは、そのまま、『生命』の無量《むりょう》の多様性への『共感』となって広がっていく」（池田講演、池田二：四九二）。自分の生命の力は、宇宙を動かしている根源的な力と同じものである。他人の生命もまた、そうであろう。だから、自己と他者とは、別々であるけれども同じ生命である。他人の苦しみを目の前にすれば、自分の心も締めつけられる。すべての生命は不可分に結びつき、それぞれが多様な姿のまま宇宙生命という全体を構成している——。

こうして、「内在的普遍」の視座は、われわれを「万物と連なり合う宇宙生命への直観」である仏教の縁起観へと導き、そこには「『生命』の無量の多様性への『共感』」である「開かれた共感」が生まれるはずだと、池田講演では主張される（池田二：四九一～四九三）。つまり、「開かれた共感」とは、他者の意見や感情に同感する、という一般的な共感の域を超え、他者の生命を根源の宇宙生命において分かち持つ者が感ずる、切実な連帯感を意味すると言えよう。「開かれた共感」の人は、およそ思想信条等の差異によって共感の相手を選ぶことがない。その人は、他者に生命があるという事実だけで共感できる。生命から出発するゆえに最も自然で堅実な多様性の調和への扉が、ここに開かれると言っても過言ではなかろう。

生命という普遍性への忠誠は、人々の個性を圧殺することがない。また、個性の側も生命という普遍性から離れては存立できない。各々の個性は生命という普遍の広がりにおいて重なり合い、それが自由で調和的な公共空間を形成する。個人の自由と社会的平等の両立という、古くからの社会思想的テーマに対する一つの仏教的な回答が、ここにあるように思う。同講演で提案された「一様性から多様性へ」の発想転換は、実には「理性的普遍から生命的普遍へ」と言うべき思想性を内包している。

理性的普遍と生命的普遍

カントに代表される理性的普遍主義は、人間の非理性的な面を嫌い、完全な理性的存在者を人間の外に〈神〉として求める。ここに外なる絶対の権威が生まれ、われわれの個性を抑圧したり画一化したり、といったことが始まる。その意味で、理性的普遍は真に内在的な普遍とは言えない。

だが、生命的普遍主義は違う。人間の生命それ自体を完全な普遍者と仰ぐので、人間の外部にそれ以上の権威を設けることがない。設けるとすれば、人間と同じ生命の権威である。よって、われわれの自然な生命は誰からも圧迫されず、各人がその個性のままに完全な普遍性を持つ。「仏教で言う普遍的《ふへんてき》価値は、徹底《てってい》して内在的に追求されるため、画一化《かくいつか》し、一様化しようとしても、不可能」（池田二：四九〇～四九一）と池田講演で言われるのは、まさしくこの意味においてである。池田会長は、「内在的普遍」「宇宙生命」といった言葉で人間生命の完全な普遍性を訴え、同時にそれが人間の深い連帯感をも養う点を指摘したのである。

さらに、生命的普遍主義は近代の個的人間観を超える視座に立つが、これも重要である。A・スミスの「見えざる手」(invisible hand)、F・A・ハイエクの「自生的秩序」(spontaneous order)などを持ち出すまでもなく、西欧の社会哲学の系譜にも、多様で自由な諸個人が自ずと公共の利益を増進させる、とする考え方がある。しかしながら、主体の異なる自由と自由は何らかの衝突が避けられず、人々の自由の調和は、よく言えば道徳的抑制、悪く言えば打算的合理性の産物になりがちであった。仏教的にみると、これは自由の主体を個人に限定するからに他ならない。

今は素描《そびょう》的な言い方にとどめるが、仏教の社会哲学においては、「われ」でも「われわれ」でもあるような〈生命的人間〉を主体とする自由の概念が、再定義されるであろう。もし、それによって人々の生き方が根底的に変わるならば、人々の生命的共感に基づき、できる限り無理なく自由の調和がなされる社会構造への転換が目指されると想定してもよい[27]。宇宙生命の多様性として在る個々の〈生命的人間〉は、根源において自他の境界を持たない。ゆえに、個人の権利の制限が、本質的な意味での制限とはならない。

そこで、仏教の社会哲学は、規範的原理や社会の制度設計によって権利の公正な分配をはかる前に、まず人間が自らの生命という原点に立ち返って互いに連帯することを要求する。池田会長が力説する、人間革命を通じた社会変革のヴィジョンは、近代の理性的自我から生命的自我への転換という文明論的な意義を背負うとみられ、従来の道徳的な社会変革論と同列に考えるべきではない。

このような仏教的生命哲学はまた、いわゆるエコロジカルな平和に貢献することにもなろう。池田の人間主義は生命的人間主義と呼びうるもので、理性的存在者としての人間のみを尊重する人間中心主義とは異なる。生命の本質は、宇宙大に広がる自由自在の主体であり、無限の多様性を秘めているとされる。人間にも、動物にも、草にも、木にも、岩石にも、大宇宙にもなるもの——それが生命なのである。仏教者は、そのように不可思議な生命を尊重する信念を通じて多様性を守り、人間と自然の間における平和の担い手ともなりうるであろう。

国家主権から人間主権へ——人間による人間のための安全保障

第三の論点に移りたい。池田会長は、近代戦争で主役を演じてきた主権国家の問題を取り上げている。二十世紀に入り、主権国家を相対化する上位システムとして国際連盟や国際連合が結成されたものの、十分な効果を上げているとは言い難い。国際連合は従来の軍事を中心とする安全保障の考え方から脱却し、対話の「ソフト・パワー」を軸とした機能強化をはかるべきだ。そのためには国連憲章に「われら連合国の人民は」とあるように、いわば「国家主権から人間主権」

への発想の転換がなされねばならない。池田会長は、このように主張・提言し、「人類益」の視野を持って人間主権の時代を担う世界市民を育成すべく、草の根レベルの教育運動を強く支持する。

その主張の眼目は、偏狭《へんきょう》なナショナリズムやエスノセントリズム（自民族中心主義）に毅然《きぜん》と対《たい》峙《じ》しうる個人の自立と、それを人類的規模で達成するには地道であっても教育しかないとする点にあろう。池田会長は、宗教者にもかかわらず、教育的な平和アプローチを最優先している。

仏教が唱える「法《ダルマ》による平和」は、池田会長の考えでは「生命による平和」と言い換えられる。すると、生命の真理＝法《ダルマ》を顕現《けんげん》させゆく仏教的な平和アプローチは、人の心を変えて自立させようとする教育的な平和アプローチと、本質的には同じ方向性を持つことになろう。実際、そうした問題意識を持って再考すると、教育的な平和アプローチを思わせる仏典の言葉は、枚挙《まいきょ》に暇《いとま》がないほどである。少し例を挙げるならば、『法華経』の開経である『無量義経』に「慈仁無き者には慈心を起こさせ、殺戮《さつりく》を好む者には大悲の心を起こさせ、嫉妬《しっと》を生ずる者には随喜《ずいき》の心を起こさせ[28]」とあり、『華厳経』の十回向《えこう》品にも「すべての衆生をして、刀杖《とうじょう》をすてて、きよらかな行いに入らせ[29]」等と説かれる。このように、仏教の平和思想は元々、一種の教育的な平和アプローチと言ってもよい性格を有している。池田会長の場合は、生命に宇宙根源の主体性＝法《ダルマ》を認める大乗的な信念に基づき、民衆の主体性を育む教育的な平和アプローチを提唱する。そして、そこから「人間主権」による安全保障のあり方を展望するのである。

伝統的な安全保障は、およそ主権国家が軍事的手段によって国土や国民の安全を保障する、といった観念において理解されてきた。一方、一九九四年に「国連開発計画（UNDP）」の『人間開発報告書』の中で新たに提起された「人間の安全保障」論では、国家よりも人間の安全を守る観点が重視され、「恐怖」「欠乏」という二つの脅威から個々人を守ることが主張された。[30] その後、二〇〇三年に「人間の安全保障委員会（CHS）」が出した最終報告書において、人間の安全保障は「人間の生にとってかけがえのない中枢部分を守り、すべての人の自由と可能性を実現すること」であると定義されている。[31] 現在、概念にはまだ幅があるようだが、国家に限らず、国連などの国際機関やNGO等が、主体的に人間単位の安全保障を担うべきであると考えられている。[32]

しかしながら、旧来の安全保障論はもちろん、この人間の安全保障論においても、最終的に人間自身が人間の安全保障の主体者とならねばならないという点は、さほど強調されないように見受けられる。池田会長はまさにこの点に切り込み、本来は人間による人間のための安全保障ではないかとして、「人間主権」という根本精神を再確認しようとする。

貧困に対する「潜在能力《ケイパビリティ》」アプローチの提唱で知られ、CHSの共同議長でもあった経済学者のA・セン氏は、前出の最終報告書に寄せた囲み記事の中で、人間の安全保障がエンパワーメント（empowerment、能力強化）を求めることを説いている。[33] ここでも人間は依然、安全保障の対象の域を出ていないが、人間主権の安全保障を唱える池田会長の思想までは、あと一歩と言えなくもない。ともあれ、真の安全保障は人間自身の変革、人間革命から始めなければならないと説き、教育的な平和アプローチを重視する池田会長は、その必然として「人間主権」の主張へと向かっている。

もちろん、これに対しては、国家主権と人間主権を分けて論ずること自体、政治哲学的にナンセンスではないか等々の意見も出るであろう。なるほど民主主義体制下では、国家主権といっても人民の代表がそれを担うわけであるから、理論的には国家主権が人間主権と同じ意味を持つ。だが、現実は必ずしもそうではない。すでに古典的な社会契約説において、ロックが人民によって信託された政府の権力濫用《らんよう》に抵抗する権利（抵抗権）を論じている。人民の代表者たる為政者が、人民を抑圧する。ここで検討すべきは、抵抗権のごとき制度上の対抗策だけなのだろうか。ルソーが述べたように、人民が欺《あざむ》かれる場合もあろう。(34) 制度論的アプローチの根本問題は、生きた人間の心の動きに十分に対応できない点にある。たとえ制度上は国家主権と人間主権が同義でも、為政者の心次第で両者が乖離《かいり》することは起こりうるのである。

「制度」よりも「対話」重視の安全保障論を

これと同様な見方が、国際的な安全保障についてもできるだろう。国際法によっていかに国家主権の範囲を制限しようと、各国の政治指導者が様々な理由をつけ、制度を無視した行動に走ることがままある。世界政府が存在しない国際社会では、なおさら制度と心情の隔《へだ》たりが表面化しやすい。

かかる問題を克服するには、制度に従う前提として、制度を生みだした人間の創造性、仏教的に言えば智慧の次元に立ち返るべきだとも言える。安全保障の諸制度も、先人たちの共生の智慧の果実である。だから、根源にさかのぼって、その共生の智慧を分かち合う人々を増やしていくことが、国際安全保障を真実に機能させる最善の方法であろう。

池田講演の中に「〝人類の議会〟たるべき国連は、あくまで対話による『合意』と『納得《なっとく》』を基調としたソフト・パワーを軸《じく》にして、従来《じゅうらい》の軍事中心の『安全保障《ほしょう》』の考え方から脱却《だっきゃく》しつつ、機能の強化を図《はか》っていくべきである」（池田二：四九三）との意見がみられる。これは、制度論的アプローチに立って国家間の軍事バランスを問題にしがちな安全保障の議論を、むしろ一切の制度を生み出す人間生命の創造性に照準を当てることで対話重視のあり方に変えようとするものであろう。制度から智慧への着眼点の移行は、安全保障において軍事から対話への転換をもたらすのである。

対話の尊重はまた、生活者たる民衆の連帯性に光を当てることでもあろう。池田会長によれば、生活者の目線は常に連帯の方向を向いているという。同会長はかつて、日本を代表する経済人である松下幸之助《まつしたこうのすけ》との対談において「庶民の心には、いつの時代にあっても、他の人びとや生物と共存し、共和の人類社会をつくろうとする願いは本然的にあったし、現在もある」（池田八：一九八）と述べたことがある。生命の宇宙的広がりを自然に体した生活者は本然的に連帯を願っているはずだ、というのが池田会長の信念である。池田講演では、この信念が「人類益」の視野を持った世界市民として描かれている。こうした観点から池田会長は、国家やボランタリーな団体等がリーダーシップをとる従来型の安全保障を否定はしないものの、すべての根本は民衆の連帯にあると強調する。

二〇一一年三月十一日に日本で起き、未曾有《みぞう》の大惨事をもたらした「東日本大震災」に関する池田会長のコラムが、同年七月、国際通信社ＩＰＳから各国メディアに対して配信された。同コラムの中では、地域の人々の「助け合い」「支え合い」が多くの被災者の命を救ったという事実や、創価学会も全会館を避難所として開放し支援に当たったことなどが述べられ、「常日頃から、草の根のレベルで、一人一人を大切にし、相手の心の声に耳を傾け、励まし合う庶民の連帯にこそ、不慮の災害にも崩れぬ人間の安全保障の起点がある」と結論されている。[35]「国家から人間へ」という池田会長の人間主権論は、そうした民衆の連帯性への信頼に依拠した主張でもある。

そして、これが人間主権の要《かなめ》となるわけだが、池田会長は、何よりも民衆の根源的な自立性を唱えてやまない。池田講演では、釈尊（ブッダ）や日蓮の故事を通し、「一個の人間として、巨大な権力にも毅然《きぜん》と対峙《たいじ》し、権力を賢明《けんめい》に相対化していける人格」の尊厳が語られ、そのようにあらゆる権力から自立した「世界市民」を育成する、草の根の教育運動の重要性が指摘されている（池田二：四九四）。池田会長の理解では、仏とは自立した世界市民の模範である。安全保障にまつわるすべてのテクニカルな議論に先立ち、まずはグローバルな安全保障の広範な基盤として、創造的・連帯的・自立的な生活者である世界市民をいかに増やしていくか。そこに人間主権的な安全保障の要《かなめ》があると、彼は訴えたのである。(36)

ちなみに、生活者の自立を目指す現代の仏教運動といえば、スリランカの教育者であるA・T・アリヤラトネ氏が創始した「サルボダヤ運動」を想起する人も多いだろう。この運動は、超党派的な面もあるが、基本的には仏教の伝統からきている。サルボダヤとは「すべての覚醒《かくせい》」を意味し、人格の覚醒を通じて民衆一人一人を自立させ、コミュニティ開発に参画させることを重要な目標とする。そして、「すべての人の幸福」を社会開発の理念に掲げ、非暴力と協力を実践の基本とする。見る限り、池田会長の主張と同じように、生活者の自立を通じた平和を唱える運動と考えてよいであろう。

と言っても、池田会長とサルボダヤの指導者とでは「自立」の意味するところが、かなり異なっている。サルボダヤ運動の実地研究を行ったアメリカの仏教学者J・メイシー氏によると、村人たちはそこで労働・食物・思想・言語の分かち合いを通じて互いに力を引き出し合い、貧困の無力感から解放される。「真の社会変革には個人の変革が必要だ」というサルボダヤのイデオロギーは「仏教の『社会的福音《ふくいん》』」であり、「変革の責任を担うのは村人たちだという一種の挑戦」を提示していると、メイシー氏は指摘する。(37)

しかしながら、サルボダヤ運動が称える自立とは、メイシー氏が記すところの「地域のレベルでの自己尊重(38)」にあたる。換言するなら、コミュニティの一員としての自己尊重であり、池田会長のごとく個人の根源的な自立を高調するわけではない。運動の目標は、コミュニティの相互依存に貢献しうる個人の自立を支援することにあり、自己肯定どころか自己否定が自立の要件とさえみられているのである。創始者のアリヤラトネ氏は、「自分自身を発見するために自己を失え」というイエスの言葉を引きながら、自己否定による自立という逆説的な意図を説明している。(39)

サルボダヤ運動が推進する民衆の自立が、当該コミュニティの平和に資《し》する点は、私も否定しない。だが、果たしてそれがコミュニティのエゴを乗り越え、また国家間の紛争を解決する力となりうるのか。サルボダヤ運動がコミュニティ主権を推進しているのは——彼らはそうでないと言うかもしれないが——客観的にみて事実である。この運動を世界的に広げるには、自己否定という脱世俗性や、コミュニティ主権への傾斜がやはり問題点となろう。コミュニティや国家を主体的に従える普遍的な生活者を民衆レベルで育成しようという池田会長の人間主権論は、われわれの近代的自我に内側から力強く働きかけてくる。ところが、サルボダヤ運動のコミュニティ主権論は、近代に対して批判的なベクトルしか持たない。本質的な優劣の評価を下すつもりなどないが、池田会長の主張のほうが、われわれにとって現実的な提案に聞こえることだけは確かである。

生命が生命のために理性を用いて国家をつくった

以上を整理しよう。「人間革命」を社会改革の起点と定める池田会長は、教育的な平和アプローチから民衆の主体性を広範に発揮させること、またそれを通じて安全保障の基底に「人間主権」の観念を置くべきことを、国際社会に提言している。人間主権という言葉で池田会長が訴えたかったもの、それは〝生活者の創造性・連帯性・自立性を中心とせよ〟という意味での「生活者主権」に他ならない。ただし、この生活者は、スリランカのサルボダヤ運動にみられるような、地域コミュニティに主体的に貢献する生活者を指すのではない。あらゆる共同体の価値を相対化し、宇宙根源の主体性を帯びて屹立《きつりつ》した個人が、池田会長の考える生活者＝民衆の本来的な姿である。池田は、これを新世紀の地球文明を担う「世界市民」の理想としている。

民衆の根源的主体性の開花による人間主権的な安全保障、という池田会長の平和ヴィジョンをめぐって、ここまで種々の考察を行ってきた。思うに、従来の国家主権的な安全保障論の根底には、人々を平和に向かわせるのは死への恐怖であるとするホッブズ的な人間観があったと言えよう。核抑止論など軍事的均衡《きんこう》を問題視する議論は、まさにその産物である。対して、池田会長が構想した人間主権に基づく安全保障論は、「平和とは戦争の欠如ではなくて、精神の力から生ずる徳(40)」と考えたスピノザの見解に近づく。ただし、平和をもたらす精神の力を、理性の命令とするにとどまらず、生命全体から発せられる根源的主体性に求めるのが池田会長の主義である。ここには、理性的な国家論と一線を画する重要な視点が秘められていよう。

ルソー等も主張したことだが、従来、理性的には、国家に保護されている自分の生命を国家防衛のために捧《ささ》げるのが当然の道理とされてきた。ところが、全生命的な主体性をもってすれば、これは理性が生命全体から離れて一人歩きした末の誤りである。元々は生命が理性を用いて国家を考えたのであって、部分的な理性が全生命の犠牲を要求するなどは本末転倒の話となろう。国家は、生命が生命自身を守るために、生命の一部たる理性を使ってつくり出したシステムである。国家体制だけではない。経済システム、思想、宗教、芸術等も、人間の生命活動を基盤に、理性や直観、感情等を駆使して生まれ出たものである。池田会長は、この生命根本の視点を決して見失わない。

法華経哲学では、あらゆる人間のうちに宇宙大の生命をみる。すべてが生命に始まり、生命に帰着すると教える。同会長は言う。「科学といっても、芸術といっても、教育といっても、政治といっても、経済といっても、その根本は何か。そういう現象をもととして考えた場合に、なぜこういうことが発生するか。ぜんぶその根本は人間です。人生が根本です。生命なくして、経済も、教育も、科学も、政治もありません。いっさいが人生、社会の幸福を追求するための各分野です。根本はぜんぶ人間です。生命です[41]」と。これは、一九六一年の池田発言である。爾来《じらい》五十年、彼は、人間世界における一切の生みの親は他ならぬ人間の生命である、とする「人間主義」の信念を世界に発信してきた。

自他を分け隔てぬ慈しみの生命で戦争を防止

もう少し、別の角度からも述べておこう。個々の生命がすべて宇宙的主体性である、と信じる池田会長の生命哲学に基づくなら、一方の生命を犠牲にして他方の生命を生かす、といった発想は、もとより出てきようがない。私の生命とあなたの生命は共に宇宙の主体であるから、一つの生命も犠牲とせずに国家を運営すべし、というのが政治の鉄則となろう。これを現実離れした空想と笑う人は、実はその人自身が現実離れしている。つまり、現実を抽象化した理論の世界で単に理性的、計量的に物事を判断しているのである。何事も理性的、計量的に考える人は、机上の論理に従って最小限の犠牲を正当化しがちである。ところが、現実世界にある生命と生命の連帯感から物事を考える人は、犠牲のない状況をつくり出すためにあらゆる努力を惜しまないだろう。結果的に、前者は戦時下の平等な犠牲を予《あらかじ》め国民に課し、後者はあくまで戦争の原因を追究して戦争なき国家の建設を目指すことになる。

こうして、理性でなく生命から出発する池田会長の平和思想では、戦争の防止が最重要の課題であることが了解されよう。しからば、戦争防止を考えるうえで、戦争を起こす原因の源とは何か。それは結局、人間の心に他ならない。ゆえに池田会長にあっては、パワーゲームの抑止論などでなく、生命変革論的な戦争防止が平和の根本方策となる。戦争の根源は「殺す心」にあり、この殺す心を慈しみの心へと転換させることが仏教的な戦争防止の真骨頂とされる。

池田会長は、一九九一年にハーバード大学で行った講演において、「『殺す心を殺す』という人間の主体的生命の内奥《ないおう》に脈打つ主客未分化の慈《いつく》しみの境位《きょうい》」にこそ調和ある関係性の淵源が求められると語っている（池田二二：三三四）。「主客未分化の慈しみの境位」とは、自他を分け隔てぬ宇宙的主体性のことに他ならない。我が生命から宇宙へ――池田会長における仏教の平和アプローチは、この一点に極まる。それゆえに彼は、為政者や民衆の心を開発しゆく教育的な平和運動を支持しつつ、自身も仏教者として人々の生命に働きかける対話を心がけてきたとみられるのである。

智慧・慈悲・勇気の「大我」を開く「人間革命」

本章で取り上げた講演において、池田会長は「知識から智慧へ」「一様性から多様性へ」「国家主権から人間主権へ」という三つの角度から、自らの平和アプローチについて語っていった。講演の終わりにくると、このような考察が、結局は「生命の内なる変革《へんかく》、すなわち〝智慧《ちえ》〟と〝慈《じ》悲《ひ》〟と〝勇気〟の『大我《たいが》』を開きゆく『人間革命』」（池田二：四九七）に帰結することを示している。そして、「一人の人間における本源《ほんげん》的な革命が賢明《けんめい》なる民衆のスクラムとなって連動しゆくとき、その潮流《ちょうりゅう》は、『戦乱《せんらん》』と『暴力』の宿命的な流転《るてん》から、必ずや人類を解《と》き放つであろう」（池田二：四九八）との信念を披瀝《ひれき》しつつ、講演を結んでいる。

池田会長のこうした意見を、宗教者にありがちな「心の変革」論とみる人がいるだろう。しかしながら、多くの宗教者が大衆性からの脱却を称えるのに対し、池田会長の「人間革命」は大衆性の顕現を目指している。前者は大衆的な生き方からの目覚めを説くが、後者は大衆の生命こそ尊極とみてそれを強化しようとする。つまり、同じ心の変革論でも、目指す方向が正反対なのである。

また、池田会長は個の主体的精神を重視するが、だからと言って制度論的な安全保障論に虚《むな》しさを覚える宗教者でもない。彼の意図は、制度論的な平和アプローチをより実効あらしめるために人間自体の内的変革がなくてはならない、と訴えることにある。詳細に言うなら、智慧（万般の知識を使いこなす創造性）・慈悲（開かれた生命的共感からくる連帯性）・勇気（生命＝法《ダルマ》の開発による自立性）という三つの徳性が真の恒久平和と安全保障を可能にするとし、それにはわれわれの心の中の宇宙＝大我を開花させる「人間革命」が必要と説くのである。

大乗仏教の仏身論に、法・報・応の三身説がある。法身とは真理を体とする仏身、報身は智慧を体得した仏身、応身は慈悲をもって衆生《しゅじょう》を救う仏身を言い、法華経哲学ではこの三身が相即して仏身の全体をなすとする。池田会長は当該講演の中で、この三身論に基づき、人間生命の徳を考察したとみられる。すなわち、自在なる生命の創造性は智慧の報身、宇宙的広がりを持つがゆえの生命の連帯性は慈悲の応身、宇宙根源の真理に立つ生命の自立性は勇気を導く法身であり、智慧の創造性・慈悲の連帯性・勇気の自立性を円満に具えた生命の全体が三身相即の仏身にあたる、と解されうる。

民衆に智慧あれ、慈悲あれ、勇気あれ、と謳《うた》った池田講演の主張は、生命に具わる仏の徳を引き出そうとするものであった。池田会長の信念に従うなら、生命のままに生きる民衆は至高《しこう》の仏であり、その本然的な徳の啓発がそのまま仏法の実践となる。「世法即仏法」と称される法華経哲学の世俗重視の精神が、ここにもよく表れていよう。

ここで、池田講演にみられる平和アプローチを社会正義論の文脈に置き、その大まかな位置づけも考えてみる。法華経的な大我の自己論に立って平和の徳を論じた池田講演の内容は、現代の政治哲学で言えば共生志向のコスモポリタニズムに通ずるものがあろう。グローバルな正義論などを考慮する人は、池田講演が原理的な視座を欠く点に不満を覚えるかもしれない。毎年の「S

GIの日」記念提言における様々な政策の提案からもわかるとおり、池田会長は単なる道徳的コスモポリタンではない。ただ、あらゆる固定観念を排する仏教者として、われわれは社会の原理を固定化せず、むしろ原理を使う智慧の能動性に生きるべきだと考えるのだろう。

そもそも池田会長からみると、合理的な社会正義の理論といい、道徳的なコスモポリタニズムの主張といい、元々は生命から派生してきたものである。すなわち、生命から発する理性が社会正義を考え、生命の他者への広がりがコスモポリタンな連帯を志向するとされる。仏教的生命論に基づく池田の平和アプローチは、正義と道徳あるいは理論と実践を、それらの本源において架《か》橋《きょう》するような思想性を自負する。

脱立場、脱文明の平和思想

最後になるが、池田会長は、西洋近代を積極的に生かそうとする、特異な東洋の仏教者と言いうる。この点、池田会長の思想を理解するには、文明論的な角度からの考察も大事ではないかと思う。

本章で検討した池田講演には、平和の実現を何よりも心の次元で捉える東洋的な思想の伝統がみてとれる。アジアでは、仏教者が慈悲の王者論を語ったり、儒者が心を正して国を治める「修《しゅう》己《こ》治《ち》人《じん》」を説いたりと、自己の内面的変革によって平和な社会を築くという考え方が古くからあった。ただ、あまり自己変革を強調すると、様々な社会問題が心の次元に還元され、不公正、差別、暴力等の不正義が黙過《もっか》される危険性も出てくる。自己の拡大を説くとなればなおさらで、大きな共同体的自己の中に個的自己が解消されたあげく、社会変革に立ち向かう個人の主体性が見失われてしまう。加えて、自己変革の主体が支配者や知識人に限定されがちだった点も、アジアの社会的停滞に拍車をかけた感がある。聖人君子を頼るパターナリズムが常態化した社会には、ヘーゲルが歴史哲学講義の中で指摘したように、個人の自立という観念が欠落している。(42)

そう考えたとき、自己変革から社会の平和へという東洋的な道筋を示しながらも、知識優先の文明から自在な智慧の文明への大胆なパラダイム転換を唱え、数々の具体的な政策提言をなし、民衆が主体者となる社会変革を謳い、個の根源的主体性を揚言《ようげん》する池田会長の平和構築論は、東洋的かつ西洋的とも言うべき、思想の柔軟性を感じさせずにおかない。かかる柔軟性は、東洋人の彼が西洋的な教養を身につけたせいもあろうが、本質的には法華経的な中道の生き方に由来するものと、私は考えている。

法華経的な中道は、まさに自由自在の真理である。法華経哲学の大成者である天台智顗は、『摩訶止観《まかしかん》』に「若《も》し一心従《よ》り一切の法を生ぜば、此れ即ち是れ縦なり、若し心、一時に一切の法を含まば、此れ即ち是れ横なり、縦も亦《また》可ならず、横に亦可ならず、秖《ただ》、心は是れ一切の法、一切の法は是れ心なるなり。故に縦に非《あら》ず、横に非ず、一に非ず、異に非ず、玄妙深絶にして諸の識《し》る所に非ず[43]」等と講じたという。この見解に準ずるならば、われわれの自己は、不可思議なまでに無規定的とみるしかない。それゆえにまた、自己は厳然たる自己自身でありながら、しかも他者であり、共同体であり、国家であり、全人類でもあり、自然でもあり、すなわち一切であり、またそのいずれでもないものと考えうる。日蓮は、この自由自在の真理に立脚して、自己の心を浄化すれば必ず国土の恒久的な安全と繁栄が実現できると説き、封建時代の日本の為政者に再三それを訴えた。いわゆる「立正安国《りっしょうあんこく》」の国主諫暁《かんぎょう》である。結局、立正安国の本格的挑戦は後世の弟子たちに委《ゆだ》ねられたが、日蓮滅後約七百年を経た後、創価学会が出現してこの挑戦を開始し、池田会長の代になると、全人類の幸福を視野に入れた地球的な立正安国＝世界平和の運動へと広がっている。

　池田会長は、中道の自在な真理に基づき、自己の変革が他者の変革、社会の繁栄、世界の平和、また自然界の調和とも不可避的に連動しているとの信念の下、国連等の国際社会で積極的に行動を積み重ねてきた。自由自在ですべてを生かしゆく中道の自己が、彼の力説する「大我」である。自己拡大といっても個の主体性は滅失《めっしつ》せず、自己の変革が大事といっても制度的な不正義を決して看過《かんか》しない――池田会長の平和思想は脱立場、脱文明と言うほかなく、自由自在な中道の視座に立って初めて正当に理解されるであろう。

師の人格を「生きた原則」とする

ただし、どこまでも自在な、この中道の自己は、絶対に従うべき原理原則を持たないという点で、深刻な危うさをともなっている。中道の自己としての人間は、自己愛に生きるもよし、他者に尽くすもよし、国家に身を捧げるもよし、人類愛に生きるもよし、自然保護に努力するもよしと、要するに「何でもあり」の世界にいる。だが、ひとたび「すべてを生かす」という中道的な主体の力が失われるや、そこに様々な偏執《へんしゅう》の病が噴出する。すべてを生かす自己愛は自他共生的であっても、偏執の自己愛はエゴイズムにすぎない。すべてを生かす利他は豊かな調和社会をもたらすが、偏執の利他は自己犠牲を人々に強いる抑圧的な社会を生み出す。すべてを生かす愛国心が人類の連帯に開かれたパトリオティズム（愛国主義）だとすれば、偏執的な愛国心は容易にウルトラナショナリズム（超国家主義）へと転化しうる。人間と自然の共存をはかるエコロジーの取り組みも、自然愛護にこだわりすぎるとエコファシズムを招来する結果となろう。

すべてでありうる中道の自己は、まさにすべてであろうとする力を存立の生命線とする。中道の世界には何の原則もないが、強いて言えば、すべてであろうとする主体の力自体が生きた原則と考えられる。際限なく自在な主体を制しうるものは、もはや主体自身の力しかありえない。しかしながら、自己が自己を律するというのは、やはり「言うに易く行うに難し」であろう。そこで、中道を歩む他者の人格から薫陶《くんとう》や感化を受け、その主体の力を自己に現しながら自己を律することが要請されてくる。『法華経』では、それが師弟の道として描き出されている。『法華経』が強調するのは師弟の因縁の深さであり、寿量品《じゅりょうほん》では極めて長遠《ちょうおん》な過去（久遠《くおん》五百塵点劫《じんてんごう》）からの師弟関係が説かれる。友人を「第二の自己」と言ったのはアリストテレスであったが、過去からの因縁深き「第二の自己」として師の存在を格別に重視し、宇宙的な主体の力を師と共有する弟子の実践を勧めたのが、『法華経』の教えであったとは言えまいか。

こうした解釈の正否はともかく、現代における『法華経』の実践者である池田会長が、師の戸田城聖に徹して仕え抜き、戸田の死後も半世紀以上にわたって恩師の遺徳の宣揚《せんよう》に力を注いできたのは、よく知られた事実である。戸田―池田の師弟関係は、その足跡を追うとわかるように、広がりゆく主体の力に溢れていた。われわれは、ここに法華経的な主体性の哲学の現実性を感知できるであろう。

第六章

創価学会の平和主義とは何か

創価学会の平和主義は一見、単純明快な主張にみえながら、実は相当にわかりづらい。

一般に、平和主義とは紛争解決に際して非暴力の方法を選択することを言う。創価学会もこの立場に立つ。だが、トルストイ的な「無抵抗主義」ではない。むしろM・ガンディーが実践した「非暴力の抵抗」を支持する。と言っても、ガンディーほど非妥協的ではない。外面的には、平和主義が適用できない例外を認めているように映る。良心的兵役拒否《へいえき》（良心に基づいて国家の兵役義務を拒否すること）を、海外の学会員に勧《すす》めるわけでもない。しかし、それでいて、あらゆる暴力を否定し、断じて絶対平和主義の信念を捨てないのが創価学会である。

創価学会にみられる平和主義的な態度の幅は、現実主義的、あるいは政治的な考慮の結果なのか。そうした面が皆無とは言わないが、事の本質は別にあるように思う。創価学会の平和主義のわかりづらさは、現実との妥協によるものではない。それは、創価学会が信奉《しんぽう》する仏教の思想に由来する。具体的に言うと、創価学会が行動原理とする仏教的な「智慧」のあり方に基づく。

仏の智慧は一切に執着しないから、無限に自由自在である。また、一切に執着しなければ何のとも対立せず、すべてを生かす道徳的な働きになっていく。智慧は自由自在でありながら、極めて道徳的でもある。ここに、特定の立場を持たない智慧の倫理が成り立つと言えよう。創価学会が唱える平和主義は、この智慧の倫理から生じている。

私が考えるところ、智慧の倫理に基づく創価学会の平和主義には、戦争防止主義、暴力の平和化、慈悲の政治の確立、という三つの原則がある。順番に説明していこう。

一 戦争防止主義

あらゆる戦争に反対する人間主義

創価学会は、あらゆる戦争に反対する。「聖なる戦争」(聖戦)も、「正義の戦争」(正戦)も、一切認めない。人間の生命以上の価値はどこにも存在しないことを、仏教の哲理に照らし、また信仰実感のうえからも、深く確信している。

宗教的な正戦論といえば、まずキリスト教のそれが思い浮かぶだろう。キリスト教団では当初、非暴力・無抵抗を掲げて多くの殉教者《じゅんきょうしゃ》を出した。しかし、四世紀に国教化がなされると、国家の軍隊をどう捉えるかが問題となった。その中でアウグスティヌスが正当な暴力行使について考察し、十三世紀になるとトマス・アクィナスが正戦論を整備するに至った。必要悪としての戦争を合理的に正当化したわけだが、人間の生命を超える絶対的な価値、すなわち神の存在を認めないと、こうした殺人の合理化は成り立たない。つまり、正戦論とはすぐれて一神教的な思考の産物と言える。

一神教的な思考は、キリスト教が没落《ぼつらく》し、世俗化した今日の西欧社会にも形を変えて生き残っている。「神のための人間」という思考は「自由のための人間」「平等のための人間」「正義のための人間」などと理念的に置き換えられ、新たな正戦論が次々に登場している。例を挙げれば、ある国家・地域での深刻な人権侵害に対して国際社会が人道的見地から軍事介入を行う、いわゆる「人道的介入」の考え方が、現代では影響力を増している。人命尊重を第一に考えた末の苦《く》渋《じゅう》の介入であるなら、誰も文句はつけられないだろう。だが、危機に瀕《ひん》した住民の生命を守ることよりも人権侵害と戦う正義感が優先するような介入であるなら、本末転倒と言わざるをえない。「人間のための人権」なのか、それとも「人権のための人間」なのか。人道的介入の是非を論ずる際には、この点を鋭く見定める必要がある。

断っておくが、「〜のための人間」という思考は、何も一神教文明に限った話ではない。それは理念を語る者すべてが陥《おちい》りがちな宿命的傾向である。生老病死という人間の苦悩の解決を目指して出発した仏教も、その例外ではない。基本的に、仏教は「法」中心の宗教であって「神」中心の一神教とは異なる。「法」は万人に内在し、それを自覚すれば人間は苦悩から解放されるとする。「法」は「神」のごとく人間の上に君臨しない。ところが、このような「法」の宗教も、現実には人間軽視、生命軽視の思想となることが多かった。近代日本の仏教教団を例にとると、彼らは戦争に直面する度《たび》に、「無我」や「慈悲」の名の下で殺人を正当化していたという。(1)

宗教であれ、哲学であれ、あらゆる理念は人間が人間のために生み出したものだ。この見解は、功利《こうり》主義的とか人間中心主義的とか言う前に、否定しようがない「事実」に基づいている。人間の心が求め、人間の心が説き、人間の心が受け入れて一つの理念が誕生する。つまり、これは生命活動の事実以外の何ものでもない。なれば、思想信条の違いを超えて、全人類が「すべては人間生命のためにあった」という出発点を再確認すべきではないか。池田大作《いけだだいさく》創価学会インタナショナル（ＳＧＩ）会長は、この意味から脱イデオロギー的な「人間主義」を掲げ[2]、分断された世界の融和に努めてきた。

池田会長が提唱する人間主義は、人間生命の活動の事実に根ざしている。と同時に、それは仏教元来の教えでもある。「自己こそ自己の主である」[3]（『ダンマパダ』）との釈尊（ブッダ）の言は、人間生命を究極者とみる人間主義の精神と共鳴してやまない。創価学会の戸田城聖《とだじょうせい》第二代会長は、有・無に自在な中道実相《ちゅうどうじっそう》の真理の正体が「生命」であると通達した。生命こそ一切の究極なり、という戸田の悟達《ごだつ》は、一念の心に全宇宙を具《そな》えると説く法華経哲学の正統な系譜にも連なる。

智慧を尽くして戦争を防止

「頂上はここだ、あそこではない」――人間主義者はそう強く教え、生命それ自体を究極の理念と仰ぐ新たな文明を創出しようとする。人間の生命を犠牲にする「聖なる戦争」「正義の戦争」

を断じて認めない。必要悪としての戦争も容認しない立場である。

だから、人間主義者は戦争の防止に全力を挙げる。戦争は人間生命の尊厳を踏みにじる絶対悪だ。断じて起こしてはならない。何としても戦争を防止する。そのために智慧の限りを尽くす。これが人間主義的な反戦のあり方と言ってよい。日蓮《にちれん》の『立正安国論《りっしょうあんこくろん》』は、大戦争を未然に防ぐための諫言書《かんげんしょ》であった。池田会長の平和行動も、第三次世界大戦を絶対に起こさせまいとの決意に立つものだった。人間主義的な反戦論は、どこまでも「戦争防止主義」である。

智慧を尽くして戦争を防止するのが人間主義的な反戦だとすれば、その方法は多様であってもよかろう。仏の智慧は無執着の境地から発し、いかなる原理原則にもとらわれない。状況に応じて自由自在である。

仏教に無知な国家権力者が戦争を起こそうとするときは、もっぱら戦争が自国の不利益となることを諄々《じゅんじゅん》と教え諭《さと》す。釈尊は、隣国侵略を企《くわだ》てるマガダ国王の使者にその無意味さをわからせ、戦争を思い止まらせたという。中国仏教の濫觴《らんしょう》期に活躍した釈道安《しゃくどうあん》も、前秦《ぜんしん》の苻堅《ふけん》が東晋《とうしん》の征服を考えた際、実利のなさを理由に戦争に反対した。もっとも、苻堅は天下統一を唱えて遠征を強行し、いわゆる淝水《ひすい》の戦い（三八三年）に敗れている。どちらの場合も、仏教の教えでなく功利主義的な見地から戦争の非を教え、実行を止めさせようとしたことがうかがえる。

智慧に基づく平和主義では、戦争防止に最も効果的な手法を状況に応じて選択する。無知な権力者を前に、いくら仏法の道理を説いても馬の耳に念仏の類《たぐい》でしかない。それなら、自国の利益にならないという観点から戦争を止めさせたほうが、はるかに効果がある。智慧の状況判断によって、仏教者は功利主義的な反戦論者となる。功利主義者を装《よそお》うのではない。ここでは、仏法者の自在な智慧が功利主義の形をとるのだ。

他方、仏法の力を尊重している権力者に対するときには、むろん仏法の真理を前面に立てて戦争防止をはかることになる。日蓮の『立正安国論』がまさにそれであった。日蓮が生きたのは日本の鎌倉時代であり、国家権力者たちは皆、熱心な仏教徒だった。仏法の正邪が国家の栄枯盛衰《えいこせいすい》を決める、と一般に信じられた時代と社会である。ゆえに、日蓮は仏法の真理による戦争防止（立正安国）という宗教的な反戦のスタイルをとった。つまり、これも智慧の平和主義の一形態とみてよい。

そして、さらに考えるならば、自在な智慧を奉《ほう》ずる平和主義では「武力による平和」の方策ですら認める可能性があろう。ただし、あくまで一時的な対応としてなら、である。また、核抑止論については、その最終兵器的な性格から一時的にも許容できないのは言うまでもない。

「武力による平和」とは、武力的威嚇《いかく》による平和の維持をいう。威嚇には怒りがともなう。怒りは新たな怒りを呼び、怒りの連鎖の中で結局は争いが起きる。「怨《うら》みに報《むく》いるに怨みを以《もっ》てしたならば、ついに怨みの息《や》むことがない」(4)（『ダンマパダ』）と釈尊が明察《めいさつ》したとおりである。それゆえ、武力的威嚇による平和を仏教者は決して望まないが、説得等による戦争防止がどうしても無理な状況ならば、自在な智慧として武力的威嚇による惨事の回避を考えてもおかしくはない。

大乗経典の『維摩経《ゆいまきょう》』に、菩薩《ぼさつ》が「非道」に赴《おもむ》きながらも「仏道」に通達するとの説がある。この経典の主人公である維摩詰《きつ》は、詩句の中で次のように述べる。「完全な智慧はぼさつの母である。方便を父となす……劫中に武器があらわれると、そのために慈《いつく》しみの心を起して、ひとびとをみちびいて、争闘のない境地に安住させる。もしも大きな戦争が起ったならば、ぼさつは敵に対して等しい力を現じて、敵を下し伏して、威勢を現じて、平和、安らかならしめる」(5)。菩薩は慈しみの心で世界を「武力なき平和」に導くが、もし大戦争が起きれば「力」「威勢」によっても平和ならしめるという。智慧の対処法として、武力的威嚇を用いた平和の維持を示唆《しさ》するともみられよう。人々の心を平和に導くのが、菩薩本来の実践である。しかしながら、大戦争などの非常事態では、菩薩が武力的威嚇という「非道」に行くこともある。これは原理原則からの「例外」ではなく、戦争をなくすための「智慧」の発露《はつろ》とみるべきだろう。

議論をまとめたい。人間主義的な反戦は、いかなる戦争の正当化も断固拒否し、巧《たく》みな智慧を用いて戦争の防止に全力を注ぐ。智慧は自由自在であり、目の前の戦争を回避するために最も有効な方法を選ぶ。基本的には、戦争推進者への説得という形をとることが多い。人間生命に究極の価値を認める仏法者は、人の心を変えることに根源的な意義を見出すからである。戦争を企てる権力者の考え方に合わせて、あるいは功利主義的な見地から戦争に反対したり、あるいは仏法の道理を真正面から説いて平和の構築を勧めたりと、多様なアプローチがそこにはある。他国からの侵略の危機に際しては、武力的威嚇によって戦争を防ぐことも嫌わない。智慧の自由のゆえである。武力行使を認めるのではなく、武力を行使しないために武力的威嚇を行うわけである。

結局、人間主義的な反戦とは、人間生命の絶対的尊厳観に立ち、自在な智慧を駆使して有効な戦争防止の手立てを模索するようなあり方を指す。

ここで創価学会の歴史を振り返ると、創立者の牧口常三郎《まきぐちつねさぶろう》が昭和のファシズム期に「共存共栄」を意味する「大善生活」の運動を起こしたのは、自在な智慧による功利主義的な反戦アプローチだったと言えなくもない。牧口は戦争に勝つために国家諫暁《かんぎょう》を唱えたとする見方もあるが、牧口が太平洋戦争を「仏罰」とみたことは資料的に明らかである。戦勝を願うようにもみえる牧口の言動は、実には、国家を功利主義的に平和へと誘導する智慧の方策だったと考えられよう。

また戦後、第二代会長の戸田城聖は「原水爆禁止宣言」を発表し、原水爆使用者を死刑にせよと声高《こわだか》に訴えた。このことは、世界を破滅させる核戦争を阻止するためなら厳格な刑罰上の威嚇も行うべきだという、仏法者の平和主義の多様なあり方を示したようにみえる。なお、智慧による力の威嚇は暴力を避けるために行われるのだから、戸田が実際に核兵器使用者の死刑執行を望んでいたとは思えない。この点は第一章で詳述したとおりである。

生命変革に焦点を定めた反戦

以上、仏法の人間主義者が智慧による戦争防止を第一義とすることを述べ、その具体的なあり方を色々と説明してきた。戦争推進者への説得を中心とする、こうした平和へのアプローチは、現実主義的な正戦論者からみると、あまりに空想的に聞こえるかもしれない。現実の世界において戦争は常にあったし、今もある。これからもあるだろう。人間主義者があらゆる戦争に反対するのは、現実からの逃避にすぎない。現実に起きた戦争の正義と不正義を判別しなければ、ますます身勝手で残虐な戦争が横行するではないか。正戦論者は、こう異を唱えると思う。

人間主義者は、現実を無視して観念的に戦争に反対しているだけなのか。私は否と言いたい。人間主義者はむしろ徹底的に現実を見つめ、現実を変えようとする。戦争は自然現象ではない。人の心が引き起こす。これが真の現実である。よって、本当に戦争の現実を変えたいなら、人の心を変える以外にない。なるほど現実の戦争の正義・不正義を論じるのも大事である。だが、それだけなら、あたかも酔っ払いの振る舞いの善《よ》し悪《あ》しを問題にして、酒に酔ったことを度外視するようなものだ。大酒飲みの酒乱に品格を求めても、大酒を飲むこと自体を改めさせなければ何の意味もない。それと同じで、戦争の正義・不正義を線引きするよりも、戦争を起こす人の心を変えるほうが、よほど現実的な戦争への処方箋《しょほうせん》となる。正戦論が現実を分析したリアリズムだとすれば、人間主義的な反戦論は現実を変えていくリアリズムである。

要するに、戦争は人間の所産だから、あらゆる方法で人間の生命を正していけば戦争根絶の道が開ける、と主張するのが人間主義的な反戦論なのである。生命変革に焦点を定めた反戦は、必然的に戦争推進者への説得といった教育的アプローチを重視する。ボイコットやストライキ等の抵抗的なアプローチも、臨機応変な智慧の選択肢の中には入るだろう。だが、精神的な対立を招きがちな点からすると、人間生命を直《ただ》ちに変革する実践とは言い難い。それよりも、戦争推進派の中枢に平和主義者が接近し、教育的に感化を与えていったほうが、直接的に人間生命の変革に結びつく。

近年、紛争の非暴力的解決をはかる「非暴力平和隊」(Nonviolent Peaceforce)の活動が注目を集めている。彼らは、紛争地域の武力行使を国際的な監視の目にさらすとともに、暴力的な対立の間に割って入り平和的な解決を促そうとする。後者の手法は「割り込み」(Interpositioning)と呼ばれているが、人間主義的な反戦家ならば、こうした教育的アプローチにこそ中核的な意義を与えるだろう。

とはいえ、暴力を行使しようとする人は、およそ周囲の説得に耳を傾けないのが世の常である。釈尊はシャカ族を滅ぼそうとする隣国の王を三度まで制止したが、最後は説得をあきらめ、一族滅亡の運命を諦観《ていかん》したとされる。中国の仏教僧・道安による説得的な反戦も、最終的には失敗に終わっている。また、今日の国際社会では、ナチス・ドイツに対する当初の宥和《ゆうわ》策が仇《あだ》となった苦い経験がいまだに尾を引いている。

したがって、教育的アプローチを重視する人間主義的な反戦論者は、現実主義者からの「言っても聞かない」批判と真摯《しんし》に対峙《たいじ》しなければならない。説得的な反戦を主としつつ、武力的ないし刑罰的な威嚇も使う自在な智慧が、現実には求められている。前述の非暴力平和隊が、国際的な非難・圧力と説得的な手法の両面から地域紛争の解決に取り組んでいるのは、現実感覚に富《と》んだ智慧の賜物《たまもの》と言えよう。

アメリカのオバマ大統領は、二〇〇九年のノーベル平和賞受賞スピーチの中で「非暴力運動ではヒトラーの軍隊を止められなかった」と述べた。理想と現実の狭間《はざま》で日々苦悩する大国の指導者の言葉であり、軽々しく論評できない重みが伝わってくる。しかし、それでもなお、智慧の自在さを信じる仏法の人間主義者は、非暴力による平和の達成をあきらめない。それは単なる理想主義ではない。無秩序な国際社会の現実を踏まえ、功利主義的な説得に力を注ぎ、様々な強制力も用いる。すべては暴力を抑止するため、また「暴力の心」を「平和の心」に変えるために行われるのである。

運命転換的な反戦

しかしながら、智慧の限りを尽くしても戦争を防げないとき、仏法の人間主義者はどうするのか。釈尊も、目の前にある戦争を防げなかったではないか。冷徹な現実主義者なら、さらにこう食い下がるだろう。結論から言うと、仏教一般における解決策はもはやない。釈尊がそうしたように、万策尽きた場合は戦争の運命を諦観するしかなくなる。

しかし、日蓮の場合だけは様相が異なる。日蓮仏法は、運命的な限界をも超えようとするからである。日蓮は「因果《いんが》の理法」を認める仏教者だが、人間の定まった運命（定業《じょうごう》）さえ転換できる不思議な真理＝妙法を『法華経』の教えのうちに見出した。妙法は時間と空間を超えた根源的な真理であり、「因果倶時《ぐじ》」（原因と結果とが一体に同時に具わっていること）である。智慧の眼に照らせば、原因と結果を立て分けるのは執着的な物の見方となる。運命論とは、執着的に因果を区別してその連鎖に縛られる考え方にすぎない。もし因果一体の真理＝妙法を体得すれば、人は運命から自由になれる。妙法は「運命を変える法」である。妙法の力によって、宿命的な自然災害や戦争も避けることができる。日蓮はそう確信した。ゆえに、『立正安国論』を時の権力者に提出し、現実の世界を平和な楽土に変えようと奔走《ほんそう》したのである。日蓮が唱えたのは、実に運命の次元から説き起こす反戦であった。

創価学会は、この日蓮の運命転換的な反戦を継承し、妙法を流布する宗教運動（広宣流布）を反戦平和の実践の核に置く。広宣流布の実践は反戦と無関係にみられがちであり、これまで種々の誤解を生んできた。けれども、その本意は妙法による運命転換的な反戦、すなわち戦争防止の努力の限界をも突破する信仰に他ならなかったのである。

二　暴力の平和化

現に起きている戦争をどうするか

これからの努力次第で未来は変わる。因果の理法、業の法則を信じる仏教者は、そこに人生の希望を見出す。しかし、彼らは「今を変えられる」とはあまり言わない。業の法則に従えば、過去に行った行為を主な原因として「今」の結果があるからだ。過去の行為が変わらない限り、「今」を変えるのは難しい。そして、過去の行為を変えることは、もはや不可能である。

ところが、ひとり日蓮の仏法は、この不可能に挑戦する。「因果倶時」の妙法により、現在の境遇の「果」も、それを招いた過去の行為の「因」も、瞬時に変えることができるとする。日蓮は、『観心本尊抄《かんじんのほんぞんしょう》』において「釈尊の因行果徳《いんぎょうかとく》の二法は妙法蓮華経の五字に具足《ぐそく》す我等此の五字を受持すれば自然に彼の因果の功徳を譲り与え給う」（全二四六・定七一一）と宣言した。釈尊が得た仏の功徳やその原因となった修行のすべてが、妙法蓮華経の五字に納まっている。だから、妙法を信受する人は、過去に仏になる原因がなくても、それを譲り受けるのと同じことだ。そう日蓮は説く。因果の鉄鎖《てっさ》から自由になり、自分の過去の行為に縛られずに「今」を変えられる仏教、運命を変える仏教を、日蓮は新たに創始した。主張の成否はともかくとして、仏教史ひいては世界の宗教史や哲学史にも類例のない、まさに革命的な思想と言ってもよかろう。

さて、以上の特殊な思想的背景から、日蓮仏法では、「今・ここ」にある戦争についても、過去と現在の根源にある自由自在の妙法によって、根本的な解決をはかろうとする。すなわち、妙法という「運命を変える法」による運命転換的反戦である。

運命転換的反戦は、妙法の流布によって戦争する運命を転換し、あまつさえ現に起きている戦争の運命さえ転換できるとするものである。日蓮仏法の戦争防止主義は先に説明したから、ここでは現に起きている戦争をどう終結させるのかを考えてみたい。

運命転換による戦争の終結を可能とする宗教理論の核心は、因果一体の妙法への信仰にある。かかる宗教理論は科学ではなく、いわゆる反証可能性（実験や観察によって反証される可能性を持つこと）を持たない。と言っても、これは無我・縁起《えんぎ》・空《くう》など、仏教の基本教理を踏まえた主張である。ゆえに、日蓮仏法の運命転換的反戦が仏教理論として正当かどうかなら、十分検討に値しよう。

日蓮の『立正安国論』の中に、「仁王経《にんのう》に云く」として「人仏教を壊《やぶ》らば復《ま》た孝子無く六親《ろくしん》不《ふ》和《わ》にして天竜も祐《たす》けず疾疫悪鬼《しつえきあっき》日に来《きた》つて侵害《しんがい》し災怪首尾《さいげしゅび》し連禍縦横《れんかじゅうおう》し死して地獄《じごく》・餓鬼《がき》・畜《ちく》生《しょう》に入らん、若《も》し出て人と為らば兵奴《ひょうぬ》の果報《かほう》ならん」（全三三一・定二二五〜二二六）とある。仏教の道理に背《そむ》いた者は、人間に生まれたときには兵士となって戦争に巻き込まれるという。仏教の因果論において、ある個人は自らの業によって戦争を運命づけられている。

しかしながら、仏教は業の主体を個人のみに限定しない。人々が共通して背負う業を「共業《ぐうごう》」というが、戦争の業はまさに共業である。戦争の業の主体は、個人でもあり集団でもある。そして、究極的には全く限定できない何かと考えられる。大乗仏教では、この究極の何かを「空」と表現した。空は一切を実体視しないところに見出される何かであり、自由自在の実在とも言いうる。

業の究極的な担い手が空だとすれば、悪業の主体も本当は実体なきものである。『法華経』の結経とされる『普賢経《ふげんきょう》』では「我が心自ら空なれば罪・福も主なし」「若し懺悔《ざんげ》せんと欲せば端坐《たんざ》して実相を思え　衆罪《しゅうざい》は霜露《そうろ》の如《ごと》く　慧日《えにち》は能《よ》く消除す」(6)と説く。自分自身の心は「空」であって、罪の行為も真実には主体がない。この「実相」がわかれば、太陽の光によって霜《しも》や露《つゆ》が消えるように、われわれの罪もなくなる。そう教えるのである。

自由自在な「空」である自分を悟《さと》ったとき、われわれは悪業の桎梏《しっこく》からも解放される。私や私たちに避けられない戦争の業があっても、この世界にある平和の業を呼び寄せればよい。業の担い手は空であり、自他の業に区別はない。空なる自己は業に自由自在である。日蓮は、空の真義を妙法蓮華経と看破《かんぱ》し、妙法の力を得れば戦争を含め、あらゆる災難の業を自在に転換できると唱えたことになる。『如説修行抄《にょせつしゅぎょうしょう》』に「万民一同に南無妙法蓮華経と唱え奉《たてまつ》らば吹く風枝をならさず雨壤《つちくれ》を砕かず、代は羲農《ぎのう》の世となりて今生には不祥の災難を払ひ長生の術を得、人法共に不老不死の理《ことわり》顕れん」（全五〇二・定七三三）とあるのは、この意であろう。(7)

自分自身の業が一切の他者の業と真実には区別できないことを悟り、自在に平和の業を得て戦争の業を転換していく。運命転換的反戦は、因果一体の説のみならず、無我説や縁起説から発展した大乗の空思想によっても根拠づけられることが確認できたと思われる。

暴力の不可思議な平和化

さて、運命転換的反戦は、現象面では目の前の暴力の不可思議な平和化となって実感されよう。「人有りて当に害せらるべきに臨みて、観世音《かんぜおん》菩薩の名を称《とな》えば、彼《か》の執《と》る所の刀杖《とうじょう》は、尋《にわか》に段段に壊《お》れて、解脱《まぬが》ることを得ん（趣意＝殺されそうになったときに観音菩薩の名号《みょうごう》を唱えるならば、殺意の者が振り上げた刀や杖が突然、次々と壊れ、難を免《まぬか》れる）」(8)とは『法華経』観音品《かんのんぼん》の言葉である。実際、第四章までで何度か紹介したように、兵士となって戦地に赴きながら、信仰一途《いちず》に過ごして殺しも殺されもせずに帰還した、という稀有《けう》な体験を有する創価学会員は一人や二人にとどまらない。また、これが自分の安泰《あんたい》だけを願う信仰でないのは、すでに説明したとおりである。学会員の多くは、一人における戦争の業の転換が他の人々の業にも根源的な影響を及ぼし、結果的に暴力的な世界を平和化するはずだと信じている。

運命転換的反戦による暴力の平和化は、暴力で暴力を滅する形をとることもあろう。日蓮は、当時の日本を侵略してきた蒙古《もうこ》国を「隣国《りんごく》の聖人」（全二八三・定一〇四七）とも呼んだ。日本は国を挙げて正しい教えに背くゆえに、天の計らいで隣国から罰せられるのだと、日蓮は主張した。「きれいな暴力」が「汚い暴力」を倒す。そういった話ではない。暴力はどこまでも悪であるが、それさえも妙法の不可思議な力で平和をもたらす方向に働くとするのである。日蓮の考えでは、仏法への背反《はいはん》（謗法《ほうぼう》）は天地宇宙の根本道理に背く行為であり、戦争の原因ともなる。よって、謗法国の日本を蒙古が攻めるのは戦争の原因を断つことにつながり、蒙古の暴力性が平和へと方向づけられたとも言える。

創価学会の戸田第二代会長も、これと同様の見方から、国家神道《しんとう》のイデオロギーで仏法を迫害した昭和の軍部政府をアメリカが打倒したことに肯定的な意義を与え、進駐軍の総責任者であったD・マッカーサーを「梵天《ぼんてん》」と呼んだと言われる。

整理すると、日蓮仏法の運命転換的反戦は、大乗仏教の「空」思想と合致する妙法信仰を実践の核とし、眼前の暴力を妙法の力で平和化しようとする。妙法信仰が因果の系列を超越するゆえんも、結局は一切の根源をなす空に帰るからである。空にあっては自他の区別もない。妙法を受持する者は、知る知らずを問わず因果に自在、自他の業に自在の境地に入る。そうして現象面のみを捉える理性の眼には不可思議ながら、戦争の運命を根本から転換しゆくとされるわけである。

現在進行形の暴力の平和化

では次に、この宗教的な運命転換的反戦が、世俗の次元でどのように映るかについて考えよう。空にして自在な妙法を持つ人は、理性の限界を超えた智慧を発揮できる。日蓮仏法者はこう信じて疑わない。彼らは戦争を未然に防ぐのはもちろん、現にある戦争の惨禍《さんか》も消滅させたいと願っている。そうした願いは、様々な暴力を平和化する努力となって現れるだろう。すなわち、智慧による暴力の平和化が、先述の戦争防止主義に加えて、もう一つの日蓮仏法の平和主義の特徴となる。

これに関して、少し詳細な説明を試みたい。便宜的に、われわれの世界に存在する暴力の形態を、現在進行形の暴力、過去の歴史としての暴力、暴力機構、の三つに分けて論じる。

第一に、日蓮仏法者は、現在進行形の暴力の平和化に努める。現実問題として、平和を祈りながらも武器を執らざるをえない状況が世の中にはある。前世紀末にソマリアやルワンダ、旧ユーゴ等で起きたジェノサイドに対し、国際社会が沈黙したり非暴力的に対応したりするのは、直ちに多くの人命を失うことを意味していた。そこで、人道的な理由からの軍事介入、いわゆる「人道的介入」が度々《たびたび》行われたのだが、武力行使とはいえ、助けられる命を見殺しにしないためなら、暴力の平和化に通じる。人命救助を目的とする限り、日蓮仏法者が人道的介入を支持しても矛盾はないと思われる。

問題は、時に人道的介入が原理原則論的な「冷たさ」を帯《お》びる点であろう。人権侵害との戦いは善行だ、誠実な行為の失敗による殺害は許される。そう言って、一九九九年に行われたＮＡＴＯ軍によるユーゴ空爆を正当化する人たちがいる。この軍事介入は、国連の決議を経ずに実施され、誤爆で多数の民間人が犠牲になった。それでも本質的に間違いではないとするのは、人間の生命よりも人権や正義の理念を尊重する態度に他ならない。本来、人間を守るための人権・正義であったはずが、人権・正義のために人間の犠牲を正当化する論理になってしまう。慈悲の仏法者はそこに、本末転倒した人道的介入主義者の「冷たさ」をみてとる。

人道的な軍事介入も殺人行為には変わりない。善か悪かと問われれば、やはり悪である。しかし、どうしてもやむをえぬときには自在な妙法の力を信じ、暴力の悪をも平和に方向づけるよう、最大限の智慧を働かせるのが日蓮仏法者の信条である。人道的介入を前にして、日蓮仏法者が原理原則論者と袂《たもと》を分かつ点は、一にかかって「苦悩」にあると思う。

仏法者の智慧は慈悲と同体であり、敵・味方の別なく、すべての人々の命を守るために働く。かかる仏法者にとって、人道的な軍事介入はまことに断腸《だんちょう》の決断となる。暴力の犠牲者を出すことへの深刻な苦悩を避けては通れない。ここでは苦悩が慈悲、正当化が無慈悲である。決定できないものを決定したとき、苦悩し続ける人の心は真には決定していない。それと同じく、日蓮仏法者が人道的介入を苦悩しつつ支持する場合も、実は武力行使を拒否している。

したがって、ある人道的介入を支持したとしても、それが本当に不可避なのかどうかの検討を常に怠《おこた》らないし、紛争当事者への説得にも力を注ぐだろう。また、反対すべきときには反対し、賛成すべきときには賛成し、硬軟織り交ぜた智慧で武力行使に向かう人たちを平和の方向に誘導しようとするに違いない。そうした中で、パワーポリティクスではなく平和の智慧から、あえて軍事的威嚇を認める局面も出てくる。だが、それでも武力行使の犠牲者が一人も出ないように必死で祈り、絶えず最良の智慧を求め、日々苦悩することを自らに課すのが日蓮仏法者の真骨頂ではないだろうか。

智慧による現在進行形の暴力の平和化は、実際的には恐らく右のようなあり方をとるものと、私は考えている。日蓮の『立正安国論』に『涅槃経《ねはんきょう》』の言葉として「刀杖《とうじょう》を持すと雖《いえど》も命を断《だん》ずべからず」(全二九・定二二二)とある。仏法者は殺人を避ける武力を心がける。決して空想や観念論の類ではない。生命への畏敬《いけい》を断じて貫く現実主義であり、暴力と非暴力の本質的な相互依存を知る智慧者の態度ともみられよう。

過去の歴史としての暴力の平和化

第二の点に移る。日蓮仏法者は、過去の歴史としての暴力についても平和化をはかる。例えば、第二次世界大戦の災禍《さいか》、とりわけナチス・ドイツによるホロコーストや広島と長崎に投下された原爆の惨劇は、その歴史的な意味づけが極めて重要となる。かくも悲惨な行為を断じて繰り返してはならない。誰もがそう感じてしかるべきである。過去の暴力を未来の平和へと方向づけなければならない。地上の戦火はいまだ絶えないものの、ホロコーストや原爆投下を重大な誡《いまし》めとする世界の良心の声は一定の抑止力を果たしているかにみえる。

ただその一方で、われわれは、こうした過去の暴力の平和化を阻《はば》む要因も深く自覚する必要がある。たとえ過去の残虐な行為を重大な誡めとしても、残虐行為があったこと自体は変わらない。そこには生命を蹂躙《じゅうりん》された者の怨嗟《えんさ》と悲鳴があり、断ち切りがたい怒りの連鎖がある。いわば運命的な暴力の火種が、どうしても残る。

また原爆の投下は、不特定多数を対象に上空から機械を操作するという、大量殺人の実感からほど遠い行為だった。爆撃機「エノラ・ゲイ」の機長に良心の呵責《かしゃく》がなかったのは広く知られている。そして、広島の被爆者の側も、自分たちの生活を一瞬で破壊した原爆に対し、一種の天災に近い感覚を抱いたのではあるまいか。一部の被爆者が苦悩の末にアメリカへの敵意を克服できたのは、原爆投下が自然災害と見紛うばかりの性質を持っていたからでもあろう。顔の見えない大虐殺から、実感のこもった誡めを引き出すのは難しい。むしろ、避けられない運命に対する、あきらめの感情がまさるものである。

そう考えると結局、過去の暴力の平和化は、われわれが運命に抗する力をどれだけ持てるかにかかっていると言っても大げさではない。この点、運命転換的反戦を掲げる日蓮仏法は、まさしく運命に抗する力を人々に与えようとする。起きてしまった惨事はどうしようもないというのは、運命論者の言い分にすぎない。仏法の運命転換論者は、どんな世の中の残酷でも、毒を薬に変えるがごとく生かしていけるとする。(9)

業に自在、因果に自在な妙法の力で、われわれの過去を変え、現在を変え、未来を変え、運命を変える。妙法を回向《えこう》し、今は亡き犠牲者の運命さえも揺り動かして救う。時空を超えた妙法の世界で、取り返しのつかないことは何もない。そのように確信し、過去の暴力の宿命性に立ち向かう日蓮仏法者は、許しがたい非道であればあるほど、未来の平和への大なる糧《かて》としゆくだろう。けだし、過去の悲惨な経験も、それを未来への教訓として生かさなければ、社会的な意義を持たないことになる。悪はどこまで行っても悪なのだ、過去の冷酷非道な虐殺行為など生かしようがないではないか。そういった考えの人は、道理を弁《わきま》えているようにみえて、結局は社会の傍観者となってしまう。

池田会長は、日本が世界で唯一の被爆国であることを「宿命」と洞察《どうさつ》する。しかし、だからこそ原爆という未曾有《みぞう》の暴力にさらされた自国の宿命を、かけがえのない平和の使命に変えようともする。会長の小説『人間革命』第一巻には、そうした思いが「原爆という人類史《じんるいし》を画する破滅《はめつ》的《てき》な兵器《へいき》の惨禍《さんか》を被《こうむ》ったのは、日本が世界で最初《さいしょ》となった。この不運《ふうん》な宿命に思いをいたすならば、日本こそが、戦争のない平和な世界を、一日も早く現出《げんしゅつ》しなければなるまい。われわれは、その崇高《すうこう》な使命をもつ一員であることを、強く自覚《じかく》したいものだ」(池田一四四:八四)等と綴《つづ》られている。日蓮仏法者は、宿命を使命に変えるとの信念の下、過去の歴史としての暴力を生かし、平和化するのである。

暴力機構の平和化

第三の点に入ろう。日蓮仏法者は、国家が有する暴力機構を平和化すべく努める。国家によって組織化され、制度化された暴力のあり方は、暴力機構または暴力装置とも呼ばれる。国家の暴力機構の代表例は軍隊や警察である。

「すべての生きものに対する暴力を抑えて」(『スッタニパータ』)と釈尊が語ったように、(10)仏教は元来、暴力を完全に否定する宗教であった。しかしながら、利他の実践を重んじ、静寂な出家の世界から暴力渦巻く俗世間へと出た大乗仏教徒たちは、現実的選択として最小限の武装を認めていった。前述した「刀杖《とうじょう》を持すと雖《いえど》も命を断《だん》ずべからず」のごとき精神に立ち、殺人を避ける武力を肯定したのである。

現代の日蓮仏法者が国家の暴力機構を認めるのも、これと同じ道理であろう。池田会長は、歴史家A・トインビーとの対談の中で「一切の軍備は撤廃《てっぱい》すべきであるというのが、私の信念です」と言明した。[11] そのうえで、「警察力のような、国内の法と秩序を維持する最小限の装置は認める」とも述べている（池田三：三七二〜三七三）。

理想と現実の両面を離れない中道主義の池田会長にあっては、暴力なき世界を追求する理想とともに、「不正が完全に姿を消すということはありえない」（池田三：三七四）との現実主義的な認識も強い。実際のところ、成熟した法治国家で市民が日常的に暴力の脅威《きょうい》にさらされずに生活できるのは、警察権力という暴力機構のおかげである。この対談では、警察は非致死性の武器を使用すべきとするトインビーの意見に池田会長が全面的に賛同するが（池田三：三七八）、まさに暴力機構の平和化をはかる大乗的な思想が感じとられる。

また一切の軍備の撤廃という会長の信念に関しても、トインビーとの対談における現実的提案は、軍備の規制と核兵器廃棄への努力というものだった。国際社会は、中央政府の存在しない無法地帯である。国家レベルの暴力を厳格に罰する世界政府の樹立などは、まだ夢物語の域を出ていない。池田会長自身は「国連中心主義」を一貫して唱えてきたが、現実判断として最小限の軍備までは否定しない。無政府状態の国際社会は、ある意味で古代や中世の戦乱に満ちた社会状況とよく似ている。乱世を生きた日蓮教団が武器を携行しつつ平和の法を説き弘めたように、現代の日蓮仏法者も国家の軍備の必要性を無視せずに世界の平和を語るべきだろう。

すると、軍隊――我が国においては自衛隊――という暴力機構の平和化も、日蓮仏法者の重要な課題となってくる。そして、日蓮仏法では、軍隊の平和化のために柔軟自在な智慧を使うことが許される。軍隊に入ってその平和化を目指すのも、軍隊に入るのを拒否して軍備廃止を叫ぶのも、すべて個人の智慧の自由に委《ゆだ》ねられている。『法華経』の後半部に妙音《みょうおん》菩薩や観世音菩薩が登場するが、これらの菩薩は自在に姿を変えて人々を救う。聖者に教化されるべき人々のためには仏や知識人、僧侶等となって法を説き、戦闘者に教化されるべき人々のためには鬼神や将軍等となって法を説く。

これに準じて言えば、妙法を持つ日蓮仏法者は、軍人たちに平和の重要性を教えるためには軍人の身となり、軍備否定論者に真の恒久《こうきゅう》平和への道を示すためには軍備否定論者になるべきである。同じ立場で語らないと、人の心は本当には変わらない。

あらゆる宗教・哲学・思想は、本質的に悪を嫌って善を好む。ところが、日蓮仏法は「善悪不《ふ》二《に》」の現実化を勧め、善も悪も共に生かす実践を教えている。そこからは、暴力をも生かして非暴力へと向かう、自在な平和への智慧が生まれる。つまり、日蓮仏法において初めて、軍備否定論者と軍備肯定論者とが協調して最終的な軍備撤廃を目指す道筋が用意されるわけである。

軍隊という暴力機構は当面、世界各国で存続する可能性が高い。われわれは、この暴力機構の平和化に努めるしかなかろう。ならば、かえって平和を願う兵士が増えたほうがいいし、一方で軍備廃止の運動の高まりも武力の濫用《らんよう》に歯止めをかける重要な役割を担うと言える。各国の軍備撤廃という究極の理想は、対話という平和的手段を通じてしか実現できない。しかして、実のある対話を行う鍵は、ありとあらゆる立場の人たちの心情に共感することである。それには、主義信条を超えて千差万別の人々の中に溶け込むしかない。この困難な要請に、日蓮仏法者は自在な智慧で応じていこうとする。

やや冗長《じょうちょう》になったが、日蓮仏法が智慧による暴力の平和化を志向する点について、多角的な観点から論じた次第である。

三　慈悲の政治の確立

暴力が非暴力を圧倒する世界の現実

創価学会の平和主義における三番目の原則は、智慧の力で絶対平和主義を貫き通すことである。そのためには、どうしても「慈悲の政治」の確立が必要となり、日蓮仏法者の政治参加が求められてくるのだとする。

一般に、一切の暴力を否定する思想を絶対平和主義と呼ぶ。イエスの非暴力と隣人愛の教えを守った初期のキリスト教団は絶対平和主義を標榜《ひょうぼう》し、多くの殉教者を出した。しかし、キリスト教を公認する国家が現れると次第に正戦論が主流になり、近世の宗教改革によってカトリックとプロテスタントの対立が深まると一連の宗教戦争が起きた。他方、キリスト教で傍流《ぼうりゅう》となった絶対平和主義は、近代以降の現実主義に対抗する力となりえず、今日に至っている。

仏教はどうか。創始者の釈尊は非暴力の教えを高調し、絶対平和主義を唱えた。けれども、そのことが現実の暴力を止める力になったようには思えない。釈尊は、先述したように晩年、隣国の王がシャカ族を攻めようとするのを何度か押しとどめたものの、最後は宿命とあきらめて一族が滅ぶのを諦観したと伝えられる。また、近代の仏教教団をみると、帝国主義戦争に積極的に加担した例や、ポル・ポト政権下のカンボジアの上座部仏教のごとく国家権力から一方的に弾圧された例などが目立つ。歴史的に、仏教が絶対平和の推進力となってきたとは言いがたいものがある。

キリスト教にしろ、仏教にしろ、絶対平和主義を捨てて現実の暴力を容認するか、絶対平和主義を貫いて現実の暴力に呑《の》み込まれるか、このどちらかだった。現実の暴力を「今・ここ」で解決する絶対平和主義は、いまだかつて宗教上の確信を持って語られたためしがない。それもそのはずで、物理法則が支配する世界では暴力が非暴力を圧倒する定めにあるからだ。非暴力の勝利は、もっぱら精神世界や来世に限られる。現実世界の非暴力化は、ガンディーも認めたように、多大な血の犠牲の後で漸《よう》く《や》可能性が生じてくるにすぎない。

右の見解は、非宗教的な絶対平和主義についてもあてはまるだろう。結局、ある国家が非暴力を信奉して絶対平和主義を掲げたとしても、他国から国際法を無視して攻撃されれば、たちまちその貫徹は難しくなる。国民の安全と生命を守るために存在する国家が、非暴力による血の代償を無制限に認めるわけにはいかない。こうして通常は絶対平和主義の代わりに、例外としての暴力を認める条件付きの平和主義が選択される。ところが、この「例外」ほど恣意《しい》的なものはない。戦争自体が悪なのは自明だから、ほとんどの戦争は例外的に行われる。そして、例外の解釈は戦争当事国に都合よくなされる。

「生命の世紀」を切り開く

絶対平和主義を現実に確立するのは、このように極めて困難なことである。しかし、それにもかかわらず、創価学会は絶対平和主義の信念を曲げようとしない。生命こそ宇宙究極の真理である、との人間主義の理念を全世界に弘めている。

生命の真相は生物的なものでなく、現象世界の根底にある究極の真理＝法そのものである。

よって、生命の他に神や仏、真理があるわけではない。国家も、経済も、文化も、科学も、芸術も、哲学も、宗教も、一切は生命に奉仕するためにある――。全人類がもし、生命を究極とするこの信念に立つなら、いかなる正戦論も成り立たず、例外的な暴力の使用さえ正当化できないはずである。われわれが生命を超えた価値を認め、それを尊重すると、生命を踏みにじる暴力が免罪符を手に入れる。だから、戦争を根本的になくすには「生命の世紀」を切り開く以外にない。日蓮仏法者である池田会長は、このことを長きにわたって訴え、世界各国の要人や知識人と数多くの対話を重ねてきた。文明論的なスケールから人類の英知を触発しつつ、絶対平和主義の普及に挺身《ていしん》してきたと言えよう。

むろん、たとえ「生命の世紀」が到来しても、怒りや憎《にく》しみの感情が暴発して戦争を引き起こすことは考えられる。古今東西、多くの思想家が怒りや憎しみをコントロールする方法を説いたが、どれも解熱剤《げねつざい》のように劇的な効果が上がるものではない。自制心で抑えられない怒りは、無意識の次元にもかかわっていよう。仏法者はその本質を「業」と捉える。自分自身の努力でどうにもならないことには、過去の自分の行為がもたらした業の力が深く関与している。怒りを制止できずに暴力に走るのも、逆に全く身に覚えがなく暴力に見舞われるのも、ともに運命的な業の力と無関係ではない。こうした見方から、日蓮仏法者もまた現実に避けがたい戦争があると認める。

絶対平和主義を放棄しない日蓮仏法

だがしかし、日蓮仏法は自由自在の妙法の力による業の因果からの現世的な解放、すなわち運命に対する人間の主体性を高々と謳《うた》っている。どうしようもない暴力の運命でも転換できると、迷いなく答える。現実にある暴力を魔術的に消し去るのではない。武器を持った相手を前に、自らが武器を執る場合もあろう。それでも、その心は完全に暴力を拒否している。善悪不二の妙法のまま、暴力の平和化をただ祈り願う。そして、絶望的な状況でも智慧の限りを尽くす。「戦って戦わず」「争って争わず」という妙法の不可思議を信じ切る立場から、日蓮仏法者はいついかなる場合でも絶対平和主義の旗を降ろさない。

ここに至って、仏教の慈悲は初めて絶対平和主義の確立に関係してくる。自在な智慧をともなう慈悲でなければ、現実の暴力は解決できない。創価学会において、慈悲は自由自在な智慧の淵源とされる。ゆえに、学会が唱える「慈悲の政治」は、智慧による絶対平和主義の確立を意味する。絶対平和主義の国家をつくるために、自在な智慧に生きる日蓮仏法者が「慈悲の政治」を行うべきだと主張するのである。

もちろん、一般的にみれば、これは教団の内在的論理にすぎない。妙法の信仰、自在な智慧、そんなことは一般人には関係がない。状況によっては戦いを避けないのであれば、絶対平和主義と言えないではないか。かかる批判を、日蓮仏法者は甘んじて受けねばならないだろう。しかしながら、〈暴力／非暴力〉という二項対立的思考、善悪二元論を超えた絶対平和主義というものが、仏教的には成り立つ。戦いを避けようが避けまいが、目の前の暴力は厳然としてある。それなら、信仰を通じて現実の暴力に人間の業の根源から働きかけ、不可思議ながら、環境が暴力を許さなくなったり、暴力の行使が失敗したり、暴力が別の暴力を止めたり、といったことを真剣に祈り智慧を使う行為が、絶対平和への努力ではないと、どうして言えようか。日蓮仏法の運命転換的反戦は、暴力の中でも暴力と戦う、大乗的な絶対平和主義ではないのか。私個人は、そう理解したい。

いずれにせよ、日蓮仏法者は、妙法の不可思議な力で絶対平和主義の保持が可能になると考えている。そして、この内在的論理に従い、日蓮仏法者が政治に参加してこそ絶対平和主義を揺るぎないものにできる、との断固たる信念を持っている。

ここで思い返してみよう。古代インドには「転輪聖王《てんりんじょうおう》」の理想があった。種々の仏典に語られ、『法華経』の中にも登場する。この王は武力でなく法《ダルマ》の力で全世界を統治し、現実にマウリア朝のアショーカ王などは仏典中の転輪聖王のごとく法による統治を行ったという。日蓮仏法においては、妙法を本格的に弘める時代に、転輪聖王を指すと思われる「賢王」が出現し、邪悪な政治権力者の「愚王」を誡めるとされている。[12] 転輪聖王＝賢王は、法による統治を行うとはいえ、その背景に強大な権力を有する。つまり、圧倒的な力がないと法に基づく慈悲の政治も行えないと考えるわけである。

してみると、絶対平和主義の確立という道義的勝利のために日蓮仏法者が政治権力と向き合うのは、仏教の政治理想の伝統であるとも言えよう。日蓮が行った「立正安国」を訴える為政者への諫暁は、まさにそれにあたる。今日の創価学会が、「平和と福祉の党」たる公明党を支援するのも、仏教的に至極正当な行動なのである。

宗教者（団体）が政治にかかわるのは現代の政教分離の原則に反するとの批判があるが、政教分離の意味は国家と宗教の分離（the separation of church and state）である。宗教者の政治参加を禁じた規定ではない。

なお、創価学会では政治参加の初期に「王仏冥合《おうぶつみょうごう》」「国立戒壇《こくりつかいだん》」等の仏教用語を用いたことから、日蓮仏法の国教化を目指していると一部で喧伝《けんでん》された。しかし、これらの用語は、真実には慈悲の政治の確立を意味していた[13]。慈悲の政治とは人間尊重の政治であって、一宗教の教義を超えた普遍的な政治の理念でもある。よって、祭政《さいせい》一致の神権政治とは全く異なる。公明党が「政界浄化」を掲げて出発したのが何よりの証左であろう。

そもそも「国立戒壇」とは国柱会《こくちゅうかい》の田中智学《たなかちがく》による造語である。戦後の一時期、創価学会でも便宜的に使用したが、智学の主張とは違い、日蓮門下による戒壇建立《こんりゅう》を国が認可する、あるいはそれを宗教的かつ国家的なシンボルとする、といった観念にとどまっている。当時の戸田会長も、国教化は厳に否定していた。

大乗的な平和主義

ついでながらこの際、〝創価学会が掲げる「平和」「人権」は国家権力を奪取するための宣伝ではないのか〟といった穿《うが》った見方に関しても、その本質的誤解を指摘しておく。種々の角度から考察したとおり、創価学会の平和主義は、あえて善悪の区別を離れて現実社会の泥沼に分け入る大乗的な性格を強く持っている。また、権力者が慈悲の政治を行うべきとする仏教の伝統的な政治理想を継承している。したがって、真実には〝創価学会は「平和」「人権」を実現するために政治的な力を必要としている〟と言わねばならない。

戸田第二代会長の時代、創価学会は政界に有為な人材を送り込むようになったが、これは、絶対平和主義を確立しうる日蓮仏法者が国家権力にかかわることであった。目的は確固たる慈悲の政治のためであって、日蓮教団が国家から特権を受けるという意味を持つわけではない。日蓮仏法者が権力の中枢に近づかなければ、絶対平和主義の政治は永遠に実現されない。ともかくも創価学会は、この信念に生きているように思われる。

もう一点述べておこう。平和の実現にあたっては、国家権力に武力を放棄させるよりも、国家権力を宇宙の根本道理（妙法）に則《のっと》らせるほうが永続的で現実性も高い。日蓮仏法では、そう考える。日蓮自身、国家権力に根本道理への背反を誡める書を何度も送った。

創価学会の牧口初代会長は妙法の根本道理を「大善」と称し、独特な宗教的平和運動を行った。仏法上の大悪に反対して大善の妙法に従うなら、世間的な悪はそのまま大善となる――牧口の平和主義の本質は、この関係性の論理に集約される。人の生命を奪う戦争は許しがたい悪である。しかしながら、生命の根本を破壊する仏法上の悪は、それよりはるかに非道な究極の大悪となる。ゆえに、戦争を推進する者は悪人だが、仏法上の大悪に反対して大善の妙法に従うときには、悪人が悪人のままで大善人の働きをなす。「悪人でも大悪に反対すれば忽《たちま》ち大善になる」「悪人でも大善に親近すれば終《つい》には大善となり」（一〇：一三九）等々と、牧口は力説してやまなかった。このことは換言すれば、戦争を行いながらでも絶対平和の担い手となれる、との考えの表明に他ならない。

戦争を行う悪人が大善の妙法に向かうとき、根本道理においてすでに戦火は止み、現実的にも不可思議ながら最善の形で戦争は終結するだろう。牧口は、この所信をもとに大善生活運動を熱烈に展開した。戦争の悪を直接否定せずにその根本的な平和化をはかり、自ら責任を持って目の前の戦争をなくそうとした。大乗的な「変毒為薬《へんどくいやく》（毒を変じて薬と為す）」の法理を、大善と悪との関係性から形式論理的に説明し、近代的理性の批判に耐えうるようにもしている。戦争の内側から戦争に反対するという日蓮仏法の大乗的な平和主義は、こうして二十世紀の前半、現実に牧口常三郎によって実践に移されたのであった。

国家権力の内側へ

国際社会をみてみると、様々な理想主義はことごとく現実主義に駆逐《くちく》され、正戦論の前に沈黙している。また、『正義論』で名高い政治学者のJ・ロールズは民主主義平和論を唱え、民主制社会同士は互いに戦争しないと分析したが、一方でリベラリズムを守るために民主制社会が無法国家と戦うことは正当化した。民主主義の価値を、一人の人間の生命よりも優先させる思考である。「人間のための民主主義」が「民主主義のための人間」へと顚倒《てんどう》すれば、民主主義も暴力性を帯びてくる。自由主義陣営の勝利のためとして民主主義の大国が第三世界の武装勢力を陰で支援したりするのも、この顚倒の産物であろう。さらに言えば、現代に特徴的な対テロリストの戦争は、もはや民主制の普及によって防止できるものでもない。

かくして創価学会は、徹して生命究極主義に貫かれ、しかも理想と現実の間に自在な日蓮仏法の存在に、絶対平和主義の唯一の光明を見出す。何よりも、日蓮仏法が戦争の運命を転換できると力強く唱える点に、最後の希望を託そうとする。経済的エゴイズム、巧みな情報操作、誤った状況判断、怒りの連鎖、憎しみの暴発、人間不信、人種差別の偏見等々、われわれの世界には戦争を誘発する危険が満ちあふれている。どうにも抑制できない戦争、運命的に起きてしまう戦争の問題を克服しない限り、絶対平和の訴えも自己満足の域を出ない。言い換えるなら、一向に現実的なものとはならない。それゆえ、本当に絶対平和主義を機能させるには日蓮仏法の大乗的な平和主義に立って運命転換的反戦に挑戦する以外にないと信じ、強い使命感を持って戦争の主体者である国家権力の中枢に関与しようとするのが、創価学会の政治参加ではないだろうか。

生命究極主義、大乗的な平和主義、運命転換的反戦、そのどれもが日蓮仏法に基づく創価学会の独特な思想であって、一般的な理解を得にくい面はあろう。とりわけ運命転換的反戦は、あまりに宗教的に聞こえる。だが、既述のとおり、それは反理性的な主張ではなく、因果俱時・空の主体性といった超理性的な仏教哲学の論理に立脚している。創価学会が自らの内在的論理を尊重して運命転換的反戦に努めることを、単に神秘主義的なものとみなすのは早計であろう。

絶対平和主義の確立のために日蓮仏法者が国家権力の内部にかかわるべきだというのは、多くの学会員が抱いている信仰上の論理である。日蓮仏法者にとっては慈悲の政治こそ絶対平和の王道だから、権力志向というより絶対平和への志向ゆえに政治的な権力も重要となってくる。誠実な仏法者が権力を持つことは慈悲の拡大である。転輪聖王の実践である。そうなるための柔軟な状況対応は、妥協や策略などとは違った智慧の働きとみなければならない。

創価学会が支援する公明党が、現実の政治行動の中で平和主義を断念したかのようにみられるケースが、今まで何度かあった。それは一見、妥協や変節にみえる。だが、日蓮仏法の大乗的な平和主義を理解すれば、暴力を平和化する智慧の努力、もしくは絶対平和主義の確立のために仏法者が国家権力の中枢にとどまるべきだとの責任感からくる歩み寄りの姿勢とも言いうるだろう。

戦争を終結させるにはどうすればよいか。絶大な権力者が反対すれば、戦争は終結の方向に向かう。力なき者が反対しても、戦争が止むことはまずない。弱者の反戦は、その時点では戦争の放置となるのが悲しき現実である。だが、同じ弱者でも大乗的な自在さを持ち、自分の手で戦争の運命を変えられると信じる日蓮仏法者は違う。戦争の内側に入り込んででも智慧を尽くし、その平和化をはかっていく。一時的には妥協とみえる判断でも、長期的に大きな善となるとき、智慧ある者は非難を恐れず、それを実行する。戦時中に牧口が唱えた大善生活論は、そうした賢者の自在な智慧を原理化したものとも言えるだろう。

自在な絶対平和主義

創価学会の平和主義は自在な絶対平和主義である。自由自在の妙法を巧みな智慧に変え、融通無碍《むげ》に平和な世界を構築することを揺るがぬ信条とする。生命究極主義に立ち、あらゆる戦争を否定するからこそ、戦争の防止に全力を注ぎ、暴力の平和化に努め、戦争の運命の転換を祈り、慈悲の政治の主体者たるべく権力闘争の世界を勝ち抜こうともする。実に自在な絶対平和主義と言わねばならない。創価学会がどんな現実に直面しても条件付きの平和主義へと妥協しないですむのは、ひとえに智慧の自在性のゆえと結論してよいだろう。

創価学会の平和主義を構成する生命究極主義、戦争防止主義、慈悲の政治の主体者意識は、社会倫理としての一般化が可能と思われる。他方で、暴力の平和化や運命転換的反戦の思想は、やはり特殊な宗教的信念に属する。ただ、暴力の平和化は悪の中でも最善を尽くす態度を、また運命転換的反戦は絶望の中でも希望を失わない姿勢を、それぞれもたらすだろう。『法華経』では、こうした大乗的な実践を泥の中に咲く蓮華の姿にたとえている。蓮華のように生きる――それもまた、ある種の倫理的な生き方には違いない。創価学会の平和主義は、日蓮仏法という宗教思想を背景としながらも、新たな倫理的エートスをわれわれの社会に提供しうるのである。

最後に、いくつか注意を喚起して本章を閉じることにしたい。

一つには、創価学会がガンディー主義のような非暴力運動を支持していることである。日蓮仏法者は、もとよりあらゆる暴力に反対している。そのうえで、現実に存在する暴力を大上段に否定せず、何とか平和化しようと努力する。暴力を平和化する努力は、純粋な反戦・非暴力の運動と何も対立するわけでなく、むしろ協調関係にある。日蓮仏法者も非暴力運動を行うし、非暴力主義者も暴力の放置よりは暴力の平和化を望むだろう。

二つには、日蓮仏法者が絶対平和主義の確立のために慈悲の政治の主体者を目指すと言っても、議会制民主主義をとる現代日本では多様なアプローチが考えられるということである。体制・反体制を問わず平和政策の実現に関与でき、また政権も目指せるのが、われわれの民主制社会である。したがって、創価学会が支援する公明党が絶対平和主義の政治に向けて活動を行うにあたり、与党に属すか野党に属すかは、その時々の智慧の判断に任されてよい。ただし、民主主義国家における真の権力者は国民である。国民大衆の側に立ち、大衆に訴えかけていく姿勢だけは不変でなくてはならない。それが、日蓮仏法の国家諫暁の精神を現代に実践することにもなる。

三つには、創価学会の自在な絶対平和主義では、具体的な政策判断にかなりの幅があってもおかしくないということである。本来、絶対平和主義者には軍備の撤廃、日本においては自衛隊の解体以外に選択の余地はない。だが、自在な智慧を持つ絶対平和主義者は、パワーポリティクスが支配する現実の世界からも目をそらさず、「今・ここ」で絶対平和を追求しようと試行錯誤する。例えば、自衛隊に関して、公明党は初期には違憲の疑いをかけ、やがて条件付き合憲に転じ、さらに自衛隊の海外派遣に賛成する局面も出てきた。その一方で、近年では集団的自衛権の行使や自衛隊を「国防軍」に変更する動きに反対の意を表明している。こうした主張の揺れを「無定見」「ご都合主義」と揶揄《やゆ》するむきもあるが、創価学会はこれらの公明党のあり方を容認してきた。

もとより、創価学会と公明党の政治判断は立て分けて考えるべきである。国民政党を標榜する公明党が、創価学会の平和主義とは違った論理で行動するかにみえることもあろう。けれども、公明党の政治理念の底流に仏教的な絶対平和主義が深く浸透しているのも、また事実である。そうした観点に立てば、自衛隊のあり方に条件をつけたり、海外派遣を人道支援に限定したり、といった公明党の主張は、パワーポリティクスの真っただ中において自衛隊の存在を平和化しようと不断の努力を重ね、絶対平和の理念を保持する姿とみられる。また、そのような公明党を創価学会が支援するのは、同会の絶対平和主義が有する自在性の顕れと考えられよう。

自在な絶対平和主義には選択肢が無限にある。暴力の平和化も、自在な絶対平和主義の重要な存在形態であって、絶対平和の放棄などではないのである。

【注】

第一章

（1）――『聖人知三世事』に「日蓮は是れ法華経の行者なり不軽《ふきょう》の跡《あと》を紹継《しょうけい》する」云々（全九七四・定八四三）とある。

（2）――『滝泉寺申状』において、日蓮は「安徳天皇は西海に沈没《ちんぼつ》し叡山の明雲は流矢《ながれや》に当り後鳥羽法皇は夷島《えびすのしま》に放ち捨てられ東寺・御室《おむろ》は自ら高山に死し北嶺の座主は改易の恥辱《ちじょく》に値《あ》う、現罰・眼に遮《さえぎ》り後賢之を畏《おそ》る」（全八五一・定一六七九）と記している。

（3）――拙著『日蓮仏教の社会思想的展開』（東京大学出版会、二〇〇五年）において、この点を詳しく考察している。

（4）――日隈威徳「創価学会」（坂本日深監修、田村芳朗・宮崎英修編『日本近代と日蓮主義（講座日蓮4）』春秋社、一九七二年、二三八頁）。

（5）――この戸田の記述は、創価教育学会初期の機関誌『新教』昭和一一（一九三六）年五月号の「編集後記」にみられる。

（6）――島田裕巳『創価学会の実力』朝日新聞社、二〇〇六年、一六四頁。

（7）――この発言がなされた創価教育学会第五回総会（一九四二年十一月開催）の「全員座談会」において、牧口会長は、天皇が天照大神の体現者ゆえに敬神崇祖の対象を現天皇に一元化すべきとし、その観点から天照大神の神札の不必要性を訴えている。島田裕巳氏は、これを牧口の「天皇にのみ帰一する純忠の信仰」（前掲書、島田『創価学会の実力』一六五頁）の現れとするが、「木を見て森を見ず」の感が否めない。

本文中にも述べたとおり、合理的な仏教者の牧口にとっては、現天皇よりも憲法が大事であり、さらに憲法よりも仏法こそ根本であった。牧口が天皇への「純忠」を口にしたのは、戦時下の時局に配慮した表現と見て、まず間違いない。そして、これを単なる時流への迎合と見るのも誤りとなる。

と言うのは、牧口が唱えた〈天照大神＝天皇〉説は日蓮の文書によるとみられるからだ。『高橋入道殿御返事』に「日本国の王となる人は天照太神の御魂《みたま》の入りかわらせ給う王なり」（全一四六二・定一〇九〇）とある。日蓮は、代々の天皇に天照大神の魂が入っていると論じた。一念三千説によれば微細な心にも万物が具わるから、天皇の体内に天照大神が宿るとの神道的な観念は『法華経』の哲学に背くとも言えない。

戦時下の牧口の主張は、どこまでも日蓮的だったことが知られる。〈天照大神＝天皇〉説に基づく現天皇への「純忠」も、日蓮の天皇観に背かない形で唱えられたとみるのが自然である。牧口の本質は純粋な天皇信仰などではない。明らかに日蓮信仰である。ただ、彼が、戦時下の時局に適合した日蓮信仰のあり方を模索したことは確かであろう。

(8)――前掲書、島田『創価学会の実力』一六五頁。

(9)――聖教新聞社編『牧口常三郎』聖教新聞社、一九七二年、一二六頁。

(10)――内村鑑三「日蓮上人を論ず」(丸山照雄編『近代日蓮論』朝日新聞社、一九八一年、四七頁)。

(11)――中村元訳『ブッダの真理のことば　感興のことば』岩波文庫、一九七八年、一二八頁。

(12)――前掲書、中村訳『ブッダの真理のことば　感興のことば』三三一頁。

(13)――原文は、「久遠元初の自受用報身の再誕・末法下種の主師親・本因妙の教主・大慈大悲の南無日蓮大聖人」(『文底秘沈抄』、堀日亨編『富士宗学要集』第三巻、創価学会、一九七七年、七七頁)となる。

(14)――この記述は、日寛の『当体義抄文段』にみられる以下の講説を、筆者が現代文にしてまとめたものである。「『正直に方便を捨て但法華経を信じて南無妙法蓮華経と唱える人』とは本門の題目なり、『煩悩・業・苦乃至一心に顕』とは本尊を証得するなり、中に於て『三道即三徳』は人の本尊を証得して、我が身全く蓮祖大聖人と顕るるなり、『三観・三諦即一心に顕る』とは法の本尊を証得して、我が身全く本門戒壇の本尊と顕るるなり」(堀日亨編『富士宗学要集』第四巻、創価学会、一九七八年、四〇〇頁、書き下しは筆者)。

(15)――M・テヘラニアン、池田大作『二十一世紀への選択』(池田一〇八：三〇五～三〇六)。

(16)――『当体義抄』に「正直に方便を捨て但法華経を信じ南無妙法蓮華経と唱うる人は煩悩業《ぼんのうごう》・苦《く》の三道《どう》・法身《ほっしん》・般若《はんにゃ》・解脱《げだつ》の三徳《とく》と転じて三観《かん》・三諦《たい》・即一心に顕われ其の人の所住《しょじゅう》の処は常寂光《じょうじゃっこう》土《ど》なり」(全五一二・定七五九～七六〇)とある。

(17)――池田大作『新・人間革命』第一一巻、聖教新聞社、二〇〇二年、二九五～二九七頁。

第二章

(1)――中村元訳『ブッダのことば　スッタニパータ』岩波文庫、一九八四年、一五三頁。
(2)――同前、八一頁。
(3)――戸頃重基『日蓮の思想と鎌倉仏教』冨山房、一九六五年、五〇四頁。
(4)――ここで、日蓮の闘争感情について一言したい。昔から、日蓮は野人的な熱血漢として描写されることが多かった。戸頃重基によると、日蓮は「自然のままの感情を爆発させて」謗法斬罪を「絶叫」し、昭和のテロリストがそこに「一殺多生」の論理をみいだしたという(『近代社会と日蓮主義』評論社、一九七二年、三二頁)。だが反面、戸頃も指摘しているように、日蓮には「水のように冷静」な「自己折伏」の態度もあった。「疑つて云く念仏者と禅宗等を無間と申すは諍《あらそ》う心あり修羅道にや堕つべかるらむ」(全二三四・定六〇五)――この一文は、日蓮が『開目抄』の中で、自分の過激な諸宗批判は「修羅道」ではないか、と自己批判するところである。日蓮はそこで、種々の経論を引用しながら自己の攻撃的言動の是非を冷静に検討していく。そして結論的に「我が父母を人の殺さんに父母につげざるべしや、悪子の酔狂《すいきょう》して父母を殺すをせい(制)せざるべしや、悪人・寺塔に火を放たんにせいせざるべしや、一子の重病を灸《やいと》せざるべしや、日本の禅と念仏者とを・みて制せざる者は・かくのごとし」(全二三七・定六〇八)と述べ、民衆救済を願う慈悲のゆえの闘争感情を是認するに至るのである。日蓮に感化された昭和のテロリストたちには、かくのごとく、自己の内面の「諍う心」を徹底的に見つめる姿勢が欠落していたと言えよう。われわれは、日蓮の闘争感情が自己反省に媒介されたものだったことを看過してはならない。日蓮は、過激な言葉とは裏腹に、武力行使の実行となると非常に慎重であった。そのゆえんは、慈悲の立場は当然として、彼が常に自己の「諍う心」を内省したからでもあろう。
(5)――坂本幸男・岩本裕訳注『法華経(上)』岩波文庫、一九六二年、一九八頁。
(6)――坂本幸男・岩本裕訳注『法華経(下)』岩波文庫、一九六七年、一六頁。

(7)――妹尾義郎は、『日蓮主義大観』の中で「宇宙的家族主義が確立して一切は久遠来、仏子同胞である大因縁が自覚されて真の平和が将来され」「主師親三徳の本仏を中心としたる宇宙的家族主義」云々と論じている（稲垣真美編『妹尾義郎宗教論集』大倉出版、一九七五年、六六、六七頁）。当時の妹尾には、「本仏」たる法華経本門の教主・釈尊の下、全人類はその「仏子」として等しく同胞兄弟である、とする一種の仏教的コスモポリタニズムの信念があったと言える。

(8)――菱木政晴氏によれば、清沢満之は、いったん仏教を政治権力や経済社会から切り離して「自立」させ、近代的な「信仰」を樹立した。けれども、そうして確立された「宗教的信念」が決して当時の帝国主義的な国策と矛盾しないことは、「銃を肩にして戦争に出かけるもよい」との清沢自身の言葉に明らかであるという（『非戦と仏教――「批判原理としての浄土」からの問い』白澤社、二〇〇五年、一四九～一五〇頁）。

(9)――原典を挙げておくと、鳩摩羅什訳『仁王般若波羅蜜経』の嘱累品に「人壊仏教無復孝子。六親不和天神不祐。疾疫悪鬼日来侵害。災怪首尾連禍縦横。死入地獄餓鬼畜生。若出為人兵奴果報如響応声」（『大正新修大蔵経』第八巻、八三三頁下段九～一一行。以下「大正」と略し、巻数・ページ数・上中下の別・行数を記す）とある。

(10)――安国論の当該個所を示しておく。「若《も》し先《ま》ず国土を安んじて現当《げんとう》を祈《いの》らんと欲せば速《すみやか》に情慮《じょうりょ》を回《めぐ》らし怱《いそい》で対治《たいじ》を加えよ、所以《ゆえん》は何《いか》ん、薬師経の七難の内五難忽《たちまち》に起り二難猶《なお》残れり、所以《いわゆる》他国侵逼《しんぴつ》の難・自界叛逆《じかいほんぎゃく》の難なり……汝早く信仰の寸心を改めて速に実乗《じつじょう》の一善に帰せよ。然《しか》れば則ち三界は皆仏国なり」（全三一～三二・定二二五～二二六）。

(11)――『法華経』常不軽菩薩品に説かれた、不軽菩薩の人間尊敬の精神とは「われ深く汝等を敬う。敢えて軽め慢らず。所以は何ん。汝等は皆菩薩の道を行じて、当に仏と作ることを得べければなり」（前掲書、岩波文庫版『法華経（下）』一三二頁）というものである。

(12)――日置英剛編著『僧兵の歴史』戎光祥出版、二〇〇三年、四八、五二頁。

(13)――同前、三三〇～三三一頁。

(14)――『十住毘婆沙論尋出御書』（真蹟無し・延山録外）の記述に基づくならば、日蓮は『守護国家論』（正元元（一二五九）年作）の執筆前に、「武蔵前司」の使である念仏者と対論したと推考される。日蓮宗史の研究者である鈴木一成は、この「武蔵前司」が北条朝直であるとし、同書を『守護国家論』述作の必要文献を集めるために出された消息とみなす(『日蓮遺文の文献学的研究』山喜房、一九六五年、二四一～二四六頁)。

(15)——前掲書、稲垣編『妹尾義郎宗教論集』二九八頁。

(16)——川添昭二『日蓮と蒙古襲来』清水書院、一九八四年、一七〇頁。

(17)——前掲書、戸頃『日蓮の思想と鎌倉仏教』四九一頁。

第三章

(1)——Kisara, Robert, *Prophets of Peace: Pacifism and Cultural Identity in Japan's New Religions*, Honolulu, University of Hawaii Press, 1999, p.90.

(2)——Victoria, Brian, "The Putative Pacifism of Soka Gakkai Founder Makiguchi Tsunesaburo," in *Japanese Studies*, Vol.21, No.3, 2001, Japanese Studies Association of Australia, p.290.

(3)——玉城康四郎によると、日蓮が示した「共同体への積極的なかかわり」は「親鸞・道元に見られないばかりでなく、インド・中国・日本を通じて聖人(=日蓮のこと)が最初であり、突然である」という(玉城康四郎「日蓮のめざす究極者」『日蓮とその教団 第3集』平楽寺書店、一九七八年、六頁)。

(4)——村上重良『国家神道』岩波新書、一九七〇年、一四四頁。

(5)——政治学者の丸山眞男は、古代の日本神話において絶対的始源者や不生不滅の永遠者がみられず、むしろ「生成のエネルギー自体が原初点になっている」という点を問題化し、これを「『いきほひ』の歴史的オプティミズム」と表現している(丸山眞男「歴史意識の古層」『忠誠と反逆』ちくま学芸文庫、一九九八年、三九四頁)。

(6)——『人生地理学』における牧口の宗教観について、宮田幸一氏は「法則・秩序という知的要素と、人間の究極的無力という感情的要素の両方が宗教心を構成する要素であると牧口が考えたことは重要なことである」と指摘し、「知的要素と感情的要素の共存」する牧口の宗教観を「人々の悩みに有意味な解決の手掛かりを与える」ものと評価している(宮田幸一『牧口常三郎の世界ヴィジョン』第三文明社、一九九五年、二二二～二二四頁）。

（7）――村尾行一氏は、牧口を「立憲、ということに重点をおいた立憲君主制肯定者である」と規定する（村尾行一『国家主義と闘った牧口常三郎』第三文明社、二〇〇二年、一三〇頁）。

（8）――『新教』第五巻第一二号別冊（昭和一〇〔一九三五〕年一二月発行、三、六頁）。

（9）――妙法を「惟神の道の真髄」とするのは、森羅万象の体現者としての神の道が妙法に他ならないとの意に受け取れる。恐らく牧口は、一切の現象をすなわち妙法とみる法華経哲学の見地から、そう述べたのだろう。

（10）――大谷栄一「日蓮主義を問い直す―近代日本の仏教と国体神話―」（『季刊 仏教49』法蔵館、二〇〇〇年二月、一三二頁）。

（11）――田中智学「わが経しあと」（『師子王全集 談叢篇』師子王文庫、一九三六年、三三五頁）。

（12）――この点に関して、詳しくは前掲拙著『日蓮仏教の社会思想的展開』の第一章「田中智学における超国家主義の思想形成史」（一六～五五頁）を参照されたい。

（13）――近現代の日蓮教団では、仏法が主で国家は従とする見方を「法主国従」と呼び、反対に国家の安寧を主とする仏法観を「国主法従」と称する。日蓮の『立正安国論』の主意が法主国従なのか国主法従なのかは、とりわけ論議の的となった。戦前は国家主義的時流に乗って国主法従説が高調され、戦後になると一転して国家の意義を低くみる法主国従説が主流になったという経緯がある。

（14）――『師子王全集 国体篇』師子王文庫、一九三二年、四五四頁。

（15）――『師子王全集 教義篇（続）』師子王文庫、一九三七年、一三八頁。

（16）――I・カント『永遠平和のために』宇都宮芳明訳、岩波文庫、一九八五年、七〇～七一頁。

（17）――哲学者の船山信一は、加藤の説が有機体説でなく機械論にすぎないとし、「社会全体の為す所は各一個人を益し、各一個人の為す所は社会を益する様なる状態」を強調する有賀の説をもって真の有機体説と見なしている（『明治哲学史研究』ミネルヴァ書房、一九五九年、三二七～三二九頁）。

（18）――牧口常三郎『人生地理学（訂正増補第八版）』文会堂、一九〇八年、八八七～八八八頁。

(19)――なおここでは、日露戦争の結果、日本が得た租借地の関東州を「我国民の生霊、即ち第三軍の屍を堆積した悲惨なる古戦場」(牧口四：三五一)であるとしたうえで、「吾々国民は此の明治の時代に於ける歴史を地理的に観察して、現代の国民の心血を濺《そそ》いで後世に遺した其の恩沢を忘れずに、之を維持すると共に、大陸に向つて発展するの精神を養はなければならぬ」(同前)とも主張されている。一見、牧口が大陸への日本の帝国主義的進出を積極的に支持しているかのごとき表現であるが、牧口は同書で、日中関係を「互に利害関係の密接なる親族関係」(牧口四：二一二)とみて、「飽く迄も善隣の関係国」(牧口四：三六七)として両国が協調していくべきだと論じている。つまり牧口は、日本の大陸進出が中国の統一を後押しし、それによって「日本の経済状態は支那と共通の経済圏内に在つて、日本は其の一部を占むると云ふ関係にならなければならぬ」(同前)と考えていた。したがって「大陸に向って発展する」という牧口の言葉が帝国主義的拡大を意味しないことは明らかであり、理念的にはむしろ、アジア解放を唱えた近代日本のアジア主義から日本中心主義を除去したものに近いと言えよう。

(20)――カント前掲書、宇都宮訳『永遠平和のために』一七頁。

(21)――『内村鑑三全集』第一二巻、岩波書店、一九八一年、一四二頁。

(22)――創価学会会報『価値創造』第四号(昭和二一〔一九四六〕年九月一日発行、七頁)。

(23)――創価学会会報『価値創造』第七号(昭和二二〔一九四七〕年一二月一日発行、二〇頁)。

(24)――創価学会会報『価値創造』第六号(昭和二一〔一九四六〕年一一月一日発行、四頁)。

(25)――同前。

(26)――前掲、『価値創造』第七号、一七頁。

(27)――前掲、日隈論文「創価学会」(坂本監修『日本近代と日蓮主義』二三八頁)。

(28)――『定本 柳田国男集 別巻第三』筑摩書房、一九六四年、四六三頁。

(29)――創価学会会報『価値創造』第二号(昭和二一〔一九四六〕年七月一日発行、一頁)。

(30)――荻野富士夫『特高警察体制史――社会運動抑圧取締の構造と実態』せきた書房、一九八四年、三八一頁。

(31)――中濃教篤編『戦時下の仏教』国書刊行会、一九七七年、一八〜一九頁。
(32)――伊藤立教「仏教徒の『草の根』抵抗と受難」(前掲書、中濃編『戦時下の仏教』三一九頁)。
(33)――『大善生活実証録―第四回総会報告―』創価教育学会、一九四二年、一二〇頁。
(34)――同前、四五頁。
(35)――『大善生活実証録―第五回総会報告―』創価教育学会、一九四二年、一七頁。
(36)――同前、一二三頁。
(37)――同前、四二頁。
(38)――四海民蔵は、学会の第四回総会に際しても「生活改善同盟の歌」なるものを作り、その中で妙法流布への誓願とともに「大君のかがやく御稜威 八紘一宇肇国の御理想 今 全く地球をつつむ」などと記している(前掲、『大善生活実証録―第四回総会報告―』、一三四頁)。この歌は第四回総会の午後の部で、四海を折伏した戸田理事長(当時)によって代読されたというが、戸田自身には四海の神国思想に同調する言動はみられない。戸田はこの総会で、牧口の話を「身体で聴け」と強調し、身をもって牧口の指導を実践することの重要性を訴えている(同書、一三一頁)。このように戸田が牧口への随順を会員に説いたことを思えば、戸田もまた牧口と同じく、同会幹部・会員に対する時局的・教育的配慮のうえから、総会の席上で四海の歌を披露したものと考えるべきであろう。
(39)――第三文明社版『牧口常三郎全集』第一〇巻(一九八七年刊)の補注では、この点に関して「国の法律にはきちんと従うというのが牧口の考えであり、自身の検挙・拘留はその意味では決して罪を犯していないとの意識があった」(牧口一〇:三二九)と解説されている。
(40)――同じく『牧口常三郎全集』第一〇巻の「解題Ⅰ」において(牧口一〇:四〇二)、牧口が獄中書簡を執筆した当時の状況が詳しく説明されている。
(41)――前掲書、『内村鑑三全集』第一二巻、四四七頁。
(42)――同前、四四八頁。

(43)――阿部知二『良心的兵役拒否の思想』岩波書店、一九六九年、八九～九〇頁。

第四章

(1)――B・ヴィクトリア、A・ツジモト訳『禅と戦争――禅仏教は戦争に協力したか』光人社、二〇〇一年、二八二頁。
(2)――同前、一二頁、傍点原著者。
(3)――同前、二八二頁。
(4)――前掲、伊藤論文「仏教徒の『草の根』抵抗と受難」(前掲書、中濃編『戦時下の仏教』三二〇頁)。
(5)――A・アッピア「コスモポリタン的愛国者」(M・ヌスバウム他、辰巳伸知・能川元一訳『国を愛するということ』人文書院、二〇〇〇年、四八頁)。
(6)―― Victoria, Brian, *op.cit.*, p.290.
(7)――日隈威徳『戸田城聖―創価学会―』(新人物往来社、一九七一年)などが、そうである。
(8)――例えば、戸田の『人間革命』の中で、牧口が出征の決まった青年に対し、「しっかりやってきて下さい」「御本尊さまに一切をお委《まか》せして、前線で、悔いのない働きをして下さい」などと激励する場面が出てくる(戸田八：三六七、三七〇)。見方によっては好戦的に聞こえる戦時下の牧口や戸田の発言が、削除も粉飾もされずに戦後の小説中に再現されているのである。ちなみに、出征を「法罰」と捉えた牧口において、「しっかりやる」「悔いのない働き」云々は時局に配慮した表現とみてよい。牧口の本心は、出征者が謗法の罪障を戦地で消滅してくることを願うものだったと考えられよう。
(9)――三谷六郎『立正安国論精釈』弾正社、一九二九年、五一五頁。
(10)――同前、五一八、五一九頁。
(11)――この西川の回顧談は、前掲、創価学会会報『価値創造』第六号に掲載されている。
(12)――創価学会機関紙『聖教新聞』昭和二七(一九五二)年三月二〇日付一面。
(13)――『聖教新聞』昭和二七(一九五二)年二月一〇日付一面。

(14)——島村喬『日蓮とその弟子たち』波書房、一九七〇年、二三二～二三六頁。
(15)——家永三郎『戦争責任』岩波現代文庫、二〇〇二年、二四一～二四二頁。
(16)——前掲書、聖教新聞社編『牧口常三郎』一二六頁。
(17)——前掲、『大善生活実証録—第五回総会報告—』一〇～一一頁。
(18)——高崎隆治『戸田城聖 1940年の決断——軍国教育との不屈の闘い』第三文明社、二〇〇二年、九二～九六頁。
(19)——同前、一一六頁。
(20)——同前、一一六～一一七頁。
(21)——同前、一二九頁。
(22)——前掲書、家永『戦争責任』二七四頁。
(23)——『聖教新聞』昭和二九（一九五四）年七月一一日付二面。
(24)——小口偉一編『宗教と信仰の心理学（新心理学講座 第四巻）』河出書房、一九五六年、二八二頁。
(25)——高木宏夫『日本の新興宗教—大衆思想運動の歴史と論理—』岩波新書、一九五九年、九頁。
(26)——前掲書、小口編『宗教と信仰の心理学』三七頁。
(27)——戸田本人が記すところでは、彼は昭和十九年三月、巣鴨の東京拘置所の独房で、法華経の一節を思索の末、仏の実体が「生命」であることを覚知した。また、同年十一月頃には、やはり獄中での唱題中、「地涌の菩薩」の一人として法華経の口決相承《ぐけつそうじょう》の座に連なっている自分自身を体験したという。戦後の創価学会は、こうした戸田の「獄中の悟達」を信仰の原点に置いている。
(28)——前掲書、小口編『宗教と信仰の心理学』二八二頁。
(29)——同前。
(30)——「本間紀一宛葉書」（『創価教育研究』第二号、創価大学創価教育研究センター、二〇〇三年三月、二五三頁）。
(31)——戸田城聖『若き日の手記・獄中記』青娥書房、一九七〇年、一四六頁。

(32)――同前、一五九頁。

(33)――前掲書、ヌスバウム他、辰巳・能川訳『国を愛するということ』二一九頁。

第五章

(1)――森三樹三郎訳『荘子Ⅰ』中央公論新社、二〇〇一年、四一、四二頁。

(2)――中村元訳『ブッダ　神々との対話　サンユッタ・ニカーヤⅠ』岩波文庫、一九八六年、一〇四頁。

(3)――前掲書、中村訳『ブッダの真理のことば 感興のことば』三〇頁。

(4)――同前、三二頁。

(5)――前掲書、中村訳『ブッダのことば　スッタニパータ』一〇三頁。

(6)――「自在所欲生」(大正・九、三一上二一)。前掲、岩波文庫版『法華経(中)』一四八頁。

(7)――金谷治訳注『大学・中庸』岩波文庫、一九九八年、七二、七五頁。

(8)――ティク・ナット・ハン、塩原通緒訳『あなたに平和が訪れる禅的生活のすすめ――心が安らかになる「気づき」の呼吸法・歩行法・瞑想法』アスペクト、二〇〇五年、一四三頁。

(9)――T・ホッブズ、水田洋訳『リヴァイアサン(一)』岩波文庫、一九九二年改訳版、二三〇～二三一頁。

(10)――杉本五郎『大義』平凡社、一九四三年、一一七、一一八頁。

(11)――青目釈鳩摩羅什訳『中論』観涅槃品第二五・一九「涅槃与世間　無有少分別　世間与涅槃　亦無少分別」(大正三〇・三六上四～五)。三枝充悳訳『中論(下)』第三文明社、一九八四年、七〇一頁。

(12)――『法華経』の経文において、こうした考え方の根拠を探すならば、釈尊(ブッダ)の過去世の姿である「常不軽菩薩」(=人を軽んじない菩薩という意味)が、一般の僧俗男女を「必ず仏になるべき人々」として最大限に尊敬し、礼拝して回ったとする説話が挙げられるだろう。不軽菩薩の人間礼拝からは、世俗にある無常の存在にも究極の尊厳性を認める姿勢が感じとられる。注意すべきは、不軽菩薩が現実の人間を離れて奥底に眠る生命の本質を拝んだのではないという点であろう。『法華経』をよく読むと、「諸法の実相」「世間の相も常住なり」「生ぜず出せず　動ぜず退せず　常住にして一相なり」などとあり、世俗の現実が即ち永遠の真理であると明かすのに気づかされる（前掲書、岩波文庫版『法華経（上）』六八、一二〇頁。同『法華経（中）』二五四頁）。『法華経』は、われわれの生命の本質のみを尊ぶのでなく、今ここにいる人間をそのまま尊重する。換言するならば、輪廻を免れないとされる現世的な生に即して涅槃の悟りをみる経典である。

　ところが、ティク・ナット・ハン氏のような脱世俗の仏教者は、この『法華経』に対してすら現世否定的な解釈を行おうとする。例えば、『法華経』に薬王菩薩が過去世に焼身供養した話が出てくるが、ナット・ハン氏によると、薬王菩薩は「身体が固定化した永続した自己であるという考えにとらえられていなかった」から「自分の身に香油を注ぎ、火をつけて、自分の身を焼いたのだ」という。そして、一九六〇年代のベトナムで、政府の宗教政策に抗議する僧（ティク・クワン・ドック）が現実に焼身供養を行った事件に触れ、「かれはベトナムの人々が苦しめられていて助けを必要としているというメッセージを世界へと伝えるために自分の身体を供養できるほどに自由であった」と述べている（ティク・ナット・ハン、藤田一照訳『法華経の省察』春秋社、二〇一一年、一五六、一五七、一五九頁）。ここにみられるのは、われわれの身体が究極の本質でないとする考え方である。現世的なものを相対化する、こうした思想が法華経的でないことは、すでに説明したとおりである。法華経哲学にあっては、身体と心を分別することを迷いとする。『無量義経』には仏身を「無相の相」とも説くし、中国天台宗の傑出した学僧であった妙楽湛然は身体と心の相即不二（色心不二）を主張した。心が究極の本質であるならば、身体もまたそうでなくてはならない。法華経哲学ではそう解するゆえに、「即身成仏」の義が唱え出される。

　そもそも薬王菩薩の焼身供養と言っても、『法華経』を命がけで受持する無量の功徳を教えるために説かれたと考えてよい。薬王品では、焼身供養の話の後、「諸経の中の王」として一切衆生を救う『法華経』を供養する功徳の計り知れないことが強調される。焼身供養が法華経の修行というわけではなく、あくまで『法華経』を信じ弘めることが勧められているのである。ナット・ハン氏は、脱世俗の目で『法華経』を読み、焼身供養を本源的次元の自由を証明する行動などと讃えるが、そのような自由には脱世俗的な境地にとらわれた深刻な不自由さがあろう。『法華経』が説く本源的次元の自由は、ナット・ハン氏が執着する脱世俗の世界にはなく、世俗と脱世俗が相即する円満な実相世界にこそ求められる。つまり、法華経的な自由とは、如来寿量品に「わがこの土は安穏にして……衆生の遊楽する所なり」（前掲書、岩波文庫版『法華経（上）』三二頁）とあるごとく「現世を楽しむ自由」であって、ナット・ハン氏の言う「現世を離れる自由」にはとどまらない。

法華経的な無執着では執着すべきは執着せよと教え、その相即不二の視座は煩悩から離れずに菩提を得る道を認める。にもかかわらず、ナット・ハン氏は「とらわれない」ことにとらわれ、相即や無分別を語りながら分別的に怒りを取り除けと言う。また、『法華経』は相依相即の縁起的世界観のうちに永遠の釈尊という鮮烈な個性を浮かび上がらせるが、ナット・ハン氏は相互存在（inter-being）の自論に固執して個の自己を尊重しようとしない。彼の法華経論はかえって非法華経的と言わざるをえず、思考の根底には常に脱世俗への執着があるように思われる。『法華経』も、むろん脱世俗の教えを含む。だが、それよりも脱世俗の地平の終極に世俗の限りない意義を明察するところに、この経典の真骨頂があるのである。

(13)――『新校本　宮沢賢治全集』第一五巻（本文篇）、筑摩書房、一九九五年、五〇頁。

(14)――東洋哲学研究所編『池田大作　世界との対話』第三文明社、二〇一〇年、一五一頁。

(15)――池田会長の思想において、人間生命の全体性は宇宙的な広がりを持つとされ、しばしば「大我」という言葉で表現される。「大我」とは『涅槃経』等に説かれる大乗仏教の用語であり、われわれが一切の執着から離れたところに現れる、際限なく主体的な自己を指すと言える。それは一切の断定や区別から離れて自由自在なので、個でありながら全体でもあるような自己、すなわち宇宙的自己とも称される。そしてこの宇宙的自己こそが、実は本来的な自己、すなわちありのままの自己であるとされる。

(16)――ティク・ナット・ハン、棚橋一晃訳『仏の教え　ビーイング・ピース――ほほえみが人を生かす』中央公論新社、一九九九年、六二頁。

(17)――J・ロック、鵜飼信成訳『市民政府論』岩波文庫、一九六八年、三八頁。

(18)――牧口は、その著『創価教育学体系』において、「言語によつて代表される真理を認識し、記憶するばかりでなく、それを生活に応用して、善と利と美とを創造する能力を増大する様、被教育者を嚮導《きょうどう》することが、即ち教師の本務だ」等と述べている（牧口六：二四七）。

(19)——牧口にとって、生活法の究極は『法華経』の真理＝妙法であった。創価教育学会の会報『価値創造』第五号（一九四一年十二月）に掲載された牧口会長の論文「宗教改革造作なし」の中に、「吾々同志の実験によって証明され、ここに世界の人類が等しく渇望する所の無上最大の生活法即ち成仏の妙法」（牧口一〇：二七）といった表現がみられる。

(20)——「一毛孔中 無量仏刹 荘厳清浄 曠然安住」（大正九・四一〇下二一〜二二）。玉城康四郎訳『華厳経（抄訳）』（中村元編『大乗仏典』筑摩書房、一九七四年、一九九頁）。

(21)——「法無處所。若著處所。是則著處非求法也」（大正一四・五四六上一九〜二〇）。中村元訳『維摩経』（前掲書、中村編『大乗仏典』二九頁）。

(22)——金谷治訳注『論語』岩波文庫、一九九九年改訳版、二六五頁。

(23)——小川環樹訳『老子』中央公論新社、二〇〇五年、一四七頁。

(24)——J・J・ルソー、本田喜代治・平岡昇訳『人間不平等起原論』岩波文庫、一九七二年改訳版、一八一頁。

(25)——J・S・ミル、伊原吉之助訳『功利主義論』（『世界の名著 ベンサム・ミル』中央公論社、一九六七年、四九四頁）。

(26)——池田随筆「人間世紀の光108 青年に贈る言葉」（『聖教新聞』二〇〇六年三月十六日付三面）。

(27)——池田会長は、生命的自我の自在性に基づき「自由と平等、個人主義と集団主義、その両方を調和《ちょうわ》させる」（池田鼎談『法華経の智慧』、池田三一：三八八）ことを長年にわたって提唱してきた。池田会長の政治的信条は中道主義と呼ばれてきたが、その実像は生命的人間主義に他ならない。池田会長にとって、人間の生命はあらゆるイデオロギーの基底にある大地のごときものである。東西冷戦の最中に彼が脱イデオロギー的な民間外交を貫いた背景には、言うなれば人間生命への宗教的な帰依があったと推察できよう。

(28)——「無慈仁者起於慈心。好殺戮者起大悲心。生嫉妬者起随喜心」（大正九・三八七中二〇〜二一）。なお、本文中にある現代語訳は筆者が行った。

(29)――「令一切衆生。捨離刀杖修行浄業」(大正九・五〇七下二四～二五)。前掲、玉城訳『華厳経』(中村編『大乗仏典』二六一頁)。

(30)――UNDP『人間開発報告書 1994』日本語版(国際協力出版会、一九九五年)の第二章に、「『人間の安全保障』には二つの主要な構成要素がある。恐怖からの自由と、欠乏からの自由である。国連の発足当初からこの点は正しく認識されていた。しかしその後前者を指して安全保障ということが多くなり、後者をさすことが少なくなった」(同書二四頁)とある。ここにみられるように、人間の安全保障は、特に経済的・社会的な欠乏から人々を解放することに目を向ける。

(31)――"The Commission on Human Security's definition of human security: to protect the vital core of all human lives in ways that enhance human freedoms and human fulfillment," *Human Security Now*, Commission on Human Security/Final Report, May 1, 2003, p.4. 人間の安全保障委員会事務局訳『安全保障の今日的課題 人間の安全保障委員会報告書』朝日新聞社、二〇〇三年、一一頁。

(32)――人間の安全保障委員会の最終報告書では、人間の安全保障の「担い手(Actors)」について、次のように述べられている。「国家のみが安全の担い手である時代は終わった。国際機関、地域機関、非政府機関(NGO)、市民社会など、『人間の安全保障』の実現にははるかに多くの人が役割を担う。HIVエイズとの戦い、地雷の禁止、人権擁護といった分野で、すでに多くの人々が活躍している」(*Ibid.*, p.6. 邦訳『安全保障の今日的課題』一三頁)。

(33)――Sen, Amartya, "Development, rights and human security," *ibid.*, p.8. 邦訳『安全保障の今日的課題』三三頁。

(34)――ルソーは、『社会契約論』の中で「人民は、腐敗させられることは決してないが、ときには欺かれることがある」と述べている(桑原武夫・前川貞次郎訳『社会契約論』岩波文庫、一九五四年、四七頁)。

(35)――池田コラム「復興へ創造的応戦を」(『聖教新聞』二〇一一年七月二十一日付二面)。

(36)――池田会長は、戸田第二代会長の生誕一一〇周年記念提言「核兵器廃絶へ 民衆の大連帯を」(『聖教新聞』二〇〇九年九月八、九日付)において、核兵器を絶対悪と断じた戸田の「原水爆禁止宣言」(一九五七年九月八日)が、今日的にみれば「人間の安全保障」の視座に立脚したものだったと述べ、種々の具体的な提言をした後、特にSGIとして「核廃絶への民衆の大連帯を幾重にも築いていく決意」を強調している。こうした言説からも、池田会長は、自立した世界市民が主体者となる人間主権的な安全保障を強く志向することがうかがえよう。

(37)――J・メイシー、鶴田栄作他訳『サルボダヤ――仏法と開発』株式会社めこん、一九八四年、六二頁。

(38)――同前、一九二頁。

(39)――A・T・アリヤラトネ、山下邦明他訳『東洋の呼び声』はる書房、二〇〇一年新装版、一九一頁。

(40)――B・スピノザ、畠中尚志訳『国家論』岩波文庫、一九七六年改版、五九頁。

(41)――池田大作『会長講演集』第一巻、創価学会、一九六一年、九二頁。

(42)――自由自在の主体性に生きる仏教者は、それが民衆の生活にとって最善の体制であるならば、パターナリズムも柔軟に認容するであろう。しかし、仏教の根本目的は、あくまでも万人の根源的な主体性の開発であるから、常態化したパターナリズムには賛成しないと考えられる。

(43)――「若従一心生一切法者。此則是縦。若心一時含一切法者。此即是横。縦亦不可横亦不可。秖心是一切法。一切法是心故。非縦非横非一非異玄妙深絶。非識所識」(大正四六・五四上一三～一七)。田村徳海訳『摩訶止観』(『国訳一切経』諸宗部三、大東出版社、二〇〇五年改訂六刷、一六六頁)。

第六章

(1)――詳しくは、前掲書、B・ヴィクトリア、A・ツジモト訳『禅と戦争――禅仏教は戦争に協力したか』を参照。

(2)――筆者の理解を示すと、池田会長が唱える「人間主義」とは「すべては人間生命のためにある」と考える立場である。すなわち、human life-centrism とでも英訳すべき概念であろうと思われる。

(3)――前掲書、中村訳『ブッダの真理のことば　感興のことば』三二一頁。

(4)――同前、一〇頁。

(5)――前掲、中村訳『維摩経』(中村編『大乗仏典』三八、三九頁)。

（6）——「我心自空。罪福無主」「若欲懺悔者　端坐念實相　衆罪如霜露　慧日能消除」（大正・九、三九二下二六、三九三中一二〜一三）。漢文の書き下しは諸種の訳文を参照しつつ筆者自身が行った。

（7）——なお、『如説修行抄』には偽書説もある。筆者は近代の文献学とは別の観点から、要言すると師弟不二論の立場から、これを日蓮の著作とみなしている。日蓮文書の真偽論に関する筆者の見解は拙著『日蓮仏法と池田大作の思想』（第三文明社、二〇一〇年）の第二章（六四〜七〇頁）に記したので、詳しくはそちらを参照されたい。

（8）——「若復有人。臨當被害。稱觀世音菩薩名者。彼所執刀杖。尋段段壞。而得解脱」（大正九・五六下一六〜一七）。前掲書、岩波文庫版『法華経（下）』二四四頁。

（9）——日蓮は、しばしば『大智度論』にある「変毒為薬」（毒を変じて薬と為す）の句を引用して、妙法の功徳を説明した。

（10）——前掲書、中村訳『ブッダのことば　スッタニパータ』一五三頁。

（11）——池田会長の師である第二代会長の戸田も、軍備撤廃論者であった。一九五六年十二月に行われた男子青年部総会において、戸田会長は、日蓮仏法の「生命哲学」に立った確固不動たる精神があれば「軍備もいらないといいきれる」「戦後の軍備はいらないはず」と力説している（戸田四：五一四）。

（12）——『観心本尊抄』に「此の四菩薩折伏《しゃくぶく》を現ずる時は賢王と成つて愚王を誡責《かいしゃく》し」（全二五四・定七一九）とある。釈尊の滅後に『法華経』の流布を誓った無数の「地涌の菩薩」における四人の中心者（上行・無辺行・浄行・安立行の四菩薩）が、もっぱら折伏を行う時代に賢明な為政者（賢王）となって世に出現し、愚かな為政者（愚王）を誡めていく。日蓮は、そのように考えていた。

（13）——この点は、拙著『現代思想としての日蓮』（長崎出版、二〇〇八年）第七章「池田大作氏の『人間主義』について」の「7　政治の慈悲化」（三六一〜三七三頁）の中で、より掘り下げて論じている。

【主な参考文献】＊著者名の五十音順

家永三郎『戦争責任』岩波現代文庫、二〇〇二年。

『池田大作全集』聖教新聞社、一九八八年〜。

B・ヴィクトリア、A・ツジモト訳『禅と戦争——禅仏教は戦争に協力したか』光人社、二〇〇一年。

『内村鑑三全集』全四〇巻、岩波書店、一九八〇〜一九八四年。

小口偉一編『宗教と信仰の心理学（新心理学講座　第四巻）』河出書房、一九五六年。

金谷治訳注『論語』岩波文庫、一九九九年改訳版。

I・カント、宇都宮芳明訳『永遠平和のために』岩波文庫、一九八五年。

坂本日深監修、田村芳朗・宮崎英修編『日本近代と日蓮主義（講座日蓮4）』春秋社、一九七二年。

坂本幸男・岩本裕訳注『法華経』全三巻、岩波文庫、一九六二〜一九六七年。

島田裕巳『創価学会の実力』朝日新聞社、二〇〇六年。

B・スピノザ、畠中尚志訳『国家論』岩波文庫、一九七六年改版。

稲垣真美編『妹尾義郎宗教論集』大倉出版、一九七五年。

森三樹三郎訳『荘子I・II』中公クラシックス、二〇〇五年。

高崎隆治『戸田城聖　1940年の決断——軍国教育との不屈の闘い』第三文明社、二〇〇二年。

戸頃重基『日蓮の思想と鎌倉仏教』冨山房、一九六五年。

『戸田城聖全集』全九巻、聖教新聞社、一九八一〜一九九〇年。

中濃教篤編『戦時下の仏教』国書刊行会、一九七七年。

中村元編『大乗仏典』筑摩書房、一九七四年。

中村元訳『ブッダ　神々との対話　サンユッタ・ニカーヤI』岩波文庫、一九八六年。

中村元訳『ブッダのことば　スッタニパータ』岩波文庫、一九八四年。

中村元訳『ブッダの真理のことば　感興のことば』岩波文庫、一九七八年。

ティク・ナット・ハン、塩原通緒訳『あなたに平和が訪れる禅的生活のすすめ—心が安らかになる「気づき」の呼吸法・歩行法・瞑想法』アスペクト、二〇〇五年。

ティク・ナット・ハン、棚橋一晃訳『仏の教え　ビーイング・ピース—ほほえみが人を生かす』中央公論新社、一九九九年。

立正大学日蓮教学研究所編『昭和定本日蓮聖人遺文』全四巻、身延山久遠寺、一九五二〜一九五九年。

堀日亨編『日蓮大聖人御書全集』創価学会、一九五二年。

M・ヌスバウム他、辰巳伸知・熊川元一訳『国を愛するということ』人文書院、二〇〇〇年。

T・ホッブズ、水田洋訳『リヴァイアサン』全四巻、岩波文庫、一九五四〜一九八五年（一九九二年改訳）。

堀日亨編『富士宗学要集』全一〇巻、創価学会、一九七四〜一九七九年。

『牧口常三郎全集』全一〇巻、第三文明社、一九八一〜一九九六年。

丸山照雄編『近代日蓮論』朝日新聞社、一九八一年。

J・J・ルソー、桑原武夫・前川貞次郎訳『社会契約論』岩波文庫、一九五四年。

J・J・ルソー、本田喜代治・平岡昇訳『人間不平等起源論』岩波文庫、一九七二年改訳版。

J・ロック、鵜飼信成訳『市民政府論』岩波文庫、一九六八年。

【初出一覧】

第一章――書き下ろし。

第二章――「日蓮における平和の思想と実践」(『東洋哲学研究所紀要』第二一号、二〇〇五年、三～三八頁)。

第三章――「牧口常三郎の戦争観とその実践的展開――宗教的・教育的反戦アプローチをめぐって」(『東洋哲学研究所紀要』第一八号、二〇〇二年、二三一～五三頁)。

第四章――「戦時下における仏教者の反戦の不可視性――創価教育学会の事例を通じて」(洗健・田中滋編『国家と宗教――宗教から見る近現代日本』上巻、法蔵館、二〇〇八年、四〇五～四四五頁)。

第五章――「仏教の平和アプローチ――池田大作講演『平和と人間のための安全保障』に即して」(『研究　東洋』第二号、東日本国際大学東洋思想研究所、二〇一二年、二七～五九頁)。

第六章――書き下ろし。

著者略歴
松岡幹夫（まつおか・みきお）
1962年、長崎県生まれ。創価大学教育学部卒。東京大学大学院総合文化研究科博士課程修了。現在、東日本国際大学東洋思想研究所所長。同研究所教授。公益財団法人東洋哲学研究所研究員。著書に『日蓮仏教の社会思想的展開』（東京大学出版会）、『京都学派とエコロジー』（論創社）、『日蓮仏法と池田大作の思想』（第三文明社）などがある。

平和《へいわ》をつくる宗教《しゅうきょう》——日蓮仏法《にちれんぶっぽう》と創価学会《そうかがっかい》
2014年3月16日／初版第1刷発行

著　者　松岡幹夫《まつおかみきお》
発行者　大島光明
発行所　株式会社　第三文明社
東京都新宿区新宿1-23-5
郵便番号160-0022
電話番号　営業代表03-5269-7145
編集代表03-5269-7154
振替口座00150-3-117823
URL　http://www.daisanbunmei.co.jp
印刷・製本　藤原印刷株式会社

ISBN 978-4-476-06225-0